法律援助法

条文解读与适用要点

喻少如／主编

本书获得2020年度教育部哲学社会科学研究重大课题攻关项目
“全面依法治国视域下司法行政职能定位及作用发挥问题研究”
（项目编号：20JZD021）资助

法律出版社 LAW PRESS · CHINA
北京

图书在版编目(CIP)数据

法律援助法条文解读与适用要点 / 喻少如主编. --
北京 : 法律出版社, 2021
ISBN 978-7-5197-5927-8

Ⅰ. ①法… Ⅱ. ①喻… Ⅲ. ①法律援助-法律解释-中国②法律援助-法律适用-中国 Ⅳ. ①D926.05

中国版本图书馆 CIP 数据核字(2021)第 188107 号

法律援助法条文解读与适用要点
FALÜ YUANZHUFA TIAOWEN JIEDU YU SHIYONG YAODIAN

喻少如 主编

责任编辑 陶玉霞 冯高琼
装帧设计 汪奇峰

出版发行 法律出版社
编辑统筹 法规出版分社
责任校对 张红蕊
责任印制 张建伟
经　　销 新华书店

开本 A5
印张 10.75　**字数** 297 千
版本 2021 年 10 月第 1 版
印次 2021 年 10 月第 1 次印刷
印刷 三河市兴达印务有限公司

地址:北京市丰台区莲花池西里 7 号(100073)
网址:www.lawpress.com.cn
投稿邮箱:info@lawpress.com.cn
举报盗版邮箱:jbwq@lawpress.com.cn
销售电话:010-83938349
客服电话:010-83938350
咨询电话:010-63939796

书号:ISBN 978-7-5197-5927-8　**定价**:46.00 元
凡购买本社图书,如有印装错误,我社负责退换。电话:010-83938349

编委会名单

主　　编　喻少如

副主编　王　志　岳　丽

编写团队　（按撰写条文先后为序）

杨国栋　王　志　郭文涛　杨靖文

汝思思　冯文杰　岳　丽　喻少如

窦　峥　黄卫东　邓稀文　雷　刚

目　录

中华人民共和国法律援助法

第一章　总则 …………………………………………………… 1
第一条　【立法目的】…………………………………………… 1
第二条　【概念】………………………………………………… 5
第三条　【基本原则】…………………………………………… 9
第四条　【政府职责】…………………………………………… 14
第五条　【指导、监督部门与协作部门职责】 ………………… 17
第六条　【公检法机关的保障职责】…………………………… 20
第七条　【律师协会职责】……………………………………… 23
第八条　【群团组织、事业单位、社会组织】………………… 27
第九条　【社会力量捐赠】……………………………………… 32
第十条　【宣传与监督】………………………………………… 38
第十一条　【表彰与奖励】……………………………………… 42

第二章　机构和人员 ………………………………………… 48
第十二条　【法律援助机构的设立和职能】…………………… 48
第十三条　【安排相关人员提供法律援助以及设置工作站、联络点】……………………………………………… 51
第十四条　【派驻值班律师】…………………………………… 54
第十五条　【政府采购法律援助】……………………………… 57

第十六条 【义务主体】…… 61
第十七条 【法律援助志愿者】…… 64
第十八条 【跨区域法律援助】…… 68
第十九条 【法律援助人员的职责】…… 71
第二十条 【法律援助人员的执业要求】…… 75
第二十一条 【保密义务】…… 79

第三章 形式和范围 …… 84
第二十二条 【法律援助服务形式】…… 84
第二十三条 【法律援助机构提供法律咨询服务和提示、告知义务】…… 90
第二十四条 【犯罪嫌疑人、被告人申请刑事法律援助】 …… 93
第二十五条 【法定刑事法律援助】…… 96
第二十六条 【重刑刑事法律援助】…… 101
第二十七条 【保障犯罪嫌疑人、被告人委托辩护权】 …… 103
第二十八条 【强制医疗法律援助】…… 106
第二十九条 【被害人、原告人等申请涉刑事法律援助】 …… 109
第三十条 【值班律师法律帮助】…… 113
第三十一条 【民事和行政法律援助事项范围】…… 117
第三十二条 【申请免予经济困难条件限制的情形】…… 123
第三十三条 【申诉、再审案件法律援助】 …… 128
第三十四条 【经济困难的标准】…… 133

第四章 程序和实施 …… 139
第三十五条 【法律援助及时告知义务】…… 139
第三十六条 【刑事案件法律援助的指派程序】…… 143
第三十七条 【值班律师的法律保障】…… 147

第三十八条　【法律援助的管辖】…………………………………………… 151
第三十九条　【转交法律援助申请的程序】………………………………… 154
第四十条　【代为提出法律援助申请】………………………………………… 157
第四十一条　【经济困难状况的说明及核查】……………………………… 161
第四十二条　【免予核查经济困难状况的人员】…………………………… 165
第四十三条　【对法律援助申请的审查】…………………………………… 171
第四十四条　【先行提供法律援助】………………………………………… 175
第四十五条　【法律援助服务便捷化】……………………………………… 180
第四十六条　【法律援助人员提供援助及通报的义务】…………………… 183
第四十七条　【受援人的如实陈述及其配合义务】………………………… 187
第四十八条　【终止法律援助的情形】……………………………………… 190
第四十九条　【异议的提出、处理与救济】 ………………………………… 196
第五十条　【法律援助人员报告与提交材料】……………………………… 200

第五章　保障和监督 ……………………………………………………… 204
第五十一条　【法律援助信息共享和工作协同】…………………………… 204
第五十二条　【法律援助补贴】……………………………………………… 207
第五十三条　【对受援人和法律援助人员减免费用】……………………… 212
第五十四条　【法律援助人员培训制度】…………………………………… 215
第五十五条　【受援人知情权、投诉权和请求变更权】 …………………… 219
第五十六条　【法律援助工作投诉查处和结果告知】……………………… 223
第五十七条　【法律援助服务的监督、服务质量标准和质量
考核】……………………………………………………………… 228
第五十八条　【法律援助信息公开制度】…………………………………… 232
第五十九条　【法律援助服务质量监督措施】……………………………… 236
第六十条　【律师事务所、律师履行法律援助义务情况年度
考核】…………………………………………………………………… 239

第六章　法律责任 ………………………………………… 244
第六十一条　【法律援助机构及其工作人员法律责任】………… 244
第六十二条　【律师事务所、基层法律服务所法律责任】 ………… 250
第六十三条　【律师、基层法律服务工作者责任】 ……………… 253
第六十四条　【受援人法律责任】……………………………… 258
第六十五条　【冒用法律援助名义并谋利的法律责任】………… 261
第六十六条　【国家机关及其工作人员渎职的处分】…………… 263
第六十七条　【刑事责任】……………………………………… 267

第七章　附则 ………………………………………………… 271
第六十八条　【群团组织开展法律援助的法律适用】…………… 271
第六十九条　【对外国人和无国籍人提供法律援助的法律适用】……………………………………… 275
第七十条　【军人军属法律援助办法的制定】………………… 279
第七十一条　【施行日期】……………………………………… 281

附　录　一

法律法规 ……………………………………………………… 283
中华人民共和国法律援助法 ………………………………… 283
关于《中华人民共和国法律援助法（草案）》的说明………………… 294
中华人民共和国宪法（节录）………………………………… 299
中华人民共和国刑事诉讼法（节录）…………………………… 300
中华人民共和国律师法（节录）……………………………… 302
中华人民共和国老年人权益保障法（节录）…………………… 304
中华人民共和国妇女权益保障法（节录）……………………… 305
中华人民共和国未成年人保护法（节录）……………………… 305
中华人民共和国残疾人保障法（节录）………………………… 306

附　录　二

流程图表 …………………………………………………………… 307
图 1　申请法律援助工作流程图 …………………………………… 307
图 2　通知指派法律援助流程图 …………………………………… 308

附　录　三

条文对照 …………………………………………………………… 309
《法律援助条例》与《法律援助法》对照表…………………………… 309

后　记 ……………………………………………………………… 330

中华人民共和国法律援助法

（2021年8月20日第十三届全国人民代表大会常务委员会第三十次会议通过　2021年8月20日中华人民共和国主席令第93号公布　自2022年1月1日起施行）

第一章　总　　则

第一条　【立法目的】[1]为了规范和促进法律援助工作，保障公民和有关当事人的合法权益，保障法律正确实施，维护社会公平正义，制定本法。

条文解读

本条是关于《法律援助法》[2]立法目的的规定。

立法目的是法律中规定的各项制度规范所追求达到的目标。立法目的决定着一部法律的内容导向，承载着一部法律的初心使命。与《法律援

〔1〕条文主旨为编者所加，仅供参考，下同。

〔2〕为便于阅读，本书中的法律法规均使用简称。——编者注

助条例》相比，本条对《法律援助法》立法目的作了充实完善，可概括为以下四个方面：

1. 规范和促进法律援助工作

2003 年国务院制定《法律援助条例》，为规范和促进法律援助事业发展发挥了重要作用，使我国法律援助立法“从无到有”。但随着我国经济社会的不断发展，《法律援助条例》已经不能很好地适应法律援助工作需要，与人民群众特别是困难群众日益增长的法律援助需求相比，还存在制度不够完善、保障不够充分、援助范围亟待扩大等问题。及时制定《法律援助法》，将法律援助立法形式从行政法规上升为法律，是贯彻落实中央关于推进全面依法治国的重大战略部署，完善中国特色社会主义法律援助制度的必然要求。因此，全国人大常委会适时启动《法律援助法》的制定工作，使我国法律援助立法“从有到优”。本法的实施对于实现“应援尽援”“应援必援”“应援优援”目标能够发挥更好的规范和促进作用。

2. 保障公民和有关当事人的合法权益

坚持以人民为中心，是起草工作的第一原则。第一，法律援助是惠民生工程。中共中央办公厅、国务院办公厅印发的《关于完善法律援助制度的意见》指出，法律援助工作是一项重要的民生工程，要把维护人民群众合法权益作为出发点和落脚点。法律援助是一项以人为本、扶贫助弱、维护困难群众合法权益的公益事业。做好“法律扶贫”，能增强人民群众的法治获得感，这是实实在在的民生。第二，法律援助是保民权工程。保障公民获得平等公正的法律保护，是实现“公民在法律面前一律平等”这一宪法原则的重要内容。现实生活中，不乏由于自然、经济、文化等原因而需要求助于法律援助的困难或特殊群体，包括农民工、妇女、未成年人、少数民族、残疾人、老年人和军人军属等公民。作为人权司法保障的重要组成部分，法律援助通过向这些缺乏能力、经济困难的当事人提供法律帮助，使他们能平等地站在法律面前，感受到法治的力量、法律的温暖。同时，与《法律援助条例》相比，本法进一步拓宽了提供法律援助的渠道，动员更多力量参与，使投身法律援助的组织和个人更加多样，因此本法同样保障与法律援助“有关当事人”的合法权益，体现了对受援人与实施者的平等保护、一体保护、全面保护。第三，法律援助是暖民心工程。它在本质上是知民情、顺民意、解民困、暖民心的德政工程、阳光工程，体现了社会主义的优越性，绝不能搞成形象工程、豆腐渣工程。通过制定本法，国家提供范围更广、渠道更宽、质量更高的法律援助，更有助于解决困难群众急难愁盼之事，让法治之光照耀到每一个法律援助当事人身上，让党和人民群众更加心连心。

3. 保障法律正确实施

这是指通过立法规定的各项制度规范在执法、司法、守法各环节中得到正确地运用适用、贯彻落实，确保法律调整的抽象权利义务关系转化为现实生活中具体的权利义务关系。法律援助制度从行政法规上升为法律，不仅是形式的升格，更是实质内容的完善；不仅使公民开始感觉到法律援助的功效，更在于“最大限度地避免法律调整和规范的‘死角’，从而切实保障法律所规定的社会关系得以实现”[1]。法律的生命力在于实施，实施者（包括执法者、司法者、守法者）都迫切希望立法更加科学完备。本法在制定的全过程都落实党中央关于法律援助工作的决策部署，总结我国法律援助工作积累的实践经验，借鉴国际有益做法，坚持改革方向，坚持问题导向，从实际出发，通过立法完善法律援助制度，必将有力保障法律援助工作正确实施，促进公正司法，维护社会和谐稳定。

4. 维护社会公平正义

良法是善治的前提。维护社会公平正义是指通过《法律援助法》的立法和实施，健全社会公平正义法治保障制度，努力让人民群众在每一个司法案件中感受到公平正义。法治不仅要求完备的法律体系、完善

---

〔1〕 肖扬：《建立有中国特色的法律援助制度》，载《人民日报》1996年5月14日，第9版；转引自人大报刊复印资料《诉讼法学·司法制度》1996年第4期。

的执法司法机制、普遍的法律遵守,更要求公平正义得到维护和实现。习近平总书记指出“公正是法治的生命线”,“无论处在什么发展水平上,制度都是社会公平正义的重要保证”。习近平法治思想的一个重要特点就是更加重视通过法治实现公平正义,并把实现司法公正作为通过法治重构社会公平正义机制的突破口。在司法活动中,公平正义主要体现为矫正正义、补偿正义,即受到侵害的权利必会得到保护和救济,违法犯罪活动必要受到制裁和惩罚。只有公民或其他当事人打得起官司,有机会运用法律援助手段来维护自身的合法权益,才能实现社会公平正义。

以上四个方面的立法目的又可以分为两个层次:规范和促进法律援助工作、保障公民和有关当事人的合法权益是直接目的,保障法律正确实施、维护社会公平正义是根本目的。

适用要点

结合具体法律规范适用本条立法目的,发挥立法目的高屋建瓴的指导作用。在司法实践中,立法目的可以作为法律解释的依据、利益衡量的基准,但应避免罗列概念、宽泛解释、孤立引证的粗放适用,应在具体的个案情境中,结合本法具体条款,论证解释如何达到本法直接工作目的与根本价值目的的统一。

关联法规

《刑事诉讼法》第35条;《军人地位和权益保护法》第61条;《未成年人保护法》第104条

典型案例

司法部发布第三批疫情防控和企业复工复产公共法律服务典型案例之八

——法援助讨薪、情暖农民工

案例要点[1]:该案涉及人数众多,涉案数额大。疫情防控期间,法律援助人员根据案情实际情况,一方面依法有序开展法律援助,为农民工提供热情周到的法律服务;另一方面合理安排工作,积极稳妥地做好疫情防控,迅速办理法律援助手续。在法援律师的帮助下,通过法律诉讼帮助农民工讨回了被拖欠的劳动报酬,有效维护了农民工的合法权益,维护了社会稳定。

第二条 【概念】本法所称法律援助,是国家建立的为经济困难公民和符合法定条件的其他当事人无偿提供法律咨询、代理、刑事辩护等法律服务的制度,是公共法律服务体系的组成部分。

条文解读

本条是关于法律援助的概念的规定。

本法在《法律援助条例》的基础上,首次明确了法律援助的概念。本条通过对法律援助概念的立法界定,明确了法律援助的主体、对象、性质、内容、形式和重要地位。

1. 法律援助的责任主体是国家

在现代社会,法律援助是国家的责任而非恩赐,因此,政府不能“缺

---

〔1〕 因篇幅有限,此处仅归纳案例要点,如需阅读案例全文,请扫描侧边二维码,在线阅读。——编者注

位”,必须积极介入,承担起提供法律援助的义务。不同于《法律援助条例》第3条将法律援助界定为政府责任,《法律援助法》将法律援助界定为国家责任,符合我国实际状况与世界各国的发展趋势。如2013年《联合国关于在刑事司法系统中获得法律援助机会的原则和准则》第15条规定:“国家应当把提供法律援助视为其义务和责任。……确保有一个方便使用的、有效的、可持续的和可信的法律援助综合制度。”国家责任比狭义的政府责任宽泛。国家责任是由一个完整的国家系统所承担的责任,其责任主体是国家内设所有机关,包括权力机关、行政机关、司法机关等在内的集合体。如刑事案件中,公安机关、人民检察院、人民法院对于符合法律援助标准的犯罪嫌疑人、被告人的告知义务,对于保障刑事侦查、审查、起诉、公诉审判阶段的法律援助工作、推进刑事案件律师辩护法律援助全覆盖具有重要的意义。确立法律援助的国家责任彰显了国家能力和国家担当,使经济困难公民和符合法定条件的其他当事人的法律援助权利从制度上得到更坚实的保障。

2.法律援助对象为“经济困难公民”和“符合法定条件的其他当事人”

“法律援助对象的范围,较大程度上体现着一个国家法律援助的社会化程度。”[1]本法第34条规定“经济困难的标准,由省、自治区、直辖市人民政府根据本行政区域经济发展状况和法律援助工作需要确定,并实行动态调整。”这一规定为各地依据实际情况制定经济困难的具体标准留有空间,动态调整的方式符合实践中不断变化发展的经济水平的要求,保证法律适用的可行性和可操作性。《法律援助条例》曾明确规定要求申请人开具经济困难证明,与之不同,本法规定通过部门信息共享查询,对申请人的经济困难状况进行核查或由申请人进行个人诚信承诺。此项修改不仅有利于推动构建诚信建设长效机制、培育诚实信用的社会风尚,也有利于深化“放管服”改革、落实“减证便民”措施。“符合法定条件的其他当

〔1〕 廖中洪:《我国法律援助制度的基本构想》,载《现代法学》1997年第4期。

事人”包括刑事案件的犯罪嫌疑人、被告人具备法律规定的特定情形，但没有委托辩护人的，人民法院、人民检察院、公安机关通知法律援助机构指派律师担任辩护人；强制医疗案件的被申请人或者被告人没有委托诉讼代理人，人民法院通知法律援助机构指派律师为其提供法律援助；当事人符合法律规定的要求申请法律援助的，不受经济困难条件的限制。值得注意的是，《关于〈中华人民共和国法律援助法（草案）〉的说明》指出，法律援助对象除经济困难公民外，还包括诉讼中符合法定条件的当事人（不限于公民）。考虑到我国法律援助发展现状及保障水平，对福利机构、提起公益诉讼的社会组织等非自然人，各地可组织律师提供减免费用等法律服务，根据实际情况在实践中继续探索，法律中暂不作明确规定。此外，根据我国加入或者签订的有关国际公约和双边司法协助条约等的规定，在我国境内的外国人、无国籍人，只要符合本法规定的，也可以获得必要的法律援助。

3. 法律援助的重要内容是“无偿提供法律咨询、代理、刑事辩护等法律服务”

实践中，部分公民遇到法律纠纷时可能由于经济困难等原因而请不起律师提供法律帮助，对经济困难公民提供无偿法律服务，从根本上解决困难群众没有钱请律师、打不起官司的问题，表明司法公正和公平正义不是建立在公民个人的经济基础之上，法律面前人人平等的原则必须在现实中体现。值得指出的是，本法规定加大中央财政转移支付力度，地方动态调整经费补贴标准，共同完善法律援助经费保障机制，逐步实现东西部之间、城乡之间、区域之间法律援助服务的均衡化可持续发展。本法第3章详细规定了法律援助的形式和范围，体现了法律援助服务体系内容的完善和定型。

4. 法律援助是公共法律服务体系的组成部分

公共法律服务是政府公共职能的重要组成部分，是保障和改善民生的重要举措。习近平总书记在2019年1月召开的中央政法工作会议上强调，要深化公共法律服务体系建设，加快整合律师、公证、司法鉴定、仲裁、司法所、人民调解等法律服务资源，尽快建成覆盖全业务、全时空的法律服务网络。2019年7月，中共中央办公厅、国务院办公厅印发《关于加快推进公共法律服务体系建设的意见》，表明法律援助作为公共法律服务体系的组成部分，要切合覆盖城乡、便捷高效、均等普惠的现代公共法律服务体系建设要求，与其他组成部分有效衔接，发挥系统优势，实现最佳社会效应。公共法律服务中，以国家责任为基础的基本公共法律服务就包括法律援助。本法保障了公民享有法律援助这种基本公共法律服务的权利，“体现了‘贫者必援、弱者必帮、残者必助’的服务理念，是政府对社会弱势群体不可推卸的责任担当”[1]。

适用要点

1. 法律援助与司法救助。司法救助在我国有特定的含义，是指在诉讼案件中，国家向无法通过诉讼获得有效赔偿而生活面临急迫困难的当事人、证人（限于自然人）等即时支付救助金或者减免诉讼费用，司法救助先在刑事诉讼中建立，其后于民事诉讼、行政诉讼中出现。法律援助是在执法、司法、法律监督各环节以提供无偿的法律帮助服务形式出现，而在现阶段，司法救助主要是在诉讼过程中以给付或者减免一定金额诉讼费用的救助形式出现。由此可见，我国法律援助与司法救助存在一定的交叉关系。

2. 逐步完善公证机构、司法鉴定机构依法减免相关费用制度，加强法律援助工作与公证、司法鉴定工作的衔接。

关联法规

《工会法》第29条；《司法鉴定与法律援助工作衔接管理办法（试行）》

〔1〕 樊崇义：《我国法律援助立法与实践的哲理思维》，载《江西社会科学》2021年第6期。

典型案例

司法部发布第一批疫情防控和企业复工复产律师公益法律服务指导案例之六

——法律咨询帮助小微企业防范融资风险

案例要点：本案是律师通过法律咨询及时发现并帮助小微企业防范网络诈骗风险的案例。目前各地企业陆续复工复产，一些中小微企业急需资金周转，但受疫情影响存在融资难问题，一些不法分子趁机通过网络发布虚假信息实施金融诈骗。本案律师通过法律咨询，及时发现并采取措施帮助小微企业防范融资风险，同时积极发挥专业优势，主动面向小微企业开展普法宣传，提升小微企业法治意识和风险防范意识。

第三条 【基本原则】法律援助工作坚持中国共产党领导，坚持以人民为中心，尊重和保障人权，遵循公开、公平、公正的原则，实行国家保障与社会参与相结合。

条文解读

本条是关于法律援助工作基本原则的规定。

法律援助工作的基本原则贯穿于全部法律援助具体规范之中，对法律援助工作实施具有普遍指导意义，是基础性、本源性的法律准则。依据本条规定，法律援助工作应当遵循的基本原则有以下五项：

1. 坚持中国共产党领导

党的领导是社会主义法治最根本的保证。法律援助工作必须把坚持党的领导贯穿于法律援助工作的全过程和各方面。党中央历来重视法律援助工作,党的十八届三中、四中全会明确提出要完善法律援助制度、扩大援助范围。2015 年 5 月 5 日,习近平总书记主持召开中央全面深化改革领导小组会议,审议通过《关于完善法律援助制度的意见》。在法律援助工作的全过程中,党领导立法、保证执法、支持司法、带头守法,积极回应人民群众急难愁盼,运用法治思维和法治方式解决法律援助领域的突出矛盾和问题,在党的领导下构建起政府、市场和社会协同治理的格局,以良法谋求善治。总之,法律援助工作必须充分发挥党总揽全局、协调各方的领导核心作用,贯彻落实好《法律援助法》,通过法律保障党的政策有效实施,确保法律援助工作正确方向。

2. 坚持以人民为中心

习近平法治思想的根本立场就是“以人民为中心”。《法律援助法》集中反映了全过程人民民主,充分体现了“以人民为中心”的基本原则。一是法律援助立法坚持科学立法、民主立法、依法立法,特别是开门立法,通过广开言路,在立法规划、论证、评估等环节显著提升了公众参与度,充分考量和吸纳民意,实现公共利益最大化,保障社会公众、特别是困难群众的合法权益。二是法律援助是一部带有鲜明的人民性的权利保障书、民生保障法。它囊括了全部法律援助对象如受援人、申请人等弱势群体在社会生活中所涉及的法律服务困难,规范各类法律援助实施主体的积极援助义务与责任。三是努力让人民群众在每一个司法案件中都感受到公平正义,法律援助工作的目的并不总是能够使弱势群体在法律上实现胜诉的目标,但能让更多需要法律援助的人更便利地享受更有质量的法律援助服务,“决不让困难群众打不起官司”,实现法律上的真正平等,体现了法治建设为了人民、依靠人民、造福人民、保护人民的根本目的,牢牢把握住了社会公平正义这一法治价值追求。

3. 尊重和保障人权

是否尊重和保障人权已经成为评判一个国家或地区法治文明的标尺。尊重和保障人权是我国宪法确立的一项重要原则,体现了社会主义制度的本质要求。2012 年《刑事诉讼法》修正时,率先将“尊重和保障人权”这一宪法原则规定为刑事诉讼的法律原则,并贯彻于刑事辩护制度具体规定中,极大地扩大了法律援助范围。在法律援助的意义上,如果说《刑事诉讼法》纳入“尊重和保障人权”加强了司法的人权保障职能,《法律援助法》则统一规范了执法司法守法全过程的人权保障职能。《法律援助法》确立“尊重和保障人权”重要原则,通过提供无偿的法律援助为人民群众的生存权、发展权保驾护航,通过咨询、代理、刑事辩护等多种形式有效保障公民和有关当事人的人身权利、获得公正审判的权利,保证其依法享有广泛权利和自由,彰显了中国人权保障的发展进步和制度优势。

4. 遵循公开、公平、公正的原则

(1)公开是相对法律援助实施主体而言的,其最重要的价值是建立透明、廉洁的法律援助制度,它要求法律援助实施主体的处理过程及决定应当向公众依法公开,以公开为原则、不公开为例外,保障受援人和社会公众的知情权,防止腐败。(2)公平是相对法律援助对象而言的,公平最重要的价值是保障法律面前人人平等,确保人人机会均等、受到平等对待,建立一套困难群众易获得、零歧视、有效率、可信赖的法律援助制度。(3)公正也是相对法律援助主体而言的,法律援助工作必须不偏不倚,维护正义和中立,防止徇私舞弊和“暗箱操作”。

“公开、公平、公正原则”是相互联系、不可分割的统一整体。公开是实现公平、公正的必要前提,公平和公正又是公开的必然结果。

《法律援助法》多处规定体现了公开、公平、公正原则,一是司法行政部门应当制定法律援助服务质量标准,通过第三方评估等方式定期进行质量考核,意在破除“暗箱操作”的顽瘴痼疾。二是通过法律援助信息化建设,司法行政部门、法律援助机构应当建立法律援助信息公开制度提供平台,通过公开法律援助资金使用、案件办理等信息,加强社会监督力度。三是司法行政部门进行政府采购选择律师事务所等法律服务机构应遵循公平、公正原则,防范内幕交易行为。四是法律援助人员应当按照法律规定恪守职业道德和执业纪律,不向受援人收取任何财物,按照规定向受援人通报法律援助事项办理情况。五是受援人应当如实陈述与法律援助事项有关的情况，如有欺骗、故意隐瞒等不诚信行为，需承担相应的法律责任。

5. 实行国家保障与社会参与相结合

国家保障与社会参与是由我国目前法律援助和法律服务的现状、规律决定的。我国人口数量较大，法律援助对象众多，法律援助的需求量大。法律援助对象不仅要求得到专业的诉讼代理和辩护，也需要得到专业的法律咨询、非诉讼法律事务的指导和代理等其他形式的法律援助服务。因此，国家保障与社会参与缺一不可。法律援助是公民权利和国家义务，这是一枚硬币的两面。在中国特色法律援助事业中，"国家保障"承担起中流砥柱的主导和兜底作用，而"社会参与"发挥合作伙伴的助力作用。只有在国家保障的基础上，社会参与才能有序进行。唯有社会参与的助力，国家保障才能行之长久。具体而言，本法对法律援助的组织框架、管理体制、办理程序、经费支持和保障体系均作出了全面规定，又通过第 8 条、第 9 条和第 17 条分别规定鼓励支持符合条件的组织和个人参与法律援助工作，激发社会力量参与法律援助的积极性，缓解法律援助人才和资金短缺的困境，做到国家保障与社会参与相互配合、相互协调、相得益彰。

适用要点

法律援助工作的基本原则并非仅仅是宣示性条款，而是具有适用效力。一是法律援助工作的基本原则作为法律援助法律法规解释的基准。法律非解释不能适用。受到立法者的能力制约及本身局限性等因素的影响，任何法律都带有局限性，具体体现为不合目的性、不周延性、模糊性、滞后性。[1] 法律援助基本原则的适用，为法律解释活动提供了基本解释基准。在对法律条文进行解释时，如有两种相反的含义，则应采用其中符

〔1〕 周佑勇：《行政法基本原则研究》（第 2 版），法律出版社 2019 年版，第 261 页。

合于法律援助基本原则的含义。无论采用何种解释方法，其解释结果均不能违反法律援助基本原则。违反法律援助基本原则的解释，不得为正确的法律解释。二是法律援助工作的基本原则作为补充法律漏洞的工具。法律援助工作的基本原则不仅是解释法律援助法律法规的基准，而且是补充法律漏洞的工具。在现行法律缺乏相应的具体规范、出现法律漏洞时，法院可直接适用法律援助的基本原则以裁判案件。

关联法规

《立法法》第3、5、6条；《政府信息公开条例》第5条；《办理法律援助案件程序规定》第7条

典型案例

司法部发布第三批疫情防控和企业复工复产公共法律服务典型案例之七

——员工无故被辞退法援助力来维权

案例要点：受突如其来的新冠肺炎疫情影响，部分企业面临着生产经营困难，有的采取解除劳动合同、单方降薪、调岗、不支付工资等方式，由此产生劳动争议。本案中，餐饮公司12名员工被无故辞退，涉及人员众多。北京市通州区法律援助中心在疫情期间及时受理了他们的申请，指派律师办理此案。在法援律师的帮助下，双方通过调解快速妥善解决了纠纷，切实维护了受援人合法权益，取得了良好的社会效果。

第四条　【政府职责】县级以上人民政府应当将法律援助工作纳入国民经济和社会发展规划、基本公共服务体系，保障法律援助事业与经济社会协调发展。

县级以上人民政府应当健全法律援助保障体系，将法律援助相关经费列入本级政府预算，建立动态调整机制，保障法律援助工作需要，促进法律援助均衡发展。

条文解读

本条是关于法律援助的政府职责的规定。

本条规定主要是针对过去法律援助经费少、财政支持力度不足等问题，明确政府的财政保障职责，主要体现在以下两个方面：

1."县级以上人民政府应当将法律援助工作纳入国民经济和社会发展规划、基本公共服务体系，保障法律援助事业与经济社会协调发展。"依据本款规定：(1)县级以上政府应当将法律援助工作纳入地方国民经济和社会发展规划。国民经济和社会发展规划是人民政府统筹安排和指导全国或某一地区的社会、经济、文化建设工作的计划。县级以上人民政府应当将法律援助工作纳入规划，既意味着安排法律援助工作成为政府法定职责，也意味着法律援助工作要与社会、经济、文化建设工作协调发展，一并部署和安排。(2)县级以上人民政府应当将法律援助工作纳入基本公共服务体系。基本公共服务体系是由政府主导、保障全体公民生存和发展基本需要、与经济社会发展水平相适应的公共服务整体制度安排。公共服务主要包括生存型和发展型公共服务，基本公共服务是一种生存型公共服务，如教育、医疗、卫生等，目的是保障人民正常社会活动。2017年1月国务院发布的《"十三五"推进基本公共服务均等化规划》提出将法律援助列入我国基本公共服务。法律援助工作发挥了保障基本人权、扶助社会弱势群体的作用，应当由县级以上人民政府纳入属于生存型的基本公共服务体系。(3)法律援助事业与经济社会协调发展。城乡之间、地区之间以及法律援助制度内部各要素之间亦存在发展不充分不平衡问题,因此政府要发挥保障作用,根据本行政区域经济发展状况和法律援助工作需要,建立和保障与经济社会发展水平相适应的法律援助事业。

2."县级以上人民政府应当健全法律援助保障体系,将法律援助相关经费列入本级政府预算,建立动态调整机制,保障法律援助工作需要,促进法律援助均衡发展。"依据本款规定:(1)县级以上人民政府完善法律援助保障体系,将法律援助相关经费列入本级政府预算,建立动态调整机制。首先,关于健全法律援助保障体系。法律援助经费保障体系主要实行地方财政调控为主,法律援助经费支出由地方政府负责,中央财政引导地方加大投入。中央财政主要引导地方特别是中西部地区加大对法律援助经费的投入力度。省级财政要为法律援助提供经费支持,加大对经济欠发达地区的转移支付力度,提高经济欠发达地区的财政保障能力。市、县级财政要将法律援助经费全部纳入同级财政预算,根据地方财力和办案量合理安排经费。其次,关于动态调整机制。建立动态调整机制,主要是根据律师承办案件成本、基本劳务费用等因素及时调整补贴标准,法律援助补贴免征增值税和个人所得税,符合法律援助相关经费预算。同时也包括开辟资金渠道,鼓励社会各方对法律援助活动提供捐助和支持。(2)保障法律援助工作需要,促进法律援助均衡发展。首先,关于保障法律援助工作需要。作为一项由政府提供的公益性质的服务,政府在法律援助工作中坚持主导地位,法律援助各项工作的开展、运行主要依靠地方各级政府的统一规划和财政支持,社会捐赠和其他机构的参与是有益补充,而不是主要依赖对象。其次,关于促进法律援助均衡发展。政府应当不断加大法律援助经费投入,逐步提高经费保障水平。同时,地方政府的经费投入和保障应当与本行政区域法律援助工作需要相适应,以促进法律援助均衡发展。

适用要点

一是在制定法律援助工作发展规划方面，各地应因地制宜，充分考虑本地区当前的经济社会发展水平和法律援助工作开展状况，分阶段、有目标地制定发展规划，使规划成为推动法律援助工作的有力抓手。二是在基本公共法律服务方面，各地应从人员配备、硬件设施、软件配套等各方面着手，逐步建成网络、实体、热线全方位覆盖的法律援助体系。三是在经费保障方面，要将法律援助纳入同级财政，加大投入，做到专款专用，做好监督和管理，使国家财政投入能够保障法律援助工作的开展。

关联法规

《军人地位和权益保护法》第 7 条；《未成年人保护法》第 8 条；《老年人权益保障法》第 6 条

典型案例

司法部发布第三批疫情防控和企业复工复产公共法律服务典型案例之一

——12348 公共法律服务热线助力劳动者维权

案例要点：面对席卷全球的新冠肺炎疫情，部分企业不得不考虑经营成本，对员工采取冻薪、降薪、裁员等措施。作为相对弱势的员工一方，面对减薪甚至失业困境，应当合理运用法律手段维护自身的合法权益。在疫情时期，广东法律服务网坚持为全省群众提供 7×24 小时全天候法律服务，并通过远程在线服务系统，提升服务供给能力，通过打造粤省事“企业视频法律咨询”专栏等举措，帮助员工维护合法权益，助力企业复工复产、复商复市，实现了显著的法律效果和社会效果。

第五条 【指导、监督部门与协作部门职责】国务院司法行政部门指导、监督全国的法律援助工作。县级以上地方人民政府司法行政部门指导、监督本行政区域的法律援助工作。

县级以上人民政府其他有关部门依照各自职责,为法律援助工作提供支持和保障。

条文解读

本条是关于法律援助工作中指导、监督部门与协作部门职责的规定。

1. 法律援助指导、监督部门职责

法律援助指导、监督部门是指具有法定权限对法律援助机构及其相关工作人员和活动等实施指导和监督职责的部门。本条第1款明确了指导、监管职责及其分工。(1)国务院司法行政部门是全国法律援助工作的指导、监督部门,地方县级以上人民政府司法行政部门主要负责本行政区域内法律援助工作,因此司法部可以基于管理关系,在职权范围内,对地方司法行政部门的法律援助工作进行指导和监督。(2)县级以上地方各级人民政府司法行政部门负责指导、监督本行政区域的法律援助工作。“县级以上地方人民政府司法行政部门”主要是指省、自治区、直辖市、自治州、设区的市、县、自治县、不设区的市、市辖区的各级司法厅和司法局。结合本法其他法条的规定,县级以上地方人民政府司法行政部门的指导、监管职责,主要是负责各自行政区域内的法律援助工作:一是设立本行政区域的法律援助机构,通过政府采购等方式择优选择律师事务所等法律服务机构为受援人提供法律援助服务。二是审查申请人、受援人提出的对法律援助机构作出的不予法律援助决定的异议,并依法应对行政复议或行政诉讼。三是建立法律援助工作投诉查处制度、法律援助信息公开制度、法律援助服务质量标准,开展受理处理投诉、依法信息公开、引入第三方评估及质量考核工作。四是对法律援助机构及其工作人员、律师事务所及其律师、基层法律服务所及其工作者的援助行为和受援人的获援行为进行监督，并对前述单位和人员的违法行为进行处理和对受援人的不正当获得援助行为进行处罚。五是其他法律法规关于法律援助工作的规定。

2. 法律援助协作部门职责

县级以上人民政府其他有关部门是法律援助工作的协作部门，负责在各自职责范围内支持和保障本级法律援助各项工作的开展。本条为“县级以上人民政府其他部门”设立了法定“支持和保障”的配合职责，如财政部门应当与司法行政部门共定法律援助补贴标准；其他人民政府有关部门应当与司法行政部门实现信息共享、工作协同的配合职责；编制部门在设立法律援助机构、核定人员职数方面的配合职责；民政部门在共享贫弱群体信息方面的配合职责；信访部门在困难群众信访事项处理方面的配合职责等。本条规定了协作部门的配合职责，进一步增强了政府各部门之间的协调性，从而有助于法律援助工作协调开展。

适用要点

在坚持政府部门职责法定的基础上，有必要关注法律援助指导监督部门与其他有关部门的协作分工机制。根据本条规定，法律援助工作不仅是司法行政部门的主要职责，也是政府工作部门共同的职责权限，这一规定有利于实现对法律援助工作的整体治理。因此，司法行政部门和其他政府部门需要按照职能分工协作机制来履职尽责，防止出现推诿塞责、九龙治水的问题。

关联法规

《保障农民工工资支付条例》第 45 条；《居住证暂行条例》第 12 条

典型案例

上海某某物业管理有限公司与上海市浦东新区法律援助中心政府信息公开案[1]

案例要点：法院认为，根据《法律援助条例》第5条第2款的规定，法律援助机构负责受理、审查法律援助申请，指派或者安排人员为符合该条例规定的公民提供法律援助。故被告浦东法援中心系具有受理、审查本区域法律援助申请的法律、法规授权组织。依照《政府信息公开条例》的相关规定，被告具有受理和处理向其提出有关法律援助的政府信息公开申请的法定职责。2007年《政府信息公开条例》第2条规定："本条例所称政府信息，是指行政机关在履行职责过程中制作或者获取的，以一定形式记录、保存的信息。"本案中，被告浦东法援中心收到原告某某公司要求获取"浦东新区法律援助中心对西营路×××号×××室许某某申请法律援助作出法律援助的批复"的申请后，履行了合理的查找和搜寻的义务，因未找到上述信息，故书面告知原告"您要求获取的政府信息不存在"，该答复符合《政府信息公开条例》第21条第3项之规定，即"该政府信息不存在的，应当告知申请人"，并无不当。原告某某公司提供的证据，不能证明原告申请的信息确实存在。故原告要求撤销被告作出的《答复书》，并责令被告公开其要求获取的信息的诉讼请求，法院难以支持。被告在收到原告政府信息公开的申请后，在法定期限内作出了答复并送达原告，程序合法。综上所述，原告某某公司的诉讼请求缺乏事实和法律依据，依法应予以驳回。

[1] 上海市浦东新区人民法院(2013)浦行初字第84号。

第六条 【公检法机关的保障职责】人民法院、人民检察院、公安机关应当在各自职责范围内保障当事人依法获得法律援助,为法律援助人员开展工作提供便利。

条文解读

本条是关于公检法机关对于法律援助工作的保障职责的规定。

1.公检法机关对于法律援助工作的保障职责

(1)人民法院、人民检察院和公安机关应当在各自职责范围内保障当事人依法获得法律援助。具体而言,人民法院、人民检察院、公安机关应根据《刑事诉讼法》等法律法规的规定履行各自职责,协助开展法律援助工作并提供保障。根据《刑事诉讼法》的规定,若犯罪嫌疑人、被告人属于特殊群体且没有委托辩护人的,人民法院、人民检察院和公安机关应当通知法律援助机构指派律师为其提供辩护;人民法院、人民检察院、看守所应当告知犯罪嫌疑人、被告人有权约见值班律师,并为犯罪嫌疑人、被告人约见值班律师提供便利;人民法院缺席审判案件,被告人及其近亲属没有委托辩护人的,人民法院应当通知法律援助机构指派律师为其提供辩护;人民法院审理强制医疗案件,被申请人或者被告人没有委托诉讼代理人的,人民法院应当通知法律援助机构指派律师为其提供法律帮助。此外《法律援助值班律师工作办法》对公安机关、人民检察院、人民法院如何提供法律援助工作的保障进行了细化,专设第三章"法律帮助工作程序",明确了公安机关、人民检察院、人民法院以及看守所为犯罪嫌疑人、被告人提供法律援助的具体要求和流程。例如公安机关、人民检察院、人民法院需要法律援助机构通知值班律师为犯罪嫌疑人、被告人提供法律帮助的,应当在确定的法律帮助日期前 3 个工作日向法律援助机构出具法律帮助通知书,并附相关法律文书,等等。

(2)人民法院、人民检察院和公安机关应当在各自职责范围内为法律援助人员开展工作提供便利。人民法院、人民检察院和公安机关不仅要为当事人法律援助权利的实现提供保障,还要为法律援助工作人员开展法律援助工作提供便利,确保法律援助工作顺利有效地进行。根据《刑事诉讼法》《律师法》《法律援助值班律师工作办法》等法律法规的规定,人民法院、人民检察院和公安机关应当提供如下便利条件:法律援助机构可以在人民法院、看守所等场所派驻值班律师,法院、看守所等应当提供相应的办公场所与条件;辩护律师持律师执业证书、律师事务所证明和法律援助公函(法律帮助申请表或者法律帮助通知书等)要求会见在押或者被监视居住的犯罪嫌疑人、被告人的,看守所应当及时安排会见,至迟不得超过48小时;辩护律师会见犯罪嫌疑人、被告人时不被监听;侦查阶段值班律师可以向侦查机关了解犯罪嫌疑人涉嫌的罪名及案件有关情况,案件进入审查起诉阶段后,值班律师可以查阅案卷材料,了解案情,人民检察院、人民法院应当及时安排并提供便利;已经实现卷宗电子化的地方,人民检察院、人民法院可以安排在线阅卷,等等。人民法院、人民检察院和公安机关为法律援助人员开展工作提供便利是法定职责,是不同国家机关在法律援助事务上分工合作的体现。

2. 确立法律援助工作保障职责的意义

法律援助制度已经逐步成为司法制度的一部分,是保障法院公正审判的重要机制,也是健全司法制度实现社会正义的有机组成部分。法律援助制度作为一项公共服务与公益事业,是由国家来承担的国家义务,属于政府责任。这里的"政府"指的是广义政府,除了行政机关以外还包括立法机关、司法机关等国家机关。"作为法律援助国家责任的应有之义,所有司法机关、行政机关在涉及与法律援助相关的事宜中,都有责任作为国家的代表为法律援助人员办理援助案件提供必要的支持和工作方便。"[1]虽然法律援助工作的主管部门是司法行政机关并由法律援助机构来具体实施,但其他国家机关仍承担保障功能。本法第5条第2款规

---

〔1〕 宫晓冰主编:《中国法律援助立法研究》,中国方正出版社2001年版,第22页。

定,“县级以上人民政府其他有关部门依照各自职责,为法律援助工作提供支持和保障。”第 6 条规定:“人民法院、人民检察院和公安机关应当在各自职责范围内保障当事人依法获得法律援助,为法律援助人员开展工作提供便利。”因此,各个国家机关在实现法律援助服务的工作上体现的是分工合作的原则。

适用要点

从人民法院、人民检察院和公安机关履行法律援助保障职责的规定来看,具体适用可注意以下几点:一是从现有规定来看,人民法院、人民检察院和公安机关有关法律援助保障职能的规定主要集中于刑事案件中,对民事、行政案件的法律援助没有特别规定。对于法律、法规、规章规定的符合法律援助条件的其他民事、行政等案件,相关国家机关也应当提供便利,如当事人有意愿申请法律援助的,人民法院等机关也应当及时告知当事人有申请法律援助的权利并提供相应的便利措施,如告知法律援助机构联系方式或代为联系,等等。二是人民法院、人民检察院和公安机关虽然有保障当事人依法获得法律援助,为法律援助人员开展工作提供便利等协助履行法律援助的职能,但在侦查、审查起诉或审判等刑事司法程序以及民事或行政诉讼等法律程序中,仍要以事实为依据、以法律为准绳,不应将法律援助的协助职责与具体的工作职责相混同。

关联法规

《刑事诉讼法》第 35、36、39、278、293、304 条;《律师法》第 33 条;《未成年人保护法》第 104、111、114、115 条

典型案例

丁某某、孙某某以危险方法危害公共安全案[1]

案例要点：本案中，礼泉县人民法院受理的礼泉县人民检察院提起公诉的被告人丁某某、孙某某以危险方法危害公共安全罪一案，被告人孙某某未委托辩护人。根据《最高人民法院、司法部关于开展刑事案件律师辩护全覆盖试点工作办法》的相关规定，礼泉县人民法院决定为被告人孙某某指派援助律师为其提供辩护。礼泉县人民法院向礼泉县法律援助中心制发《提供法律援助通知书》，并请该中心在收到通知书之日起3日内，指派承担法律援助义务的律师为被告人孙某某进行辩护，并请各辩护律师在收到本通知书之日起3日内来礼泉县人民法院刑事审判庭查阅案卷，准备出庭辩护。

第七条　【律师协会职责】律师协会应当指导和支持律师事务所、律师参与法律援助工作。

条文解读

本条是关于律师协会在法律援助工作中的职责的规定。

《法律援助条例》第4条第2款规定，中华全国律师协会和地方律师协会应当按照律师协会章程对依据该条例实施的法律援助工作予以协助。2021年1月《法律援助法（草案）》第6条第3款对此作了修订，但仍非独立条文，与“人民法院、人民检察院和公安机关”以及“各级人民政府有关部门”并列。直到2021年6月的《法律援助法（草案二审稿）》，才将其独立成一条文，显示出律师协会在法律援助工作中所发挥的作用。

[1] 陕西省礼泉县人民法院（2019）陕0425刑初75号。

《法律援助条例》第 5 条规定，直辖市、设区的市或者县级人民政府司法行政部门根据需要确定本行政区域的法律援助机构。法律援助机构负责受理、审查法律援助申请，指派或者安排人员为符合该条例规定的公民提供法律援助。第 6 条规定，律师应当依照律师法和该条例的规定履行法律援助义务，为受援人提供符合标准的法律服务，依法维护受援人的合法权益，接受律师协会和司法行政部门的监督。《法律援助法》对以上两条在总则中作了精简和重构，明确了律师协会在法律援助中的重要作用。

1. 律师协会的法律援助职责

（1）明确律师协会的法律援助职责。《律师法》专设第五章“律师协会”，其中第 43 条规定，律师协会是社会团体法人，是律师的自律性组织。这就明确了律师协会的性质，它既不是国家机关，也不是事业单位，而是一种行业性的社会团体法人，实行法定会员制，是律师自我管理、自我约束的自律性组织。律师协会是律师管理体系的重要组成部分。目前，律师协会三级架构的建设已经卓有成效，全国各省、自治区、直辖市都已建立起本地区的律师协会，地市级的律师协会也已基本全覆盖。事实证明，司法行政部门的行政管理与律师协会的行业管理相结合的管理体制符合我国国情，是我国律师事业健康发展的可靠组织保证。2012 年 9 月 14 日，全国律协在京召开法律援助工作委员会、公益法律服务与社会责任委员会成立大会。

（2）明确律师协会开展法律援助的直接法律授权。从行政法规授权到更高位阶的法律授权，从《法律援助条例》设置的转授权到《法律援助法》的直接授权，充分表明法律援助工作受到党和国家、社会各界和人民群众的高度重视，在司法行政工作中的地位不断提升，对律师协会从事法律援助工作的授权更高级更充分。特别是《法律援助条例》转授权律师协会开展法律援助，即具体依据章程行事，而章程相关条文较为笼统，如《中华全国律师协会章程》第 6 条规定了律师协会的职责，其中并未明言法律援助的职责，只能归于最后一项口袋条文“法律、行政法规和规章规定的其他职责”。本法明确律师协会法律援助工作的直接法律授权，有利于夯实律师协会履职尽责的法律地位。

(3)明确律师协会法律援助职责的增强:从“协助”到“指导和支持”。由于法律援助具体服务的提供主体主要是律师事务所和律师,律师协会作为律师行业管理组织,有必要加强对律师事务所和律师从事法律援助的职责力度。第一,从法律解释来看,“协助”是支持的一种表现形式,“指导和支持”则从工作范围上拓展,表明律师协会参与法律援助工作的广度延展。本法特别增加“指导”,置于“支持”之前,这尤其说明律师协会的参与应从过去相对被动的辅助作用转变为积极主动的能动角色,表明律师协会参与法律援助工作的深度发展。第二,从具体内容来看,律师协会的指导和支持应包括发挥好法律援助专门内设机构、协调、沟通作用,为律师事务所组织和安排律师办理法律援助案件创造便利条件,增设专班专线,提供业务咨询服务和监督投诉热线;研究出台支持律师事务所和律师开展法律援助的专项政策举措;指导和支持律师依法办理法律援助案件,大力维护律师在开展法律援助工作中的合法权益,有效督促律师遵守职业道德和执业纪律;积极协助司法行政部门修订律师承担义务办案数量、完善办案补贴标准、办理法律援助案件的规则和质量标准等;指导和支持律师事务所和律师做好法律援助案件的质量检查等工作;积极协助司法行政部门,指导和支持律师事务所和律师做好法律援助的宣传、培训等工作;将律师事务所、律师履行法律援助义务的情况纳入年度考核内容,对拒不履行或者怠于履行法律援助义务的律师事务所、律师,依照有关规定进行惩戒。

律师协会对法律援助的职责明显增强,从仅能从旁协助到积极能动沟通协调、指导支持,从无权自行制定有关法律援助政策和规则到允许其依据法律授权、章程规定灵活制定业务指导政策、举措、指南、指引(如2020年司法部公共法律服务管理局与中华全国律师协会制定的《未成年人法律援助服务指引(试行)》),从无权对法律援助进行行政管理到可以积极实施行业管理,都表明律师协会提供指导和支持不是一句空话,而是必须勇于担当的法律职责。当然,仍然需要把握律师协会的职责边界,它仍然无权行使专属于司法行政部门的监督和管理职权以及专属于律师事务所、律师的具体实施职权,但其行业自律性管理在法律援助领域将得到更好地体现。

根据《律师法》第 45 条第 1 款的规定,律师、律师事务所应当加入所在地的地方律师协会。加入地方律师协会的律师、律师事务所,同时是全国律师协会的会员。这表明,我国的律师协会虽然是社会团体,但在律师管理的组织体系中负有重要职责。律师和律师事务所是否加入律师协会,不取决于其主观意愿,而是根据法律规定必须加入。律师协会应积极主动指导和支持律师事务所、律师参与法律援助工作,特别在指导和支持的具体举措上多加摸索、形成制度,尽心尽力、履责到位。

2. 进一步点明法律援助的重要主体:从"法律援助机构"到"律师事务所、律师"

本条专门规定法律援助实施主体中最重要的一类——律师事务所和律师,从立法技术上衔接了《律师法》第 42 条,律师、律师事务所应当按照国家规定履行法律援助义务,为受援人提供符合标准的法律服务,维护受援人的合法权益。

法律援助不仅是政府的责任,同时又是律师事务所和律师的义务。律师事务所履行法律援助义务,主要体现在方便组织协调、妥善安排、及时落实、具体保障所内执业律师开展法律援助工作。律师履行法律援助义务,主要体现在律师利用法律专业知识和技能为受援人提供无偿的法律服务,但过分强调提供无偿的法律服务,造成律师不但要出劳务,而且还要承担办案费用,这种做法不利于调动律师的积极性。经过多年实践经验总结,本法较好平衡了政府责任与律师事务所和律师义务的关系,如支付法律援助补贴、通过政府采购等方式择优选择。在承办法律援助案件过程中,律师应当为受援人提供符合法定程序和法定要求的法律服务,依法维护受援人的合法权益,严格自律,不得敷衍了事,还应自觉接受律师协会的行业管理和司法行政部门的行政监管。司法部 2019 年 11 月发布《全国民事行政法律援助服务规范(SF/T 0058 - 2019)》,提出"法律援助机构审查案卷或者评定代理质量不合格的,可不发或少发办案补贴或直接费用",激励优质律师参与办理法律援助案件,促进不断提升人民群众对法律援助的满意率。

适用要点

本条的主要法律适用问题是,律师协会如果拒绝履行、怠于履行此职责或履行不尽职、不称职、不到位的情形下,应如何问责。从《律师法》来看,目前仅规定了律师和律师事务所在"拒绝履行法律援助义务"时的法律责任;本法仅在第60条规定了律师协会的年度考核和惩戒工作,且该条文并不在"法律责任"部分,应理解为法律提出的工作要求。按照权责一致的法律原则,今后可望积累实践经验,有针对性地衔接《监察法》相关规定,明确完善律师协会的法律责任。

关联法规

《律师法》第42、43、45、47、50条;《司法部、财政部关于完善法律援助补贴标准的指导意见》;《中华全国律师协会章程》第6条;《全国民事行政法律援助服务规范(SF/T 0058-2019)》

第八条 【群团组织、事业单位、社会组织】国家鼓励和支持群团组织、事业单位、社会组织在司法行政部门指导下,依法提供法律援助。

条文解读

本条是关于国家鼓励和支持群团组织、事业单位、社会组织依法提供法律援助的规定。

《法律援助条例》第8条规定,国家支持和鼓励社会团体、事业单位等社会组织利用自身资源为经济困难的公民提供法律援助。本法在此基础上吸纳相关意见,予以完善。《关于〈法律援助法(草案)〉的说明》将"坚持国家保障与社会参与相结合"作为起草本法的三项原则之一。在随后的审议中,有的常委会组成人员、部门、地方和社会公众提出,草案将提供法律援助的主体限定为法律援助机构,但实践中还包括群团组织、事业单位和社会组织,应当尊重现实做法,进一步拓宽渠道,鼓励和支持更多社会力量参与法律援助。宪法和法律委员会经研究,建议删去"法律援助由法律援助机构组织法律援助人员实施"的规定,明确鼓励和支持群团组织、事业单位、社会组织依法提供法律援助。

1. 国家的鼓励和支持

当前,法律援助需求量是相当大的,这就意味着除了司法行政部门直接组织的法律援助之外,有必要广泛发动各种力量,形成法律援助工作合力。我国的群团组织、事业单位、社会组织拥有较多的法律专业人才,蕴存着较大的资源优势。有效调动群团组织、事业单位、社会组织的积极性,发挥其各自专长,是做好法律援助工作的重要方面。将"国家鼓励和支持"提前,强调国家倡导并允许群团组织、事业单位、社会组织依法提供法律援助,并为其创造良好便利的条件和环境。群团组织、事业单位、社会组织可以主动要求司法行政部门安排其办理法律援助案件,也可以独立开展法律援助,为受援人无偿提供法律服务。

2. 群团组织、事业单位、社会组织依法提供法律援助

《法律援助条例》特别强调社会团体、事业单位等社会组织"利用自身资源",是指在不占用政府的法律援助经费的情况下为经济困难的公民提供法律援助,提供法律服务的人员以志愿为主。本法作了两处调整:(1)删除"利用自身资源"的当然之义和规范限定,群团组织、事业单位、社会组织除利用自身资源,还可以自身影响力带动辐射更广泛的社会力量参与法律援助,形成四面八方、磅礴汇聚的生动局面;(2)强调"依法提供法律援助",是因为各种力量骤然增多,某些地方可能面临鱼龙混杂、管

理失序的情况，需要强调法治的制衡作用。从发展趋势来看，调动政府以外各种力量参与法律援助是大势所趋、势在必行、行之有利、利大于弊，所以国家的鼓励和支持导向鲜明。

群团组织中，中华全国总工会专门出台《工会法律援助办法》，《司法部、共青团中央关于实施法律援助志愿者服务计划的通知》《司法部、共青团中央关于实施西部基层法律援助志愿服务行动的通知》。《未成年人保护法》第104条规定，对需要法律援助或者司法救助的未成年人，法律援助机构或者公安机关、人民检察院、人民法院和司法行政部门应当给予帮助，依法为其提供法律援助或者司法救助。法律援助机构应当指派熟悉未成年人身心特点的律师为未成年人提供法律援助服务。法律援助机构和律师协会应当对办理未成年人法律援助案件的律师进行指导和培训。《妇女权益保障法》第52条第2款规定，对有经济困难需要法律援助或者司法救助的妇女，当地法律援助机构或者人民法院应当给予帮助，依法为其提供法律援助或者司法救助。《残疾人保障法》第60条第2款规定，对有经济困难或者其他原因确需法律援助或者司法救助的残疾人，当地法律援助机构或者人民法院应当给予帮助，依法为其提供法律援助或者司法救助。《刑事诉讼法》第35条第2款规定，犯罪嫌疑人、被告人是盲、聋、哑人，或者是尚未完全丧失辨认或者控制自己行为能力的精神病人，没有委托辩护人的，人民法院、人民检察院和公安机关应当通知法律援助机构指派律师为其提供辩护。2004年，《司法部、中国残疾人联合会关于为残疾人提供无障碍法律服务和法律援助的通知》中要求进一步加大对残疾人法律援助工作的力度，确保经济困难的残疾人获得无障碍法律援助，消除他们在获得法律援助方面面临的经济条件障碍、物质环境障碍、语言障碍和信息障碍。

事业单位中的高等院校，有的是专门的政法院校，有的是设置法学专业的院校，学校的教学科研活动需要社会实践，师生的法学专业知识需要与实践相结合，法律援助可以为法学院校提供社会实践的机会和平台，法学院校也可以为经济困难的公民无偿提供法律援助。

社会组织（社会团体、基金会、社会服务机构）中更有大量覆盖不同领域的法律服务机构，特别是有影响力的社会组织，除了为本群体提供专业法律服务外，还可探索进一步向社会敞开，为更多急难危重的受援人打开一扇希望之门。《老年人权益保障法》第56条第1款规定，老年人因其合法权益受侵害提起诉讼交纳诉讼费确有困难的，可以缓交、减交或者免交；需要获得律师帮助，但无力支付律师费用的，可以获得法律援助。随着我国积极应对人口老龄化，法律援助制度将会发挥更大作用，社会力量广泛参与必将大大助力老年人法律援助活动。

3. 司法行政部门做好指导工作

各级司法行政部门应当充分发挥群团组织、事业单位、社会组织依法开展法律援助活动的主动性积极性，使其有效发挥重要的合力作用。同时，司法行政部门要加强指导职能，既不能放任自流，也不能管得太死，把握"指导"要义，主要开展政策指导、规划引导、法律督导。具体应注意：(1)加强对社会法律援助组织的事中事后监管；(2)协调发挥群团组织、事业单位、社会组织的各自专业优势，形成法律援助有效合力，使其既分工明确、又互相补足；(3)督促并监管群团组织、事业单位、社会组织不能假借法律援助名义从事有偿服务；(4)督促并监管社会法律援助质量，不能因为是自愿行为或者义务活动而不顾服务质量、损害当事人的合法权益，为此司法行政部门应畅通并健全举报投诉调处等监管机制。

适用要点

群团组织、事业单位、社会组织要把握国家进一步鼓励参与法律援助的政策趋向，在此基础上，应各自梳理自身的法律援助任务清单，明确本法实施以后的法律援助目标群体，从而针对问题明需求、补短板、重亮点、增实效。另外，现实中群团组织、事业单位、社会组织参与法律援助还可能存在组织庞杂无序、地区差别明显、经费筹措困难、人员身份不明、提供水平欠缺等问题，实施法律援助与其他民事行为（特别是合同行为）相混淆、私自约定欲破除法律规定等问题，需要在法律适用中把握精准。

关联法规

《刑事诉讼法》第 35 条；《未成年人保护法》第 104 条；《妇女权益保障法》第 52 条；《残疾人保障法》第 60 条；《老年人权益保障法》第 56 条；《工会法律援助办法》第 3～5 条；《司法部、中国残疾人联合会关于为残疾人提供无障碍法律服务和法律援助的通知》

典型案例

南宁市西乡塘区华强劳动保障法律援助站、朱某某委托合同纠纷案[1]

案例要点：根据申请人与被申请人签订的《委托代理合同》中约定"甲方因与南宁市伞厂待岗工资纠纷一案，委托乙方援助律师/法律援助工作者出庭代理；乙方接受委托，指派援助律师/法律援助工作者为甲方第一审代理人"，当事人双方合同名称虽为《委托代理合同》，但真实意思是申请人提供的服务为法律援助。申请人作为提供法律援助、仲裁代理、诉讼代理等法律服务的民办非企业单位，有义务对被申请人办理法律援助所需手续进行释明和办理，现申请人无证据证实已履行告知义务并办理法律援助相关手续，也无证据证实申请人与被申请人间就提供法律援助的意思表示进行变更，同时无证据证实指派的服务人员是符合双方当事人约定的援助律师或法律援助工作者。申请人虽按照《委托代理合同》履行义务，但该合同主要内容为提供法律援助性质未变，合同中关于有偿收费的约定违反《法律援助条例》有关法律援助为无偿服务的规定而无效，申请人

[1] 广西壮族自治区高级人民法院(2018)桂民申 2853 号。

主张是为被申请人提供有偿法律服务无事实和法律依据，依法不予支持。申请人与被申请人在合同中也约定复印费、交通费由申请人自行负担，申请人主张应由被申请人负担无法律依据，依法不予支持。

第九条 【社会力量捐赠】国家鼓励和支持企业事业单位、社会组织和个人等社会力量，依法通过捐赠等方式为法律援助事业提供支持；对符合条件的，给予税收优惠。

条文解读

本条是关于国家鼓励社会力量依法通过捐赠等方式支持法律援助的规定。

《法律援助条例》第 7 条规定，国家鼓励社会对法律援助活动提供捐助，比较简略。本条在此基础上，广泛调研，针对实践问题，吸取各方面意见建议，进行了进一步完善。首先对社会力量主体进行了进一步明确，然后将《法律援助条例》较为单一的“捐助”方式扩展为“捐赠”等多种方式；其次是强调了“支持”力度，即增加在税收优惠方面予以激励的规定。本条与第 8 条起到协同补充的重要作用。

1. 国家鼓励和支持社会力量作为法律援助实施主体

（1）明确法律援助是政府的责任。根据本法第 4 条第 2 款的规定，县级以上人民政府应将法律援助相关经费列入本级政府预算，这就意味着法律援助工作经费的主要来源是财政拨款。但是我国一些地方经济社会发展程度还不高，法律援助需求可能超出地方政府财政负担能力，使政府的公共财政支出难以完全满足法律援助的需要。故本条规定鼓励社会捐助，并依法给予税收优惠。

（2）注意本条与第 8 条在法律援助实施主体上的异同之处。①本条新增企业、个人等主体，没有群团组织，两条都包含事业单位、社会组织；

②这就意味群团组织作为法律援助实施主体一般以提供法律援助的方式,企业和个人作为法律援助实施主体可以捐赠、担当志愿者等方式,而事业单位和社会组织既可以提供法律援助,也可以捐赠、担当志愿者等方式成为法律援助实施主体;③捐赠等方式及其享受税收优惠必须依法,这表明尽管法律援助实施主体多元、方式有异,但都必须坚守法治。

2. 依法通过捐赠等方式提供支持

法律援助目前仍是一种政府主导的社会公益事业,为法律援助工作提供捐赠,是支持这项社会公益事业最广泛、最有效的方式。《公益事业捐赠法》是鼓励捐赠,规范捐赠和受赠行为,保护捐赠人、受赠人和受益人的合法权益,促进公益事业发展的专门法律。法律援助属于该法第 3 条第 1 项规定的“救助……困难的社会群体和个人的活动”。

(1)捐赠人。根据《公益事业捐赠法》第 9 条的规定,自然人、法人或者其他组织可以选择符合其捐赠意愿的公益性社会团体和公益性非营利的事业单位进行捐赠。捐赠的财产应当是其有权处分的合法财产。值得注意的是,捐赠人可以是境内组织和个人,也可以是境外组织和个人。根据《公益事业捐赠法》第 15 条的规定,境外捐赠人捐赠的财产,由受赠人按照国家有关规定办理入境手续;捐赠实行许可证管理的物品,由受赠人按照国家有关规定办理许可证申领手续,海关凭许可证验放、监管。华侨向境内捐赠的,县级以上人民政府侨务部门可以协助办理有关入境手续,为捐赠人实施捐赠项目提供帮助。如通过相关部门的协助和支持,2020 年 9 月 10 日,中国法学家、人民教育家高铭暄捐赠暨“高铭暄优秀法律援助案例奖”项目设立仪式在北京举行。

(2)受赠人。社会对法律援助活动提供捐赠,受赠人可以是法律援助机构,也可以是中国法律援助基金会。根据《公益事业捐赠法》第 10 条的规定,公益性社会团体和公益性非营利的事业单位可以依照本法接受捐赠。其中公益性社会团体是指依法成立的,以发展公益事业为宗旨的基金会、慈善组织等社会团体。中国法律援助基金会是经国务院批准,于 1997 年在民政部依法登记成立的公募基金会,是目前我国唯一一家致力于发展法律援助事业的全国性公募基金会，即属于公益性社会团体。公益性非营利的事业单位是指依法成立的，从事公益事业的不以营利为目的的教育机构、科学研究机构、医疗卫生机构、社会公共文化机构、社会公共体育机构和社会福利机构等。各地政府设立的法律援助机构是负责组织、指导、协调、监督及实施本地区法律援助工作的机构，统称“法律援助中心”。根据《司法部关于司法部法律援助中心依照国家公务员制度管理批复意见的通知》的规定，司法部设立法律援助中心，指导和协调全国的法律援助工作。这意味着在一般情况下，政府和司法行政部门不得作为社会捐赠的受赠人。

《公益事业捐赠法》第16条规定，受赠人接受捐赠后，应当向捐赠人出具合法、有效的收据。第17条规定，公益性社会团体应当将受赠财产用于资助符合其宗旨的活动和事业。对于接受的救助灾害的捐赠财产，应当及时用于救助活动。公益性社会团体应当积极实现捐赠财产的保值增值。公益性非营利的事业单位应当将受赠财产用于发展本单位的公益事业，不得挪作他用。第19条规定，受赠人应当依照国家有关规定，建立健全财务会计制度和受赠财产的使用制度，加强对受赠财产的管理。第20条规定，受赠人每年度应当向政府有关部门报告受赠财产的使用、管理情况，接受监督。必要时，政府有关部门可以对其财务进行审计。第22条规定，受赠人应当公开接受捐赠的情况和受赠财产的使用、管理情况，接受社会监督。

（3）其他方式。本法拓展了支持法律援助的方式。除捐赠财物的实物形式，还可采用技术支持、劳动支持、智慧支持、精神支持等多种无实物形式。应坚持运用互联网、大数据、人工智能等技术手段促进依法捐赠，让更多的人以力所能及的方式投入法律援助事业中，众人拾柴火焰高，就能发挥这一制度的最大效能和最佳效果。

3.税收优惠

国家鼓励法律援助公益事业的发展，对公益性社会团体和公益性非营利的事业单位给予扶持和优待，并对不同捐赠人分别按照法定条件给予优惠。根据《公益事业捐赠法》第 24 ~ 26 条的规定，公司和其他企业依法捐赠财产用于公益事业，依照法律、行政法规的规定享受企业所得税方面的优惠。自然人和个体工商户依法捐赠财产用于公益事业，依照法律、行政法规的规定享受个人所得税方面的优惠。境外向公益性社会团体和公益性非营利的事业单位捐赠的用于公益事业的物资，依照法律、行政法规的规定减征或者免征进口关税和进口环节的增值税。

根据《企业所得税法》第 9 条规定，企业发生的公益性捐赠支出，在年度利润总额 12% 以内的部分，准予在计算应纳税所得额时扣除；超过年度利润总额 12% 的部分，准予结转以后 3 年内在计算应纳税所得额时扣除。《企业所得税法实施条例》第 53 条进一步规定，企业当年发生以及以前年度结转的公益性捐赠支出，不超过年度利润总额 12% 的部分，准予扣除。年度利润总额，是指企业依照国家统一会计制度的规定计算的年度会计利润。《个人所得税法》第 6 条第 3 款也规定，个人将其所得对教育、扶贫、济困等公益慈善事业进行捐赠，捐赠额未超过纳税人申报的应纳税所得额 30% 的部分，可以从其应纳税所得额中扣除；国务院规定对公益慈善事业捐赠实行全额税前扣除的，从其规定。《个人所得税法实施条例》第 19 条进一步明确，《个人所得税法》第 6 条第 3 款所称个人将其所得向教育、扶贫、济困等公益慈善事业进行捐赠，是指个人将其所得通过中国境内的公益性社会组织、国家机关向教育、扶贫、济困等公益慈善事业的捐赠；所称应纳税所得额，是指计算扣除捐赠额之前的应纳税所得额。

值得注意的是，税收优惠政策变化较快，应结合 2020 年《财政部、税务总局、民政部关于公益性捐赠税前扣除有关事项的公告》、2021 年《财政部、税务总局、民政部关于公益性捐赠税前扣除资格确认有关衔接事项的公告》、2021 年《财政部、税务总局关于通过公益性群众团体的公益性捐赠税前扣除有关事项的公告》等最新规定，予以具体执行。

适用要点

本条适用的关键在于把国家鼓励和支持社会力量参与法律援助的法律规定依法落地落实。这就涉及不同法律的复杂适用,即不仅仅涉及本法的适用,还涉及关于捐赠的《公益事业捐赠法》以及关于税收优惠的《企业所得税法》《个人所得税法》等法律的适用。税法的适用虽然规定繁复,但相关规范性文件的规定比较具体明确,可按照最新规定办理税收优惠。现实中的难点在如何保障社会力量参与法律援助的全过程合法权利,以最典型的捐赠为例,捐赠往往以合作为基础、以合同形式产生,其发生纠纷往往亦在于对相关合同性质或是否属于捐赠的认定,以及涉及捐赠合同在履行中任意撤销权及其限制、赠与财产办理有关法律手续、受赠人的交付请求权和赠与人的赔偿责任、赠与人的法定撤销权及其行使期间、撤销赠与的法律后果等问题,需参考《民法典》的相关规定。

关联法规

《民法典》第658~660、663、665条;《公益事业捐赠法》第9、10、16、17、19、20、22、24~26条;《企业所得税法》第9条;《企业所得税法实施条例》第53条;《个人所得税法》第6条;《个人所得税法实施条例》第19条;《财政部、税务总局、民政部关于公益性捐赠税前扣除有关事项的公告》;《财政部、税务总局、民政部关于公益性捐赠税前扣除资格确认有关衔接事项的公告》;《财政部、税务总局关于通过公益性群众团体的公益性捐赠税前扣除有关事项的公告》;《司法部关于司法部法律援助中心依照国家公务员制度管理批复意见的通知》

典型案例

北京环球瞭望文化传媒有限公司与中国法律援助基金会合同纠纷案[1]

案例要点：双方主要争议是《合作协议》的性质及在环球瞭望公司要求解除合同，法律援助基金会同意解除的情况下，100万元预付款是否可以返还。（一）《合作协议》的性质。《合作协议》约定，环球瞭望公司确保筹集350万元作为2013年1月7日举行的“法律援助在中国”大型公益晚会支出费用，扣除支出晚会350万元费用后，其余款项在基金会建立“法律援助法制宣传专项基金”，并按环球瞭望公司活动方案申请要求，及时拨付给环球瞭望公司指定的账户，用于本协议第3条所指的其他巡回演出及有关活动。即环球瞭望公司所筹款可以通过自筹也可以向公众筹款，晚会后剩余筹款用于巡回演出。由此看出，合作协议双方主要权利义务是合作而不是捐赠，所筹款项具有捐赠性质，但捐赠方不一定是环球瞭望公司。法律援助基金会开具的捐赠发票不足以改变合同性质，且发票交与保健时报社工作人员，而不是直接交与环球瞭望公司，不能认为环球瞭望公司认可了捐赠。法律援助基金会认为所涉合同性质为捐赠合同，所涉350万元为单纯捐款的抗辩意见法院不予采纳。环球瞭望公司预付100万元的款项并非单纯性捐款。（二）双方《合作协议》是否应当解除以及解除时间。本案重审中环球瞭望公司于2015年7月27日向法院递交变更诉讼请求申请书，增加了解除合同这一项诉请。事实上双方早在司法部文件下发后即中止履行原合同。在北京市第二中级人民法院（2015）二中民（商）终字第03957号民事案件审理过程中，环球瞭望公司要求返还100万元预付款，意味着不再履行《合作协议》，法律援助基金会亦认可《合作协

[1] 北京市西城区人民法院（2015）西民（商）初字第16321号。

议》已无法继续履行。故环球瞭望公司在本案中以书面形式提出解除合同的诉请时间,即 2015 年 7 月 27 日作为合同解除时间,法院予以认可。(三)《合作协议》解除后双方各自承担的责任以及应返还的费用。合同解除后,尚未履行的,终止履行;已经履行的,根据履行情况和合同性质,当事人可以要求恢复原状、采取其他补救措施,并有权要求赔偿损失。从前面的分析已知合作协议并非捐赠合同,因此并非不可返还不可撤销,解除后果主要依据双方的过错分担责任。《合作协议》没有约定批文需载明环球瞭望公司为协办单位,双方也无法决定批文内容。批文下发后,环球瞭望公司仍然可以协办,但在相关授权、委托手续上需要法律援助基金会提供。法律援助基金会没有为环球瞭望公司的协办身份做补充工作,环球瞭望公司认为没有身份,无法筹集剩余款项可以理解,故对于批文中没有确定协办单位以及合同的解除双方均不存在过错。合同约定所筹集款项全部用于晚会和之后的巡回演出等,环球瞭望公司和法律援助基金会都不是获利人,因此合同本身具有公益性。批文下发后双方事实上中止了合同履行,但对环球瞭望公司已付的 100 万元如何使用均没有提出解决方案,没有及时达成新的协议才导致本案纠纷的发生,故双方对此均有一定过错,应各自承担一些责任。批文下发前晚会已经进入筹备中,至最终举办费用达 350 万元,故法律援助基金会称该 100 万元已全部用于晚会筹备存在现实性。综合以上因素,考虑合同的性质、晚会的公益性,捐赠的自愿性以及现实情况,法院酌定法律援助基金会返还环球瞭望公司 50 万元。

第十条 【宣传与监督】司法行政部门应当开展经常性的法律援助宣传教育,普及法律援助知识。

新闻媒体应当积极开展法律援助公益宣传,并加强舆论监督。

条文解读

本条是关于司法行政部门开展法律援助宣传普及与新闻媒体开展宣传监督的职责的规定。

1. 必要性

中共中央办公厅、国务院办公厅在 2015 年 6 月印发的《关于完善法律援助制度的意见》和 2019 年 7 月印发的《关于加快推进公共法律服务体系建设的意见》中均明确指出，法律援助作为公共法律服务的一项重要制度，是保障和改善民生的重要举措，向广大人民群众，特别是在困难群体和重点人群，提供覆盖城乡、便捷高效、均等普惠的公共法律服务。这样一部对人民群众切身利益有利的好法，当然应该在国家和社会层面广泛宣传，让人民知道保障权利有法可依。

全民普法是全面依法治国的长期基础性工作。自 1986 年以来，我国已连续实施完成了七个五年普法规划，并取得了重要成果，全社会法治观念明显增强，社会治理法治化水平明显提高。在人口 14 亿多的大国持续开展全民普法，把法律交给人民，这是人类法治史上的一大创举，是中国特色社会主义制度优势的体现，也是中国特色社会主义法治的重要组成部分。2021 年 6 月，《中央宣传部、司法部关于开展法治宣传教育的第八个五年规划（2021—2025 年）》发布。本法新增法律援助宣传条款，正是深入学习宣传贯彻习近平法治思想，夯实全面依法治国根基的重要举措；是服务“十四五”时期经济社会发展，立足新发展阶段、贯彻新发展理念、构建新发展格局的客观需要；是满足人民群众日益增长的对法治等方面的需求，持续提升公民法治素养和社会治理法治化水平的必然要求。

2. 针对性

本条明确了法律援助宣传的两大主体及其职责。

（1）第 1 款指向司法行政部门。司法行政部门的相关职能和主要职责包括拟定法治宣传教育规划，组织实施普法宣传工作。司法行政部门既是法治宣传教育的组织者、实施者，又是法律援助工作的指导者、监督者、支持者、保障者。以司法部为例，一方面，司法部普法与依法治理局具体负责指导、监督各地区各部门“谁执法谁普法”的普法责任制落实工作，推进全民普法。另一方面，司法部公共法律服务管理局具体负责指导、监督法律援助，按照“谁执法谁普法”普法责任制要求，主要承担开展经常性的法律援助宣传教育，普及法律援助知识的工作职责。

这里的“经常性”，表明从事法律援助宣传教育是司法行政部门的常规工作，而不是运动式地一阵风、走过场、搞形式，宣传教育工作与指导监督、支持保障工作是一体推进的。本条第1款特别指出司法行政部门“普及法律援助知识”的职责，也是因为司法行政部门具有法律援助和法治政府建设方面的职能，又处在“谁执法谁普法”的一线，普及法律援助知识最权威、最便捷、最有效。

（2）第2款指向新闻媒体。习近平总书记在中共中央政治局第十二次集体学习中指出，全媒体不断发展，出现了全程媒体、全息媒体、全员媒体、全效媒体，信息无处不在、无所不及、无人不用，我们要因势而谋、应势而动、顺势而为，加快推动媒体融合发展。因此，本款的“新闻媒体”应该广义理解为传统媒体和新兴媒体、中央媒体和地方媒体、主流媒体和商业平台、大众化媒体和专业性媒体的全媒体传播体系。

与司法行政部门相比，新闻媒体在法律援助的宣传方面的两个特色值得强调：一是突出“公益”性质，因为全媒体传播体系主体众多、法律性质不同（如营利与非营利性迥异，国家机关与社会组织不同），需要围绕法律援助的无偿性，突出宣传的公益为民特质；二是突出“舆论监督”，习近平总书记指出，舆论监督和正面宣传是统一的，新闻媒体要直面法律援助工作中存在的问题，甚至个别丑恶现象，激浊扬清、针砭时弊，同时发表批评性报道要事实准确、分析客观。如2020年9月10日，中央专项彩票公益金法律援助项目第三方评估报告发布会在司法部新闻发布厅举行。该评估通过设置适应度、保障度、有效度、达成度、满意度五个维度，对“中彩金”法律援助项目的经济成效、制度成效、社会成效、实践成效等情况进行综合评估，专门召开报告发布会，主动接受新闻媒体的舆论监督。

3. 实效性

法律援助宣传的关键在实效性。一是加强以案释法。2021 年 8 月中共中央、国务院印发的《法治政府建设实施纲要(2021—2025 年)》提出,全面落实"谁执法谁普法"普法责任制,加强以案释法。这就要综合运用报刊、广播、电视、网络等媒体,结合个案、切入个案、整合个案,宣传法律援助的重要意义,推广好做法、好经验,定期发布和宣介先进典型和创新举措,如司法部 2021 年 3 月发布 12 起法援惠民生典型案例,2021 年 7 月又发布 5 个法律援助工作指导案例。二是注重结合主题。切准人民群众所想所盼、急难愁盼,把维护人民群众合法权益、助力小微企业复工复产、化解涉疫矛盾纠纷作为当前法律援助宣传工作的重点(如司法部 2020 年推出的 10 项法律援助便民惠民举措,2021 年 7 月又推动法律援助逐步覆盖至低收入群体)。特别要把本法新修订的诸多涉及便民惠民措施的部分宣传到位,让人民群众感受到法律的温暖和力量。三是突出乡村重点。创新乡村地区普法形式,广泛深入开展送法下乡、法治文艺演出等群众性法治文化活动,利用网络新媒体不断增强学习宣传的吸引力、针对性、实效性和覆盖面,营造乡村地区和群众办事依法、遇事找法、解决问题用法、化解矛盾靠法的法治环境。

适用要点

司法行政部门开展的法律援助宣传教育活动,不是具体行政行为,只是行政事实行为或行政指导行为。因此,司法行政部门不能就此类宣传教育活动为公民、法人或其他组织设置权利和义务或强迫进行,公民、法人或其他组织也不能因为不满意此类活动或此类活动没有解决受援人或相关人的问题,而对其提起行政复议或行政诉讼。还要注意新闻媒体特别是新兴媒体从业人员,对法律援助活动开展舆论监督的法律边界。对法律援助活动的开展过程可以实施全过程监督,但应事实准确、分析客观,不能泛化法律援助的定义和范围或打着法律援助的旗号实施侵权行为。

关联法规

《法治政府建设实施纲要(2021—2025 年)》;《关于完善法律援助制度的意见》;《关于加快推进公共法律服务体系建设的意见》;《中央宣传部、司法部关于开展法治宣传教育的第八个五年规划(2021—2025 年)》

第十一条 【表彰与奖励】国家对在法律援助工作中做出突出贡献的组织和个人,按照有关规定给予表彰、奖励。

条文解读

本条是关于对在法律援助工作中做出突出贡献的组织和个人进行表彰和奖励的规定。

《法律援助条例》第 9 条规定,对在法律援助工作中做出突出贡献的组织和个人,有关的人民政府、司法行政部门应当给予表彰、奖励。本条基本沿用该《条例》的规定,并在此基础上作出些微调整。第一,明确表彰奖励的国家责任,赋予此项工作以国家荣誉,表明此项工作有国家做后盾。但具体实施者一般仍为有关的人民政府或司法行政部门。如 2020 年 1 月发布的《司法部关于表彰全国法律援助和公共法律服务工作先进集体先进个人的决定》,就是采取法律援助单列、与公共法律服务一起,评选先进集体和先进个人。第二,明确"按照有关规定",重申依法行政的基本要求,授权法规规章、规范性文件制定具体实施细则。目前的具体依据主要是 1985 年发布的《司法部关于司法行政系统工作人员奖惩暂行办法(试行稿)》,1997 年发布的《司法部关于司法行政系统表彰奖励工作的实施意见》以及 1998 年发布的《司法部关于〈司法行政系统表彰奖励工作实施意见〉的补充意见》,构建了司法行政表彰奖励制度。下一步在条件成熟时,根据本法规定,可出台修订完善的司法行政系统表彰奖励办法,或专门制定法律援助工作表彰奖励的规范性文件。

1. 表彰和奖励

本条规定的表彰和奖励，是国家责任，也是国家荣誉，具体一般由人民政府、司法行政部门实施。实践中，一般由司法行政部门对在法律援助工作中做出突出贡献的组织和个人进行表彰和奖励，这是一种行政奖励行为。

通常认为，行政奖励是行政机关给予模范遵纪守法或为国家和社会作出成就和贡献的公民、法人或者其他组织相应的物质或精神奖励，以达到表彰先进、激励后进，调动和激发相关人员积极性和创造性的制度。行政奖励具有以下特征：(1)给予当事人的褒奖。这是行政奖励的本质特征。从权利义务角度分析，行政奖励是一种对当事人纯粹的有利决定。(2)以激励为导向的管理措施。行政奖励不是靠处罚、强制等方式实现行政管理目的，其主要是通过激励促成当事人的合作而实现有关目标。(3)授奖者为行政机关。作为一种制度安排，奖励存在各类组织形态之中。不过，行政奖励与一般奖励的区别在于，前者的授奖者为行政机关，资金来自政府财政，行为背后还体现了官方意志和国家荣誉。

法律援助类行政奖励的一般程序是：(1)制定发布方案，根据法律援助工作实际情况，科学确定评选范围、条件并制定发布表彰方案；(2)接受申报，告知受理与否；(3)按规定程序组织评审；(4)公示评审结果；(5)实施奖励。

除了行政机关的表彰和奖励外，其他组织也可以对先进的组织和个人给予表彰和奖励。如《律师法》第 46 条第 6 项规定，律师协会对律师、律师事务所实施奖励和惩戒。律师协会可以对模范履行法律援助义务并有突出贡献的会员予以奖励。

2. 突出贡献的组织和个人

本条所称在法律援助工作中做出突出贡献的组织和个人，既包括在法律援助的组织工作中做出突出贡献的司法行政部门及其工作人员，也包括在向受援人提供法律援助服务中做出突出贡献的组织和个人，还包括为法律援助捐助活动做出突出贡献的社会组织和个人。值得注意的是,法律援助的表彰和奖励对象有所扩大:既包括司法行政部门设立的法律援助组织及其工作人员,也包括接受其指派或委托的组织(律师事务所、基层法律服务所、高等院校、科研机构等)及个人(律师、基层法律服务工作者、法律援助志愿者等)。对在法律援助工作中做出突出贡献的组织和个人进行奖励,法律有专门规定的,应当按照规定奖励。

县级以上人民政府司法行政部门设立的法律援助机构中的工作人员如果是国家公务员,对其的表彰和奖励应当依照国家公务员的有关规定进行。根据《公务员法》第51条的规定,对工作表现突出,有显著成绩和贡献,或者有其他突出事迹的公务员或者公务员集体,给予奖励。奖励坚持定期奖励与及时奖励相结合,精神奖励与物质奖励相结合、以精神奖励为主的原则。具体到法律援助工作,这里的"突出贡献"应解释为:(1)忠于职守,积极工作,勇于担当,工作实绩显著的;(2)遵纪守法,廉洁奉公,作风正派,办事公道,模范作用突出的;(3)在组建和规范本行政区域法律援助机构方面做出突出贡献的;(4)在争取财政拨款和筹措法律援助经费、监督管理法律援助经费、节约国家资财等方面有突出成绩的;(5)在监督管理法律援助工作中起模范带头作用,提出合理化建议,取得显著经济效益或者社会效益的;(6)在组织处理重大疑难法律援助案件中成绩显著的;(7)有其他突出功绩的。根据《公务员法》第53条的规定,奖励分为:嘉奖、记三等功、记二等功、记一等功、授予称号。对受奖励的公务员或者公务员集体予以表彰,并对受奖励的个人给予一次性奖金或者其他待遇。

对于在法律援助工作中做出突出贡献的律师事务所、基层法律服务所、高等院校、科研机构等组织,国家也应依法给予表彰和奖励,其应当具备的"突出贡献"条件包括:(1)积极接受法律援助机构的指派或委托,安排本组织专业人员办理或提供法律援助案件服务;(2)采取切实措施,积极引导和教育本组织人员承担法律援助义务;(3)严格按照司法行政部门及其法律援助机构的要求办理法律援助案件,注重办案质量,在维护国家和受援人权益方面做出重大贡献等。

应当依法给予表彰和奖励的个人(包括在法律援助机构中从事法律

援助工作的非公务员的工作人员、承办法律援助案件的律师以及基层法律服务工作者、法律援助志愿者等)应当具备“突出贡献”的条件包括:(1)积极依照与法律援助相关的法律、法规和政策开展工作,为当地法律援助工作做出重大贡献;(2)组织或者亲自成功办理了在全国或本地区有重大影响的法律援助案件,并产生较大的社会效益;(3)积极接受当地法律援助机构指派或委托,保质保量完成法律援助任务;(4)在办案过程中,严格遵守国家法律、工作纪律和执业纪律,有良好的职业道德;(5)为受援人提供优质高效的法律援助服务,得到受援人和有关方面的一致好评;(6)被党委、政府部门及有关团体授予荣誉称号等。特别是《律师法》第3条第1款规定,律师执业必须遵守宪法和法律,恪守律师职业道德和执业纪律。符合奖励条件的律师不得有违反职业道德和执业纪律的行为。法律援助志愿者具体管理办法尚待司法部作出规定,目前仍需根据《志愿服务条例》执行,如第32条规定,对在志愿服务事业发展中做出突出贡献的志愿者、志愿服务组织,由县级以上人民政府或者有关部门根据法律、法规和国家有关规定予以表彰、奖励。国家鼓励企业和其他组织在同等条件下优先招用有良好志愿服务记录的志愿者。公务员考录、事业单位招聘可以将志愿服务情况纳入考察内容。

适用要点

虽然法律援助的表彰、奖励这种行政奖励行为属于授益行政行为,发生法律纠纷的概率较低,但仍应把握好法律援助类行政奖励的主体要件和行政诉讼的受案范围。需要特别注意的是,在整个评选过程中,应符合程序正当原则,整个评选流程应公开透明,保障受援人及公民的知情权;整个评选过程应保证公众参与,充分听取并吸收公民、法人或其他组织,特别是受援人的意见;既要注意收集问题、核实信息,也要调动法律援助机构和人员的主动性、积极性。法律援助类行政奖励既是法律明确规定的,也是政府公开承诺的。在法律援助机构和个人符合受表彰、奖励的条件时,有关部门应遵循诚信原则给予承诺的行政奖励,保护受表彰者的利益。同时,对法律援助行为予以行政奖励应根据社会形势和舆情,把法律援助的规范性和社会效益相结合,从而保障受援人接受更高质量的服务,使社会主义制度的优越性得到更好的体现,如2019年11月22日,司法部法律援助中心表彰23名中国法律服务网公益法律服务之星。

关联法规

《律师法》第3、46条;《公务员法》第51、53条;《志愿服务条例》第32条

典型案例

许某某与海南省人民政府行政撤销案[1]

案例要点:本案的焦点在于海南省社科联开展评奖活动及其日常工作是否属于行政行为。《行政诉讼法》第2条第1款规定,“公民、法人或者其他组织认为行政机关和行政机关工作人员的行政行为侵犯其合法权益,有权依照本法向人民法院提起诉讼”。该条第2款规定,“前款所称行政行为,包括法律、法规、规章授权的组织作出的行政行为”。海南省社科联是海南省的学术性社会团体,其具体任务包括“负责组织全省社会科学优秀研究成果及社科先进学会的评奖工作”等。《海南省社会科学优秀成果评奖办法》系由海南省委办公厅、海南省政府办公厅联合颁布的政府部门文件,其既不是海南省政府依照《立法法》有关规定,“经政府常务会议或者全体会议决定”“由省长、自治区主席、市长或者自治州州长签署命令予以公布”的政府规章,也非海南省政府将行政职能授权给社会组织行使的委托

〔1〕 最高人民法院(2016)最高法行申269号。

文件,而是政府部门对社会团体进行规范的规范性文件。即海南省社科联不是行政机关,也非法律、法规、规章授权进行评奖活动的组织,其评奖活动亦非受政府委托,因此海南省社科联涉案评奖行为不属于行政行为,海南省社科联向海南省委群众工作部、海南省信访局作出的3号回复函自然亦不属于行政行为,对该回复函不服的,不属于人民法院行政诉讼的受案范围。

第二章　机构和人员

第十二条　【法律援助机构的设立和职能】县级以上人民政府司法行政部门应当设立法律援助机构。法律援助机构负责组织实施法律援助工作，受理、审查法律援助申请，指派律师、基层法律服务工作者、法律援助志愿者等法律援助人员提供法律援助，支付法律援助补贴。

条文解读

本条是关于法律援助机构的设立和职能的规定。

1. 法律援助机构的设立

在本法实施之前，《法律援助条例》第5条第1款规定："直辖市、设区的市或者县级人民政府司法行政部门根据需要确定本行政区域的法律援助机构。"这表明，在本法实施以前，只有直辖市、设区的市、县级三级人民政府的司法行政部门可以设立本行政区域的法律援助机构。在本法实施之后，包括国务院在内的县级以上人民政府司法行政部门都应当设立法律援助机构。目前，我国县级行政区域均已设立法律援助机构。这表明，设立法律援助机构是县级以上人民政府司法行政部门的法律职责，是必须要做的工作责任，不能推诿或者不作为。政府作为国家意志的执行机关，理应成为法律援助的责任主体，保障法律援助职能的运行。法律援助应以政府为主导，政府负有法律援助的重大责任。本条具有强大的法律指引功能，表明中国的法律援助不是私人慈善事业，也不是依托社会组织供养的民办社会事业，而是以政府责任为归依的法律保障制度。[1]

从法条的沿革可以看出，设立法律援助机构的主体从直辖市、设区的市、县级三级人民政府的司法行政部门，扩大到了所有的县级以上人民政府司法行政部门，并且是应当设立而非根据需要设立。这一方面表明，设立法律援助机构，鲜明体现了县级以上人民政府司法行政部门深入贯彻习近平法治思想，以人民为中心的情怀以及积极解决法律援助领域人民群众反映强烈的突出问题，积极回应人民群众的新要求新期待，依法保障人民权益的决心。另一方面表明，随着我国经济社会的发展，我国实现了从站起来到富起来再到强起来的历史性转变，我国已经有足够的财力和能力在县级以上行政区划内都设立法律援助机构，法律援助机构不再是社会主义法治国家的稀缺品而是标准配置。

2. 法律援助机构的职能

《法律援助条例》第5条第2款规定："法律援助机构负责受理、审查法律援助申请，指派或者安排人员为符合本条例规定的公民提供法律援助。"在本法实施之后，法律援助机构的职能主要有以下四项：(1)组织实施法律援助工作。(2)受理、审查法律援助申请。(3)指派律师、基层法律服务工作者、法律援助志愿者等法律援助人员为受援人提供法律援助。(4)支付法律援助津贴。这表明法律援助机构的职能有所扩充。本条实际上讲的是法律援助机构的职能和具体由谁向受援对象提供法律援助的问题。

在本法实施以前，国家和省级的法律援助机构主要行使管理本行政区划内的法律援助工作的职责，本法将组织实施法律援助工作的职能职责下放到了法律援助机构，进一步充实了法律援助机构的职能。在本法实施以前，政府为法律援助提供的经费来源除政府拨款外，还包括社会捐助，以及社会团体、事业单位等组织自身的资源，法律援助机构没有支付

〔1〕 刘新华：《中国法律援助立法研究》，民主与建设出版社2017年版，第30～31页。

法律援助津贴的职责。随着我国经济社会的发展，法律援助经费短缺的问题大大缓解，我国已有财力和能力扶持法律援助事业的发展。在新时代背景下，明确法律援助机构行使支付法律援助津贴的职能，提高了法律援助工作者的积极性，彰显了社会主义制度的优越性，有利于将国家治理的制度优势转化为治理效能。

3. 法律援助机构和法律援助管理机构的关系

谈到法律援助机构的职能，有一个不容回避且应当加以解决的问题，即法律援助机构与司法行政机关特别是与司法行政机关内设的法律援助行政管理机构的关系问题。我国法律援助制度创建初期，只有隶属于司法行政机关的法律援助机构。那时法律援助机构一般承担着行政管理和提供服务双重职能，但也有只承担提供法律服务一项职能的。[1] 在本法制定以前，法律援助机构和法律援助管理机构存在“政事不分、管办不分、职责不清”的问题，即法律援助机构和法律援助管理机构在职能定位、机构属性、分工配合等方面相互交错。[2] 有学者据此提出要进行“管办分离”改革，即法律援助机构和法律援助管理机构在职能定位、机构属性上进行分离和改良。[3] “管办分离”是此次立法的一个重点问题，即法律援助管理机构负责法律援助工作的政策制定、行政监督以及服务管理工作，而法律援助机构具体负责法律援助的组织实施工作。

适用要点

法律援助机构的设立主体已经从直辖市、设区的市、县级人民政府司法行政部门，扩大到了所有的县级以上人民政府司法行政部门，并且是应当设立而非根据需要设立。法律援助机构的职能已经从两项扩展到了四

---

〔1〕 顾永忠：《法律援助机构的设立、职能及人员构成之立法讨论》，载《江西社会科学》2021年第6期。

〔2〕 吴宏耀、赵常成：《法律援助的管理体制》，载《国家检察官学院学报》2018年第4期。

〔3〕 樊崇义：《我国法律援助立法重点和难点问题研究》，载《中国法律评论》2019年第3期。

项，组织实施法律援助工作和支付法律援助津贴同样是法律援助机构的职能。"管办分离"是此次立法的一个重点内容。

关联法规

《律师法》第28条；《未成年人保护法》第104条；《最高人民法院、最高人民检察院、公安部、司法部关于刑事诉讼法律援助工作的规定》

典型案例

汪某某与重庆市法律援助中心等不予法律援助决定案[1]

案例要点：本条规定了法律援助机构的设立与职能。县级以上人民政府司法行政部门应当设立法律援助机构。本案中，重庆市法律援助中心是由重庆市司法局设立的法律援助机构，具有负责受理、审查法律援助申请，指派或者安排人员为符合规定的公民提供法律援助的职责。

第十三条　【安排相关人员提供法律援助以及设置工作站、联络点】法律援助机构根据工作需要，可以安排本机构具有律师资格或者法律职业资格的工作人员提供法律援助；可以设置法律援助工作站或者联络点，就近受理法律援助申请。

条文解读

本条是关于安排相关人员提供法律援助以及设置工作站、联络点的

〔1〕重庆市渝北区人民法院（2018）渝0112行初461号。

规定。

1. 安排相关人员提供法律援助

法律援助机构是拟制的“人”，但法律援助机构的工作还得靠自然人来完成。因此，法律援助机构的人员构成对于法律援助工作举足轻重。法律援助机构一般由两部分人员组成：一部分是业务管理人员，主要负责受理、审查法援申请，指派或安排法援人员提供法律援助及相关工作；另一部分是办案人员，被称为法律援助机构律师或法律援助机构专职律师，主要负责办理法律援助案件。但在司法行政部门关于法律援助机构的统计中，没有按此分类统计，而是按照法律专业人员和非法律专业人员两大类进行统计的。对法律专业人员的分类又包括具有法律专业学历人员、具有法律职业资格或律师资格人员以及在法律援助机构注册为执业律师的人员。[1] 本条明确规定，法律援助机构根据工作需要，可以安排本机构具有律师资格或者法律职业资格的工作人员提供法律援助。这表明，具体负责办理法律援助案件的主要有两类人员：一类是本机构具有律师资格的工作人员；另一类是本机构具有法律职业资格的工作人员。

2. 设置工作站、联络点

法律援助是国家建立的保障经济困难公民和特殊案件当事人获得必要的法律咨询、代理、刑事辩护等无偿法律服务，维护当事人合法权益、维护法律正确实施、维护社会公平正义的一项重要法律制度。法律援助工作是一项重要的民生工程。本条规定，法律援助机构根据工作需要，可以设置法律援助工作站或者联络点，就近受理法律援助申请，体现了法律援助便民服务的原则，有利于贯彻以人民为中心的执政理念。法律援助便民服务原则，简单地说，就是法律援助方便人民群众，是法律援助的一项重要原则。法律援助机构设置法律援助工作站或者联络点，就近受理法律援助申请，有利于为人民群众提供快捷、方便的服务，密切同人民群众

〔1〕 顾永忠：《法律援助机构的设立、职能及人员构成之立法讨论》，载《江西社会科学》2021年第6期。

的联系，方便为人民群众办事。

便民服务原则是法律援助的一项重要原则，法律援助机构可以根据工作需要，在法院、检察院、看守所、工会、妇联、残联等部门，为贫困户、残疾人、老年人、妇女、未成年人、农民工、军人军属、重大事故受害者等困难群众，就近设置工作站或联络点，方便困难群众申请法律援助。要完善工作站、联络点律师值班制度、工作职责、奖惩表彰机制等制度体系，全面规范法律援助案件的受理、指派、内部审批等法律文书格式，明确工作站、联络点法律援助案件受理审查流程，进一步完善工作站、联络点运行模式，切实为工作站、联络点规范运行、发挥作用提供制度保障。

2015 年 6 月 29 日，中共中央办公厅、国务院办公厅印发《关于完善法律援助制度的意见》，认为要坚持以人为本的基本原则，为此需要完善法律援助便民服务机制。建立健全便民利民措施，加强长效机制建设，简化程序、手续，丰富服务内容。加强便民窗口规范化服务，优化服务环境、改进服务态度，推行服务承诺制、首问负责制、限时办结制、援务公开制，规范履行服务指引、法律咨询、申请受理、查询答疑等职责。拓宽申请渠道，发挥法律援助工作站、联络点贴近基层的优势，方便困难群众及时就近提出申请，在偏远地区和困难群众集中的地区设立流动工作站巡回受案。对有特殊困难的受援对象推行电话申请、上门受理等服务方式，逐步实行网上受理申请。简化审查程序，对城乡低保对象、特困供养人员等正在接受社会救助的对象和无固定生活来源的残疾人、老年人等特定群体，以及申请支付劳动报酬、工伤赔偿的农民工，免除经济困难审查；逐步建立法律援助对象动态数据库，提高审查效率；对情况紧急的案件可以先行受理，事后补办材料、手续；开辟法律援助“快速通道”，有条件的地方对未成年人、老年人、残疾人符合条件的申请实行当日受理、审查，并快速办理。加强军地法律援助服务网络建设，健全军人军属法律援助工作机制。建立完善法律援助异地协作机制，加强法律援助机构在转交申请、核实情况、调查取证、送达法律文书等环节的协助配合，方便受援人在异地亦可维护自身合法权益。延伸服务领域，注重对受援人进行人文关怀和心理疏导，完善法律援助与司法救助、社会救助工作衔接机制，提升服务效果。

适用要点

具体负责办理法律援助案件的主要有两类人员：一类是法律援助机构具有律师资格的工作人员；另一类是法律援助机构具有法律职业资格的工作人员。便民服务原则是法律援助的一项重要原则，法律援助机构可以根据工作需要，在法院、检察院、看守所、工会、妇联、残联等部门，为贫困户、残疾人、老年人、妇女、未成年人、农民工、军人军属、重大事故受害者等困难群众，就近设置工作站或联络点，方便困难群众申请法律援助。要完善工作站、联络点律师值班制度、工作职责、奖惩表彰机制等制度体系，全面规范法律援助案件的受理、指派、内部审批等法律文书格式，明确工作站、联络点法律援助案件受理审查流程，进一步完善工作站、联络点运行模式，切实为工作站、联络点规范运行、发挥作用提供制度保障。

关联法规

《法律援助值班律师工作办法》第2、27条；《国务院、中央军委关于进一步加强军人军属法律援助工作的意见》；《公安部办公厅、司法部办公厅关于进一步加强和规范看守所法律援助值班律师工作的通知》

第十四条　【派驻值班律师】法律援助机构可以在人民法院、人民检察院和看守所等场所派驻值班律师，依法为没有辩护人的犯罪嫌疑人、被告人提供法律援助。

条文解读

本条是关于法律援助机构可以在公安局（看守所）、检察院、法院派驻值班律师的规定。

值班律师是指法律援助机构在看守所、人民检察院、人民法院等场所设立法律援助工作站，通过派驻或安排的方式，为没有辩护人的犯罪嫌疑人、被告人提供法律帮助的律师。

2015 年 6 月 29 日，中共中央办公厅、国务院办公厅印发《关于完善法律援助制度的意见》，明确提出建立法律援助值班律师制度，法律援助机构在法院、看守所派驻法律援助值班律师。2018 年修改的《刑事诉讼法》确立了值班律师制度，其第 36 条规定："法律援助机构可以在人民法院、看守所等场所派驻值班律师。犯罪嫌疑人、被告人没有委托辩护人，法律援助机构没有指派律师为其提供辩护的，由值班律师为犯罪嫌疑人、被告人提供法律咨询、程序选择建议、申请变更强制措施、对案件处理提出意见等法律帮助。人民法院、人民检察院、看守所应当告知犯罪嫌疑人、被告人有权约见值班律师，并为犯罪嫌疑人、被告人约见值班律师提供便利。"2020 年 8 月 20 日，最高人民法院、最高人民检察院、公安部、国家安全部、司法部联合印发《法律援助值班律师工作办法》（本条注释中简称《值班办法》）。《值班办法》对值班律师制度设计、值班律师工作职责、法律帮助工作程序、值班律师工作保障等问题进行了全面系统、明确具体的规定。《值班办法》的制定与实施，对于促进公正司法和人权保障，深化依法治国实践，具有重要的意义。

《值班办法》第 6 条规定了值班律师六项基本工作职责：（1）提供法律咨询；（2）提供程序选择建议；（3）帮助犯罪嫌疑人、被告人申请变更强制措施；（4）对案件处理提出意见；（5）帮助犯罪嫌疑人、被告人及其近亲属申请法律援助；（6）法律法规规定的其他事项。同时，强调值班律师在认罪认罚案件中的职责：（1）向犯罪嫌疑人、被告人释明认罪认罚的性质和法律规定；（2）对人民检察院指控罪名、量刑建议、诉讼程序适用等事项提出意见；(3)犯罪嫌疑人签署认罪认罚具结书时在场。应当说，值班律师提供法律帮助主要侧重于两项：(1)广泛覆盖性。值班律师的服务对象是所有无辩护人的犯罪嫌疑人、被告人，覆盖范围非常广泛。(2)服务多样性。从值班律师的工作职责可以看出，值班律师能够为犯罪嫌疑人、被告人提供多种法律服务，法律帮助的形式较为多样。

值班律师在提供法律帮助过程中有三项较为重要的权利。一是会见权。犯罪嫌疑人、被告人有权约见值班律师，值班律师持相关证件到看守所办理法律帮助会见手续，看守所应当及时安排会见。二是阅卷权。值班律师在侦查阶段可以向侦查机关了解犯罪嫌疑人涉嫌的罪名及案件有关情况，自审查起诉阶段起可以查阅案件材料，了解案情，人民检察院、人民法院应当及时安排，并提供便利。三是提出意见权。在审查起诉阶段，犯罪嫌疑人认罪认罚的，值班律师可以就相关事项向人民检察院提出意见，值班律师对相关事项提出意见的，人民检察院应当记录在案并附卷，未采纳值班律师意见的，应当说明理由。虽然相较于辩护人而言，值班律师的权利范围仍较小，但这是基于值班律师与辩护人在刑事诉讼中的法律地位不同而产生的差异。《刑事诉讼法》与《值班办法》对于值班律师的权利部分也预留了空间，有待在值班律师制度未来的实践探索、理论探讨中进一步完善。[1]

保障服务质量是法律援助值班律师工作的重要内容，《值班办法》主要从提供服务层面、质量监督层面予以规定。在提供服务层面，《值班办法》要求值班律师应当尽职尽责完成其工作职责，要求司法机关、司法行政机关及法律援助机构予以积极的支持与配合。在质量监督层面，《值班办法》要求值班律师对法律帮助活动的相关情况予以记录，形成工作台账或工作卷宗，并按照规定移交法律援助机构。法律援助机构应当建立值班律师准入和退出机制，建立值班律师培训制度与服务质量考核评估制

〔1〕 卫跃宁、郭志媛：《三项权利保障值班律师提供法律援助》，载司法部官网，http://www.moj.gov.cn/news/content/2020-09/07/zcjd_3255531.html。

度，以保障值班律师的工作质量。

《值班办法》明确了强化值班律师的统筹管理。一方面，对律师资源短缺的地区，司法行政机关可在省、市范围内统筹调配律师资源或建立政府购买值班律师服务机制；另一方面，司法行政机关可会同相关部门建立值班律师工作会商机制，协调解决相关问题。同时，加强对值班律师的监督管理，完善奖惩制度，共同保障值班律师工作有序、高效地开展。

关联法规

《刑事诉讼法》第 36、173、174 条；《法律援助值班律师工作办法》第 2、20 条

典型案例

潘某某危险驾驶罪案[1]

案例要点：本条是法律援助机构在特定场所派驻值班律师的规定，以进一步保护没有辩护人的犯罪嫌疑人、被告人的合法权利。本案中，被告人潘某某犯危险驾驶罪。法院受理后依法适用简易程序并组成合议庭，于 2021 年 6 月 9 日公开开庭进行了审理，旬邑县人民检察院指派检察员高诚出庭支持公诉，被告人潘某某到庭参加了诉讼。法院通知旬邑县法律援助中心指派值班律师为被告人潘某某提供法律帮助。

第十五条　【政府采购法律援助】司法行政部门可以通过政府采购等方式，择优选择律师事务所等法律服务机构为受援人提供法律援助。

---

〔1〕 陕西省旬邑县人民法院(2021)陕 0429 刑初 60 号。

条文解读

本条是关于可以通过政府采购等方式选择法律援助服务的规定。

法律援助是政府的责任，同时，我国法律还规定，律师有法律援助义务。我国法律援助经过近 30 年的发展，取得了一定的成效，但也暴露不少问题，尤其突出的是律师积极性缺乏、办案质量较低。世界多数国家的法律援助采用政府购买法律服务的方式，补贴的标准或者购买律师服务的价格主要由市场决定，律师办理法律援助案件的积极性相对较高，案件质量能够得到保证。我国法律援助可借鉴他国经验，探索建立法律援助政府采购服务机制，用市场化的竞争方式择优选择律师事务所等法律援助服务机构，提高律师积极性和办案质量。[1]

我国现有的法律援助模式存在诸多弊端：其一，补贴过低，挫伤律师的办案积极性。目前法律援助案件补贴标准远低于市场价格。法律援助案件的律师办案成本主要包括律师办案所需的交通费、住宿费、误餐费、资料费、通讯费及所需的工时等。除律师实际办案支出外，现有的补贴根本无法覆盖律师的智力成本和服务费用，部分案件还需要律师"自掏腰包"。其二，受援人监督律师办案的能力或水平较低。普通的法律服务合同关系中，接受服务的当事人由于支付了律师费，可以理直气壮地要求律师按照合同勤勉地履行服务义务。而在法律援助案件中，受援人由于获得的是无偿的法律服务，则自觉或不自觉地降低了对法律援助服务质量的要求，再加上其本身在知识水平和维权能力上居于弱势的地位，就更难有效地监督律师的援助行为。其三，律师承担义务重，法律援助办案专业化程度不高。随着法律援助案件量的持续快速增长，律师人均办案量逐年提高。而律师资源分布不均，也使部分地区律师承担义务过重，导致律师疲于应付，必然影响案件质量。此外，由于法律援助中心在指派案件的过程中，普遍采用按顺序轮流指派的方式，很难照顾到律师的专业特长与

---

〔1〕 黄东东：《法律援助案件质量：问题、制约及其应对》，载《法商研究》2015 年第 4 期。

案件性质的契合度。尽管近几年也建立了法律援助资源库、将法律援助案件签约打包给部分律师事务所等,但总体上法律援助办案专业化程度不高的局面还未改变。其四,案件质量监管措施缺乏,实际效果不理想。现有的法律援助案件质量监管措施,仅能保证律师办案程序到位。而律师办理法律援助案件是义务,政府给的补贴仅够办案实际支出成本,造成了律师在办案过程中的权利和义务的不对等。这种情况下,只要律师办案的程序到位,其他对律师办案质量的评价和考核结果根本无法运用。[1]

长期以来,法律援助服务基本由政府机构组织实施,对社会力量的动员、吸纳存在不足。根据党的十八届三中全会关于“推广政府购买服务,凡属事务性管理服务,原则上都要引入竞争机制,通过合同、委托等方式向社会购买”的精神,自2014年开始,国务院、省、市都把法律援助纳入政府采购项目。2015年6月,中共中央办公厅、国务院办公厅印发《关于完善法律援助制度的意见》中提出:“加大政府购买法律援助服务力度,吸纳社会工作者参与法律援助,鼓励和支持人民团体、社会组织开展法律援助工作。”由于法律援助项目的实施一直沿用“定额补贴”的模式,法律援助项目并没有按照政府采购项目的程序和规则来运行。考虑财政负担等问题,在建立法律援助政府采购服务过程中,应逐步由“补贴模式”向“政府采购”过渡。政府通过招投标方式购买法律援助服务,是推进法律援助工作的一项重要举措。

政府购买法律援助服务事项主要包括法律援助案件办理、法律援助咨询服务、法律援助公共宣传、其他与法律援助服务有关的事项等。为了方便群众,各级司法行政部门还可以根据实际情况,会同本级财政部门共同研究确定其他服务事项与方式。

为了确保购买法律援助服务过程的公开、公平、公正,在购买前期,相

〔1〕 王正航、沈燕萍、俞钦、唐晔旎:《法律援助政府购买服务机制研究》,载《中国司法》2016年第5期。

关部门应及时、准确、全面地向社会公布政府购买法律援助服务事项、内容以及对承接主体的要求和绩效评价标准等信息，并按照以事定费、公开择优的要求，依据政府采购的有关规定，采取政府采购的方式选择承接主体。承接主体的范围也不再局限于律师事务所，还包括具备相应资质和能力、良好信誉的企业、公益类事业单位和其他机构。这将引入更多社会优质法律资源，为困难群众提供法律援助服务。

另外，为了加强对服务质量的监督和管理，政府购买服务合同中还应明确购买服务的具体事项、标的、数量、质量要求及服务期限、资金支付方式、权利义务和违约责任等。其中政府购买法律援助案件办理等服务价格的确定，应参考法律援助经费管理相关规定，体现社会公益性，同时引入市场机制。

适用要点

我国现有的法律援助模式，存在律师积极性缺乏、办案质量较低等弊端。为此，可借鉴他国经验，探索建立法律援助政府采购服务机制，用市场化的竞争方式择优选择律师事务所等法律援助服务机构，提高律师积极性和办案质量。通过招投标确定一批管理规范、办案认真、热爱法律援助事业的律师事务所等法律服务机构办理法律援助案件，在确保律师办案补贴及时发放的前提下，提高案件质量及案件归档速度，促进律师积极参与法律援助工作。

关联法规

《法律援助值班律师工作办法》第 32 条；《关于完善法律援助制度的意见》

典型案例

杨某、株洲市天元区人民政府等政府信息公开案[1]

案例要点：本条对司法行政部门通过政府采购法律服务的方式来推进法律援助工作的事项进行了规定。政府采购的过程，也是提高法律援助质量、保护相对人权利的方式。本案中，天元区政府作出《政府信息公开答复书》中提到，“2. 我区政府采取的选聘方式程序：区司法局推荐与律所（律师）自我报名相结合的方式，区法制办进行考察（考核）后，将建议名单报送区政府审定。3. 2016 年、2017 年我区政府的法律顾问费等均低于 50000 元，未达到《株洲市 2016 年政府集中采购目录及政府采购限额标准》《株洲市 2017 年政府集中采购目录及政府采购限额标准》中服务类项目集中采购标准，因此我区政府未进行公开集中采购，其行为合法。4. 随着法治政府建设深入，今后，我区政府将研究改进聘请法律顾问及购买法律服务的方式。”

第十六条　【义务主体】律师事务所、基层法律服务所、律师、基层法律服务工作者负有依法提供法律援助的义务。

律师事务所、基层法律服务所应当支持和保障本所律师、基层法律服务工作者履行法律援助义务。

条文解读

本条是关于法律援助义务主体的规定。

在本法实施以前，《法律援助条例》第 6 条规定：“律师应当依照律师

[1] 湖南省高级人民法院（2017）湘行终 1420 号。

法和本条例的规定履行法律援助义务，为受援人提供符合标准的法律服务，依法维护受援人的合法权益，接受律师协会和司法行政部门的监督。”这表明在本法实施以前，法律援助的义务主体只有律师。本条将法律援助的义务主体扩大到律师事务所、基层法律服务所、律师、基层法律服务工作者四类，这四类主体都负有依法提供法律援助的义务。

律师事务所、基层法律服务所、律师、基层法律服务工作者应当依法履行法律援助义务，这在学术界和实务界已经达成了共识。当然，在这四类主体之间，在履行法律援助义务上的要求是有区别的，律师事务所和律师始终是法律援助的第一责任主体。

少数地方性法规将公证处、司法鉴定机构与公证员、司法鉴定人员确定为法律援助的义务主体，这在一定程度上体现了人民群众对公证、司法鉴定参与到法律援助中来的实际需求，也符合了法律援助更深更广服务民生的发展态势。公证处、司法鉴定机构与公证员、司法鉴定人员虽不宜作为法律援助的义务主体，但其可以为符合法律援助条件的人员提供减免费的公证或司法鉴定服务。个别地方性法规将法律援助志愿者确定为法律援助义务主体，也是欠妥当的。因为，法律援助志愿者利用自己的法律知识与技能为受援人提供法律援助，是出于个人意愿。如果将个人意愿通过立法变成法律上的强制义务，这不是提升了法律援助志愿者的法律地位，而是以法律的手段挟持了法律援助志愿者。[1]

在本所律师、基层法律服务工作者履行法律援助义务的过程中，律师事务所、基层法律服务所应当在时间、经济、精神上予以支持和保障，不得因律师、基层法律服务工作者履行法律援助义务，而给予歧视待遇或克扣奖金福利。

---

〔1〕 刘新华：《中国法律援助立法研究》，民主与建设出版社2017年版，第33页。

适用要点

法律援助的义务主体已经从律师扩大到了律师事务所、基层法律服务所、律师、基层法律服务工作者四类主体,这四类主体都负有依法提供法律援助的义务。在本所律师、基层法律服务工作者履行法律援助义务的过程中,律师事务所、基层法律服务所应当在时间、经济、精神上予以支持和保障,不得因律师、基层法律服务工作者履行法律援助义务,而给予歧视待遇或克扣奖金福利。

关联法规

《律师法》第42条;《律师事务所管理办法》第48条;《基层法律服务所管理办法》第24条第5项;《基层法律服务工作者管理办法》第34条

典型案例

刘某某与金华市人民政府行政复议案[1]

案例要点:本条是关于律师事务所、基层法律服务所、律师、基层法律服务工作者提供法律援助义务的规定。在实践中,基层法律服务所也应当支持和保障本所律师、法律服务工作者履行好法律援助义务。本案中,因原告在诉讼中存在违法提供假证及法律援助擅自违规收费等问题,婺城区司法局决定免去刘某某金华市银鹰法律服务所主任的职务,属婺城区司法局的职权范围,免职理由充分。

[1] 浙江省高级人民法院(2017)浙行终168号。

第十七条 【法律援助志愿者】国家鼓励和规范法律援助志愿服务;支持符合条件的个人作为法律援助志愿者,依法提供法律援助。

高等院校、科研机构可以组织从事法学教育、研究工作的人员和法学专业学生作为法律援助志愿者,在司法行政部门指导下,为当事人提供法律咨询、代拟法律文书等法律援助。

法律援助志愿者具体管理办法由国务院有关部门规定。

条文解读

本条是关于法律援助志愿者的规定。

1. 对法律援助志愿服务与志愿者的鼓励、规范与管理

对法律援助志愿服务与志愿者的鼓励、规范与管理主要体现在以下三个方面:

(1)国家鼓励法律援助志愿服务。本法第 8 条规定:"国家鼓励和支持群团组织、事业单位、社会组织在司法行政部门指导下,依法提供法律援助。""国家鼓励和规范法律援助志愿服务;支持符合条件的个人作为法律援助志愿者"体现了法律援助的社会参与原则。在当前法律援助供给不足的情形下,通过立法的方式支持和鼓励社会组织、企事业单位以及个人参与法律援助工作,是提高法律援助能力的有效途径之一。从实践来看,法律援助的社会参与主要有以下几种类型:一是工会、共青团、妇联、残联等社会团体建立的群体性的法律援助机构,一般为团体成员等提供相关的法律援助服务。本法第 68 条规定,"工会、共产主义青年团、妇女联合会、残疾人联合会等群团组织开展法律援助工作,参照适用本法的相关规定"。二是与法学相关的高等院校、科研院所以及其他企事业单位利用自身的资源优势提供法律援助服务。三是通过招募法律服务志愿者参与提供法律服务。如早在 2002 年,《司法部、共青团中

央关于实施法律援助志愿者服务计划的通知》，招募法律援助志愿者参与专业法律援助、社区法律援助、远程法律援助、西部普法宣传、法律援助培训等活动，为完善社会主义法治国家建设贡献力量。国家支持和鼓励个人作为志愿者参与以上法律援助活动，同时，由于法律工作具有较强的专业性，参与提供法律援助的个人应当具备相应的法律专业知识或资格。

（2）法律援助志愿服务的规范管理。法律援助志愿者要依法提供法律援助。为保障社会力量参与法律援助的健康、有序发展，本法明确，一方面要鼓励法律志愿服务，另一方面也要规范法律志愿服务。从本法的规定来看，首次明确了法律援助人员包括律师、基层法律服务工作者、法律援助志愿者等类型。将律师事务所与律师、基层法律服务所与基层法律服务工作者以外的自愿提供法律服务的群体统称为法律援助志愿者，在立法上定性明确。相较而言，律师事务所、基层法律服务所应当支持和保障本所律师、基层法律服务工作者履行法律援助义务。目前，对于负有依法提供法律援助义务的律师群体已经形成了较为规范化和体系化的制度设计，但对从事志愿服务的个体，还需要加强规范化管理。因此，本法明确，“法律援助志愿者具体管理办法由国务院有关部门规定”。该管理办法应规定志愿者从事法律援助的资格与条件、志愿服务者的登记程序、志愿者开展志愿服务的形式程序范围、志愿者组织与志愿者的权利义务、志愿者的合法权益保障等内容，建立起志愿服务的法律激励与约束机制，提升志愿服务活动的组织化、规范化、专业化水平。

（3）对高等院校、科研院所的特别规定。相较于其他社会团体和企事业单位而言，从事法学教育、研究工作的高等院校、科研机构在从事法律援助工作方面具有相当大的专业优势和可操作性，应当成为社会参与法律援助工作的中坚力量。高等院校、科研机构组织法学专业的教师与学生作为法律援助志愿者，一方面可以充实法律援助的社会力量，增添法律援助的活力；另一方面也给法学专业的师生提供接触实践、参与实践的机会，成为高校人才培养的一个环节，从而形成双赢的局面。因此，高等院校、科研院所应当成为挖掘和培养法律援助力量的主渠道,如司法部公共服务管理局、中国法律援助基金会于2020年4月15日联合印发《2020—2021年西部基层法律援助志愿服务行动实施方案》,通过招募大学生志愿者到西部边远地区贫困县法律援助机构从事法律援助服务工作,缓解法律援助人员严重不足的压力,充实基层工作力量,促进法律援助区域协调发展。但同时,由于学生尚处于学习阶段,不具备完全执业的能力,因此可在司法行政部门的指导下,为当事人提供法律咨询、代拟法律文书等法律援助。

2. 确定法律援助志愿者的意义

自我国法律援助制度确立开始,就明确了"政府是法律援助的责任主体,支持和鼓励社会组织积极参与"的基本思路。《法律援助条例》第3条第1款规定:"法律援助是政府的责任,县级以上人民政府应当采取积极措施推动法律援助工作,为法律援助提供财政支持,保障法律援助事业与经济、社会协调发展。"第8条规定:"国家支持和鼓励社会团体、事业单位等社会组织利用自身资源为经济困难的公民提供法律援助。"这一国家保障与社会参与相结合的原则在《法律援助法》中得到了延续。《法律援助法》第3条规定:"法律援助工作坚持中国共产党领导,坚持以人民为中心,尊重和保障人权,遵循公开、公平、公正的原则,实行国家保障与社会参与相结合。"

法律援助制度旨在弥补由于经济等原因导致的司法权利不平等,是确保每一个公民在司法程序中感受到公平正义的帮助措施。提供法律援助是一项国家义务,符合条件的公民可以获得法律援助是一项重要权利。但是,由于供需矛盾突出,完全由政府承担法律援助责任不能满足大量的法律服务实践需求,在此情形下,利用非政府力量提供法律援助能够弥补政府提供公共服务的不足。《刑事诉讼法》《律师法》等法律也明确了律师事务所、律师等市场主体承担法律援助的义务和社会责任,并以此作为增强律师队伍精神文明建设的一部分。"应该说明的是,由律师承担一定数量的法律援助义务并不是中国的发明,即使是当今发达国家,私人执业的律师也不同程度地承担着不同形式的法律援助义务。"[1]《中共中央关于坚持和完善中国特色社会主义制度 推进国家治理体系与治理能力现代化若干重大问题的决定》指出,"必须加强和创新社会治理,完善党委领导、政府负责、民主协商、社会协同、公众参与、法治保障、科技支撑的社会治理体系"。在法律援助领域,法律援助体系也应当是一个"政府负责、社会协同、公众参与"的共治共建共享体系。实践中出现了诸多律师事务所、基层法律服务所之外的社会团体、高等学校、科研院所等开展法律援助的情形,为确保法律援助的有效性,这类组织和人员参与法律援助的性质与内容需要在立法上得到明确与规范。

适用要点

提供志愿服务既要基于自愿、无偿、诚信等原则,也要遵守合法原则。《志愿服务条例》第 2 条第 2 款规定:"本条例所称志愿服务,是指志愿者、志愿服务组织和其他组织自愿、无偿向社会或者他人提供的公益服务。"志愿服务机构并无承担法律援助的法定义务,法律援助志愿者出于个人意愿利用自身的法律知识和专业技能提供法律服务,也非法律上的强制性义务。组织或者个人一旦成为志愿者参与到法律援助活动中,就相应地享有实施法律援助的权利,也产生了向受援人提供合格法律服务的义务,并且法律援助的过程需受到《志愿服务条例》以及国务院有关部门制定的管理办法的约束和规范。

关联法规

《志愿服务条例》第 2、23 条;《志愿服务记录与证明出具办法(试行)》第 26 条;《学生志愿服务管理暂行办法》第 10 条;《中央专项彩票公益金法律援助项目实施与管理办法》第 28 条

---

[1] 宫晓冰主编:《中国法律援助立法研究》,中国方正出版社 2001 年版,第 8 页。

典型案例

李某某与威海市图书馆劳动关系纠纷案[1]

案例要点：法律援助志愿者提供志愿服务应遵守《志愿者服务条例》。值得注意的是，法律援助志愿者与司法行政部门或者其他志愿者之间的关系并非劳动关系。本案虽不是法律援助志愿活动过程中发生的争议，但对于处理法律援助志愿服务活动中的争议仍有启示。本案中，法院认为，原、被告之间并不存在劳动关系，理由如下：第一，原、被告之间不存在主观上建立劳动关系的合意。第二，原告签字确认的《威海市图书馆志愿者申请表》上明确载明，原告系自愿加入威海市图书馆志愿服务队。第三，原告没有进一步提交证据证明其受被告的劳动管理。故不能认定原、被告之间存在劳动关系。

第十八条 【跨区域法律援助】国家建立健全法律服务资源依法跨区域流动机制，鼓励和支持律师事务所、律师、法律援助志愿者等在法律服务资源相对短缺地区提供法律援助。

条文解读

本条是关于国家建立健全法律服务资源依法跨区域流动机制，鼓励和支持律师事务所、律师、法律援助志愿者的法律援助活动覆盖法律服务资源相对短缺的地区的规定。

1. 重要意义

近年来，司法行政部门采取有力措施，推进城乡一体、区域协调的公

---

〔1〕 威海市中级人民法院(2020)鲁10民终711号。

共法律服务体系建设,取得的积极进展有目共睹。同时,法律服务资源相对短缺地区的公共法律服务确实还存在不足,主要体现在:公共法律服务队伍力量薄弱,服务能力和水平不高;公共法律服务资源分配不均衡,欠发达地区基本公共法律服务供给不足;群众法治意识相对欠缺,寻求法律服务解决矛盾纠纷的自觉性、主动性不够;等等。2021 年 6 月,司法部提出尽快建立健全法律服务资源依法跨区域流动机制,提高公共法律服务可及性、均等化水平。本法将司法行政工作安排予以吸纳,充分体现了实践性与前瞻性的结合、法治原则与新发展理念的契合。

2. 具体举措

本条的"法律服务资源相对短缺地区"要从城乡、区域两个方面作广义的理解。一是指与城市相对的乡村地区。司法部下一步将以满足农村地区广大人民群众对法律服务的需求为目标,采取措施加快推进覆盖城乡的公共法律服务体系建设,在现有基础上以县(市、区)公共法律服务中心、乡镇(街道)公共法律服务工作站为重点,加强基层实体平台标准化、规范化建设,完善服务功能,提高服务质量。二是指欠发达地区,特别是法律服务资源比较匮乏的西藏和四川、云南、甘肃、青海四省的藏区州县。要分别从政策、人才、资金、项目等方面着手,立足所需、突出重点、精准发力,切实满足当地人民群众基本公共法律服务需求。

推进"互联网 + 公共法律服务"向法律服务资源相对短缺地区延伸。认真落实《司法部关于推进公共法律服务平台建设的意见》,积极推进以网络平台为统领的公共法律服务实体、热线、网络三大平台深度融合发展,推动公共法律服务向移动服务、随身服务方向发展,提高服务能力、优化服务方式,增强法律服务资源相对短缺地区人民群众运用法律服务的实际体验。

明确鼓励和支持律师事务所、律师、法律援助志愿者等在法律服务资源相对短缺地区提供法律援助。除了依法有序扩大法律援助范围,科学合理确定经济困难标准和事项范围,加强法律援助标准化、规范化、信息化建设,提高法律援助质量以外,还要发挥社会主义制度优势和法律援助实施主体的主观能动作用，特别是注意发挥律师事务所、律师、法律援助志愿者等法律援助实施重要主体在工作一线的具体帮扶、引领、带动、辐射作用。《律师事务所管理办法》第 48 条规定："律师事务所应当依法履行法律援助义务，及时安排本所律师承办法律援助案件，为办理法律援助案件提供条件和便利，无正当理由不得拒绝接受法律援助机构指派的法律援助案件。"因此，增加律师事务所作为法律援助的实施主体有助于通过其资源优势，发挥其在实施跨区域法律援助中的重要衔接、安排、保障作用。

适用要点

本条在实施过程中最大的适用问题是如何在制度上鼓励和支持律师事务所、律师、法律援助志愿者等重要法律援助实施主体开展跨区域法律援助。本条突出"依法"提供法律援助，首先，要做到依法依规，法律依据明确；其次，进一步细化条文、落实方案、优化举措，可在一些条件较好的地方进行试点，总结提炼、复制推广经验成果，形成统一标准与具体情况相结合的可行规范，并有计划、有步骤、有方案、有激励、有保障地次第展开、逐步完善，以取得最佳成效。

关联法规

《律师事务所管理办法》第 48 条；《最高人民法院关于适用〈中华人民共和国民事诉讼法〉的解释》第 88 条；《司法部关于推进公共法律服务平台建设的意见》；《乡镇法律服务业务工作细则》；《司法部关于基层法律服务工作者不能代理当事人任何一方均不在本辖区内的民事经济行政案件的批复》；《司法部关于基层法律服务工作者诉讼代理执业区域问题的批复》

典型案例

徐某某与佛山市禅城区盈智教育发展有限公司侵权纠纷案[1]

案例要点：本条是有关跨区域提供法律援助的规定，旨在平衡东西中部之间法律服务资源分布不均衡的问题，尽可能地为更多需要法律援助的群体提供优质的法律服务资源。本案中原告徐某某系广西壮族自治区岑溪市人，2018年7月18日傍晚到被告经营的游泳场游泳，在其准备从池边下到深水池时，因下水的扶杆没做任何防滑措施而失足跌落，胯下因受到严重撞击而致骑跨伤。故诉被告佛山市禅城区盈智教育发展有限公司违反安全保障义务责任。佛山市禅城区人民法院于2018年9月11日受理后，依法由审判员彭某某适用简易程序独任审判，并于2018年10月17日公开开庭进行了审理，原告徐某某及其委托诉讼代理人郑某某（该诉讼代理人系受佛山市禅城区法律援助处指派），被告的委托诉讼代理人左某某到庭参加诉讼。原告住所地位于广西岑溪，系法律服务资源相对短缺的地区，故由佛山市禅城区法律援助处为其指派诉讼代理人参加诉讼，符合国家建立健全法律服务资源跨区域流动机制，鼓励和支持律师为法律服务资源相对短缺地区提供法律援助的规定。

第十九条　【法律援助人员的职责】法律援助人员应当依法履行职责，及时为受援人提供符合标准的法律援助服务，维护受援人的合法权益。

[1] 佛山市禅城区人民法院（2018）粤0604民初24378号。

条文解读

本条是关于法律援助人员的法定职责的规定。

1. 法律援助人员的法定职责

(1)法律援助人员应当依法履行职责。

基于法律援助机构的指定,法律援助人员作出接受的意思表示后,会形成法律援助机构与法律援助人员、受援人之间的特定法律关系。根据本法第 12 条规定,“县级以上人民政府司法行政部门应当设立法律援助机构。法律援助机构负责组织实施法律援助工作,受理、审查法律援助申请,指派律师、基层法律服务工作者、法律援助志愿者等法律援助人员提供法律援助,支付法律援助补贴”。由此可知,法律援助机构是司法行政部门设立的对法律援助进行综合管理的部门,法律援助机构收到受援人的申请并确认符合条件应当提供法律援助后,会指派相应的法律援助人员提供特定事项的法律服务。从法律援助机构与法律援助人员之间的法律关系来看,法律援助人员代表法律援助机构履行政府职责,是政府履行法律援助职能的助手,故整个法律援助过程应由法律援助机构或司法行政部门承担兜底责任。因此,法律援助人员作为履行法律援助职责的代表,应当依法履行职责,这也是对法律援助人员的总体性规范。

法律援助人员是否依法履职受到相关管理部门的监督。本法第 5 条第 1 款规定:“国务院司法行政部门指导、监督全国的法律援助工作。县级以上地方人民政府司法行政部门指导、监督本行政区域的法律援助工作。”司法行政部门的监督既包括对法律援助机构及其工作人员履职行为的监督,也包括对法律援助人员实施法律援助过程的监督。同时,法律援助人员提供法律援助服务的过程还要受到法律援助机构的监督,“这种监督主要是一种专业性监督,是对法律援助最经常的监督”[1]。

(2)及时为受援人提供符合标准的法律援助服务,维护受援人的合法

〔1〕 宫晓冰主编:《中国法律援助制度研究》,中国方正出版社 2004 年版,第 256 页。

权益。

“及时为受援人提供符合标准的法律援助服务，维护受援人的合法权益”是法律援助人员的基本义务。《律师法》第42条规定：“律师、律师事务所应当按照国家规定履行法律援助义务，为受援人提供符合标准的法律服务，维护受援人的合法权益。”法律援助人员与受援人签订法律援助的相关委托协议后，法律援助人员与受援人之间就产生了特定的法律关系。基于法律援助法律关系的产生，法律援助人员依法享有相关权利保障，同时也承担相应的义务。提供符合标准的法律援助服务既是法律援助人员的履职核心和实施法律援助的基本原则，也是法律援助人员承担其他义务的来源，如法律援助人员无正当理由不得拒绝、拖延或终止办理援助事务，要及时告知受援人相关案件进展情形，尽职尽责参与案件办理，保守受援人相关秘密等义务。与法律援助人员的义务相对应的是受援人的权利，获得符合标准的法律援助也是受援人的一项权利。

法律援助案件与一般的代理案件不同，在自愿与有偿原则下，一般代理案件的法律服务提供质量通常与律师的收入挂钩，法律服务质量可由等价有偿的市场规则进行保障。但在法律援助案件中，法律援助是因受援人经济困难或其他法定原因而产生，受援人在司法审判中处于较为弱势的地位，同时法律援助人员经过法律援助机构指派且无偿提供法律援助，若对法律援助人员不附加相关的法定义务，则法律援助极有可能流于形式，达不到实施法律援助制度的目的。同时，由于法律援助本身是一种为了保障当事人享有最基本的诉讼权利、实现司法公正公益性和保障性的制度，且法律援助人员的专业水平不一，若对法律援助人员科以提供高质量的法律援助服务的要求既不符合法理也不符合常情，为了便于对法律援助进行评价，本条为法律援助人员实施法律援助服务提出了要求，即“提供符合标准的法律援助服务”。

2. 确定法律援助人员职责的意义

本条关于法律援助人员的法定职责的规定，是对2003年《法律援助条例》第6条规定的沿袭。《法律援助条例》第6条对律师履行法律援助职责进行了要求和明确,“律师应当依照律师法和本条例的规定履行法律援助义务,为受援人提供符合标准的法律服务,依法维护受援人的合法权益,接受律师协会和司法行政部门的监督”。随着实践的发展,参与法律援助的主体逐步多元化,这一要求也逐步扩大到所有法律援助人员,包括律师、基层法律服务工作者、法律援助志愿者等。所有的法律援助人员都应当依法履行职责,及时为受援人提供符合标准的法律援助服务,维护受援人的合法权益。

适用要点

及时为受援人提供符合标准的法律援助服务,要做到以下几点:一是要及时履行法律援助服务之义务。法律程序是按照法定的时限、顺序、方式和步骤进行的法律行为,经法律援助机构指派后,法律援助人员应严格按照法定的时限、顺序、方式和步骤开展法律援助活动,最大限度地维护受援人的合法权益。法律援助人员无正当理由不得随意终止、拖延或者拒绝办理法律援助事务,否则会对受援人的合法权益产生重要影响。二是要提供符合标准的法律服务。符合标准的法律服务意味着法律援助人员要承担参与法律事务办理的规定动作,是一种法律规定的最低限度的要求,大体包括“会见受援人、调查取证、参与庭审和提交辩护代理意见、向受援人进行通报和答复询问、向法律援助机构报告案件、法律援助过程中告知司法救助义务、提交立卷材料义务等”[1]。当然,法律援助人员基于法律工作者的使命感和社会责任感,超出法定标准提供法律服务,是值得鼓励和肯定的。

关联法规

《律师法》第 42 条;《法律援助值班律师工作办法》第 3 条;《律师执

---

〔1〕 付少军、刘燕玲主编:《法律援助理论与实务》,中国检察出版社 2013 年版,第 76 页。

业管理办法》第45条;《中央专项彩票公益金法律援助项目实施与管理办法》第23条

典型案例

陈某与被告锦州市法律援助中心、张某某法律服务合同纠纷案[1]

案例要点:本条规定了法律援助人员的职责,即应及时为受援人提供标准的法律援助服务,维护受援人的合法权益。本案中原告为起诉义县医院而向被告锦州市法律援助中心申请法律援助,该中心指定被告张某某为原告担任委托诉讼代理人。原告认为被告张某某在担任委托诉讼代理人过程中未尽责任,没有认真翻阅原告提供的证据和材料,并超越代理权限,未经原告同意于代理立案时将案件主体立错。法院认为,合同由当事人依法自愿订立,合同的当事人应按照合同约定诚实履行合同义务,被告已按合同约定充分履行了委托的服务内容。

第二十条 【法律援助人员的执业要求】法律援助人员应当恪守职业道德和执业纪律,不得向受援人收取任何财物。

条文解读

本条是关于法律援助人员的执业要求的规定。

1. 对法律援助人员的执业要求

(1)法律援助人员应当恪守职业道德和执业纪律。一是法律援助人

[1] 锦州市太和区人民法院(2017)辽0711民初715号。

员应当恪守职业道德。法律援助人员的职业道德是从事法律援助人员在履行法律援助过程中应当遵守的基本道德规范,是由内心信念来维系的各种道德品质的体现。法律援助工作既是一种国家义务与政府责任,也是一种社会公益事业,法律规则只是提供了最低限度的制度运行规范,法律援助工作的质量更需要从道德规范的层面进行保障。从参与法律援助的人员来看,既有专职承担法律援助工作的基层法律工作者,也有兼职承担法律援助工作的律师,还有志愿进行法律援助的志愿者。较之于律师执业的职业道德要求而言,由于没有经济利益的刺激,法律援助人员更需要具有较高的道德自觉。二是法律援助人员应当恪守执业纪律。执业纪律是法律援助人员在实施法律援助活动中所应遵循的一系列行为规范,既包括国家制定的与律师执业或法律援助相关的法律法规,也包括指引性规范性文件,还包括行业自律准则等。这些法律法规、规范性文件、行业自律准则等既是律师必须遵守的行为准则,也是法律援助人员必须遵守的行为准则,否则就要承担否定性的后果。

(2)法律援助人员不得向受援人收取任何财物。法律援助人员不得向受援人收取任何财物是法律援助人员恪守职业道德和执业纪律最重要的内容之一。法律援助的目的是保障公民平等地进入法律程序中,实现司法公正,因此无偿是法律援助的本质要求。从法律援助机构、法律援助人员与受援人的法律关系来看,法律援助人员代表法律援助机构履行法律援助职能,法律援助的过程受到司法行政机关和法律援助机构的监督。法律援助作为一项政府责任,属于政府提供公共服务的范畴。法律援助人员受法律援助机构的指派,在法律援助过程中产生的必要支出应当由政府来承担。本法第 12 条中明确规定,“法律援助机构负责组织实施法律援助工作……支付法律援助补贴”。因此,法律援助人员不得向受援人收受任何财物,向受援人收受财物既违反了法律援助制度提供无偿法律服务的本意,也违背了法律援助人员基于指派提供服务的执业纪律。因此,要坚决防止和杜绝办理法律援助案件收取财物或假借办理法律援助案件之名从事有偿服务等严重违反职业道德和执业纪律的行为。

2. 确定法律援助人员执业要求的意义

本条规定是对2003年颁布的《法律援助条例》第22条规定的沿袭。《法律援助条例》第22条规定:"办理法律援助案件的人员,应当遵守职业道德和执业纪律,提供法律援助不得收取任何财物。"随着司法实践的发展,律师队伍逐步成长为参与司法实践的不可或缺的专业力量,是中国特色社会主义司法制度的重要组成部分,是法律执业共同体的重要组成部分,是国家法治文明进步的重要标志,律师队伍的建设也成为建设法治国家的重要内容之一。党的十八届三中全会审议通过的《中共中央关于全面深化改革若干重大问题的决定》提出,要"完善律师执业权利保障机制和违法违规执业惩戒制度,加强职业道德建设,发挥律师在依法维护公民和法人合法权益方面的重要作用"。党的十八届四中全会审议通过的《中共中央关于全面推进依法治国若干重大问题的决定》提出,"加强法律服务队伍建设……加强律师事务所管理,发挥律师协会自律作用,规范律师执业行为,监督律师严格遵守职业道德和职业操守,强化准入、退出管理,严格执行违法违规执业惩戒制度"。2016年,中共中央办公厅、国务院办公厅印发的《关于深化律师制度改革的意见》提出,律师队伍"要加强思想政治建设,坚持把思想政治建设摆在首位,始终坚持把拥护中国共产党领导、拥护社会主义法治作为律师从业的基本要求,增强广大律师走中国特色社会主义法治道路的自觉性和坚定性,加强法治文化建设,培育中国特色社会主义律师执业精神;要加强职业道德建设,完善律师职业道德规范,健全职业道德教育培训机制,推进律师执业信息公开,建立全国律师信息查询系统和中国律师诚信网,完善律师行为信用记录制度"。由此可见,作为推动社会主义法治建设的专业力量,律师队伍建设不仅要求律师具有良好的业务素质与专业技能,还对律师队伍的政治立场、思想认识与道德水平提出了新的要求。作为参与法治建设的一支队伍,法律援助工作者也应当具备坚定的政治立场,遵守基本的职业道德与执业纪律。2015年6月,中共中央办公厅、国务院办公厅印发《关于完善法律援助制度的意见》,明确要"加强机构队伍建设。依托现有资源加强法律援助机构建设,配齐配强人员。把思想政治建设摆在突出位置,切实提高法律援助队伍思想政治素质和职业道德水平”。

适用要点

从目前司法实践来看,对律师的职业道德和执业纪律进行倡导和规范的规则较多。相较于律师的职业道德和执业纪律规范的内容,对法律援助人员的要求既具有重合性,也具有特殊性。例如,“诚实守信、勤勉尽责,依据事实和法律,维护当事人合法权益,维护法律正确实施,维护社会公平和正义”是律师和法律援助人员共同需要遵守的规则,但律师关于业务推广的执业纪律并不适用于法律援助人员,法律援助人员关于廉洁自律、不谋私利的规则也不适用于律师队伍。具体而言,法律援助人员应当恪守职业道德和执业纪律,需做到以下几点:首先,要诚实守信、勤勉尽责。诚实守信是道德规范的核心范畴,法律援助服务与追求经济利益、商业化的律师服务不同,法律援助服务的质量更多取决于法律援助人员的道德责任感,如何做到最大限度地维护受援人的合法权益主要依靠道德支撑。在法律援助过程中,法律援助人员应以积极的态度对待受援人,恪尽职守,不敷衍了事,尽力维护受援人的合法权益。其次,要坚持依法援助。法律援助过程中应做到以事实为依据、以法律为准绳,遵守法律援助的行为规则,遵守诉讼活动等法律程序的法定要求,以维护社会公平正义为最终价值追求。最后,要廉洁自律,不谋私利,遵守有关法律援助管理与监督的规则。对于法律援助人员违反职业道德和执业纪律的行为,受援人可以按照《法律援助投诉处理办法》的规定进行投诉。

关联法规

《律师法》第 3 条;《法律援助值班律师工作办法》第 29 条;《律师执业管理办法》第 44 条;《中央专项彩票公益金法律援助项目实施与管理办法》第 23、42 条

典型案例

谢某某与宁波市人力资源和社会保障局行政确认案[1]

案例要点：本条规定的是法律援助人员的职业道德和执业纪律要求，同时特别强调不得向受援人收取任何财物。法律援助的对象本身便是困难群体，如果再向其收受财物或者不认真按照执业纪律要求进行代理，便有违援助的宗旨。在本案中，2011 年 6 月 1 日就已经发生工伤事故，而直到 2013 年 12 月 21 日原告才提出工伤认定申请，远远超过工伤认定的期限。而本案法律援助律师早在 2011 年 12 月 5 日就已经作为原告的委托代理人，其作为法律专业人员，理应知道《工伤保险条例》的规定，但迟迟未提出工伤认定期限，未能遵守律师的职业道德和执业纪律要求，使得被代理人的合法利益受到巨大损失。

第二十一条　【保密义务】法律援助机构、法律援助人员对提供法律援助过程中知悉的国家秘密、商业秘密和个人隐私应当予以保密。

条文解读

本条是关于法律援助机构与法律援助人员保密义务的规定。

关于法律援助机构与法律援助人员的保密义务主要体现在以下几个方面。

1. 保守国家秘密的义务

根据《保守国家秘密法》的规定，“国家秘密是关系国家安全和利益，

[1] 宁波市海曙区人民法院（2014）甬海行初字第 3 号。

依照法定程序确定，在一定时间内只限定一定范围内的人员知悉的事项”。国家秘密受法律保护，一切国家机关、武装力量、政党、社会团体、企业事业单位和公民都有保守国家秘密的义务，这是维护国家安全和利益、保障改革开放和社会主义建设事业顺利进行的需要，任何危害国家秘密安全的行为，都必须受到法律追究。因此，法律援助人员对提供法律援助过程中知悉的国家秘密也应当依法履行保密义务。

2. 保守商业秘密的义务

商业秘密，是指不为公众所知悉、具有商业价值并经权利人采取相应保密措施的技术信息、经营信息等商业信息。根据国家市场监督管理总局《商业秘密保护规定》（征求意见稿）的内容来看，“不为公众所知悉，是指该信息不为其所属领域的相关人员普遍知悉或者不能从公开渠道容易获得”；“具有商业价值，是指该信息因其秘密性而具有现实的或者潜在的商业价值能为权利人带来商业利益或竞争优势”；“权利人采取相应保密措施，是指权利人为防止信息泄露所采取的与商业秘密的商业价值、独立获取难度等因素相适应、合理且具有针对性的保密措施”；“技术信息，是指利用科学技术知识、信息和经验获得的技术方案”，“经营信息，是指与权利人经营活动有关的各类信息”；等等。保护经营者的商业秘密，主要是为了防止其他经营者非法使用商业秘密，保护商业秘密权利人和相关主体的合法权益，维护公平竞争的市场环境。根据《民法典》第 123 条的规定，商业秘密是民事主体享有的一项知识产权，商业秘密受到法律保护。《反不正当竞争法》对知悉相关商业秘密的行政机关及其工作人员、经营者、经营者以外的其他自然人、法人和非法人组织等课以保护商业秘密的义务，法律援助人员对提供法律援助过程中知悉的商业秘密也应当依法履行保密义务。

3. 保守个人隐私的义务

根据《民法典》第 1032 条第 2 款规定，“隐私是自然人的私人生活安宁和不愿为他人知晓的私密空间、私密活动、私密信息”。个人隐私属于公民的人格权范畴，理应受到法律的保护。判断个人隐私的核心就在于，公民本人是否愿意他人知晓以及该信息是否与他人及社会利益相关。在识别个人隐私的问题上，存在与个人信息交叉的问题。《民法典》第 1034 条第 2 款、第 3 款规定，“个人信息是以电子或者其他方式记录的能够单独或者与其他信息结合识别特定自然人的各种信息，包括自然人的姓名、出生日期、身份证件号码、生物识别信息、住址、电话号码、电子邮箱、健康信息、行踪信息等。个人信息中的私密信息，适用有关隐私权的规定；没有规定的，适用有关个人信息保护的规定”。由此可见，个人隐私与个人信息二者之间存在交叉，个人信息中有部分属于个人隐私，也有部分属于普通个人信息，法律对个人隐私的保护程度较普通个人信息要高。法律援助人员对提供法律援助过程中知悉的个人隐私也应当依法履行保密义务。

适用要点

在公务活动中，公职人员对执行职务活动中知悉的国家秘密、商业秘密和个人隐私进行保密是应当履行的职务要求，各个国家机关及其工作人员都应遵守这一基本规定。《公务员法》《法官法》《检察官法》《监察法》以及规范行政机关执法活动的法律法规均对此作了规定。随着实践的发展，这一公法上的义务也转移到相关群体上。在法律援助过程中，无论是法律援助机构及其工作人员，还是律师、基层法律服务工作者等法律援助人员，在法律援助活动中知悉的国家秘密、商业秘密和个人隐私都应当遵守保密规定，否则就要承担法律责任。如本法第 61 条规定，法律援助机构及其工作人员泄露法律援助过程中知悉的国家秘密、商业秘密和个人隐私的，由设立该法律援助机构的司法行政部门责令限期改正；有违法所得的，责令退还或者没收违法所得；对直接负责的主管人员和其他直接责任人员，依法给予处分。第 63 条规定，律师、基层法律服务工作者有泄露法律援助过程中知悉的国家秘密、商业秘密和个人隐私的，由司法行政部门依法给予处罚。

本法并未明确实施法律援助的志愿者泄露法律援助过程中知悉的国

家秘密、商业秘密和个人隐私的法律责任，这是由于法律援助志愿者与法律援助机构及其工作人员、律师、基层法律服务工作者在法律援助中的法律地位不同所导致的。这意味着法律援助志愿者不会受到司法行政机关实施的行政处罚，但根据《保守国家秘密法》《反不正当竞争法》《民法典》的相关规定需承担刑事、行政或民事责任。如《民法典》第 120 条规定，“民事权益受到侵害的，被侵权人有权请求侵权人承担侵权责任”。《反不正当竞争法》第 21 条规定，“经营者以及其他自然人、法人和非法人组织违反本法第九条规定侵犯商业秘密的，由监督检查部门责令停止违法行为，没收违法所得，处十万元以上一百万元以下的罚款；情节严重的，处五十万元以上五百万元以下的罚款”。

关联法规

《保守国家秘密法》第 3 条；《反不正当竞争法》第 21 条；《民法典》第 120 条；《刑法》第 219、398 条；《律师法》第 38 条；《国家安全法》第 77 条；《刑事诉讼法》第 48 条；《律师执业管理办法》第 43 条；《法律援助值班律师工作办法》第 29 条

典型案例

晋某与南京市秦淮区人民政府行政复议案[1]

案例要点：晋某因认为秦淮区司法局包庇法律援助律师秦某泄露商业秘密或个人隐私，拒绝履行法律援助义务，侵害其合法权益。于 2017 年 7 月 7 日向秦淮区政府邮寄行政复议申请书。秦淮区政府收到晋某的行政复议申请书

〔1〕 南京市中级人民法院(2017)苏 01 行初 594 号。

后，经审查认为不属于行政复议的受理范围，遂于行政复议告知书，并于当日向晋某邮寄送达。法院认为晋某申请书的“申请事项”以及“事实与理由”部分主要表述了法律援助律师秦某拒绝履行法律援助义务，屡次借秦淮区司法局掩饰其非法行为，侵犯上诉人合法权益的内容，并未表述秦淮区司法局针对上诉人作出何种行政行为，秦淮区政府收到该行政复议申请后，经审查认为该复议请求实质上系对秦淮区司法局及法律援助律师的投诉。因此，申请人若对法律援助过程中法律援助志愿者泄露商业秘密或侵犯个人隐私等行为，可以向司法局进行投诉并承担举证责任。若对投诉处理不服，才可以根据《行政诉讼法》的规定请求法院进行监督。

第三章　形式和范围

第二十二条　【法律援助服务形式】法律援助机构可以组织法律援助人员依法提供下列形式的法律援助服务：

（一）法律咨询；

（二）代拟法律文书；

（三）刑事辩护与代理；

（四）民事案件、行政案件、国家赔偿案件的诉讼代理及非诉讼代理；

（五）值班律师法律帮助；

（六）劳动争议调解与仲裁代理；

（七）法律、法规、规章规定的其他形式。

条文解读

本条是关于法律援助服务形式的规定。

1. 本条明确规定法律援助服务形式的意义

《法律援助条例》中没有单独罗列法律援助的形式，而是分散于各规定中。本法通过立法形式明确法律援助的形式有以下两个重要作用。首先，有助于明确法律援助机构的职责范围。提供法律援助是一项政府职责。国家（政府）负有提供法律援助的义务。这种义务来源于《宪法》第2条“中华人民共和国一切权力属于人民”、第33条“中华人民共和国公民在法律面前一律平等”。明确法律援助的具体方式，让政府职能更具体，有助于公民明晰维护自身合法权益的渠道。其次，切实拓宽了当事人接受法律援助服务的方式方法，提升了法律援助服务利用的可能性，降低了法律援助服务利用的难度。《法律援助条例》中对可以向法律援助机构申请法律咨询服务的事项作了规定：(1)依法请求国家赔偿的；(2)请求给予社会保险待遇或者最低生活保障待遇的；(3)请求发给抚恤金、救济金的；(4)请求给付赡养费、抚养费、扶养费的；(5)请求支付劳动报酬的；(6)主张因见义勇为行为产生的民事权益的。这是考虑到法律援助服务资源的有限性及当事人还可以通过其他众多法律援助机构获得咨询服务。[1] 但是，现实中很多当事人并不知晓自己如何获得法律援助以及可以获得怎样的法律帮助，从事项范围上限制法律咨询的提供可能，实质上限制了当事人合法合理获得法律援助的渠道。本法规定的法律援助的服务形式有助于法律援助机构根据具体情况提供对应服务，切实解决当事人的需求。与此同时，“可以”一词，表明法律援助机构能够对寻求法律援助的情形提供尽可能多的服务，体现了法律服务形式的多元化。随着实践的发展，为了尽可能充分地保护人民群众的合法权益，法律援助机构提供的法律服务并不局限于本条所罗列的形式，所以本条第7项设置了兜底条款。

学理上，对于法律援助的范围和方式的讨论，主要有诉讼说和诉讼或非诉说两种不同的观点。诉讼说认为，法律援助的范围仅限于诉讼事务，非诉说认为法律援助的范围既包括诉讼事务又包括非诉讼事务。[2] 从本法第2条法律援助的定义来看，我国采用了“诉讼＋非诉说”的观点。具体来说，本条第1项、第2项、第4项中的非诉讼代理，第5项、第6项属于非诉的法律援助内容，第3项、第4项中的诉讼代理属于诉讼法律援助服务，第7项为兜底条款，为制定相关法律、行政法规、地方性法规等提供

---

〔1〕 国务院法制办政法司等编著：《法律援助条例通释》，中国法制出版社2003年版，第46页。

〔2〕 付少军、刘燕玲主编：《法律援助理论与实务》，中国检察出版社2013年版，第4页。

依据。

2. 法律援助服务形式的具体内容

本条对法律援助服务形式的具体内容进行了规定，主要表现为非诉法律援助服务和诉讼法律援助服务两类。

（1）非诉法律援助服务。

法律咨询是法律援助人员就关于法律事务的询问作出解释与说明，或提供法律方面的解决意见或建议的一种业务活动。法律对于法律咨询服务的提供没有限定性要求，在本法第23条中鼓励多种形式咨询活动的展开。需要注意的是，法律援助服务人员作出的法律咨询意见不具有法律效力。[1]

代拟法律文书，是指法律援助人员接受委托人的委托，就指定事项，以委托人的名义，根据事实和法律，按照委托人的意见书写有关法律事务文书的一种业务活动。其范围主要包括诉讼文书（起诉状、上诉状、答辩状、申诉状等）和非诉讼法律事务文书（协议书、委托书、合同、分单、遗嘱等）。代拟法律文书要做到格式的规范化，应当根据不同法律文书的特定要求和法定格式代写。[2]

民事、行政案件等的非诉讼代理。《民事诉讼法》《行政诉讼法》《最高人民法院关于适用〈中华人民共和国行政诉讼法〉的解释》均规定了适用非诉程序的事项。这些事项也属于法律援助服务的范畴。

值班律师法律帮助。2018年新修改的《刑事诉讼法》确立了值班律师的法律地位，通过给当事人提供法律帮助，实现刑事诉讼全过程中律师辩护全覆盖。根据《刑事诉讼法》第36条、第173条、第174条，《法律援助值班律师工作办法》第6条的规定，法律法规对于值班律师制度的规范主要包含四个方面：一是界定了值班律师的性质，即值班律师制度具有法律援助的属性；二是确定了值班律师参与诉讼活动的广度，即设置在人民

---

〔1〕 宫晓冰主编：《中国法律援助立法研究》，中国方正出版社2001年版，第115页。

〔2〕 付少军、刘燕玲主编：《法律援助理论与实务》，中国检察出版社2013年版，第42页；宫晓冰主编：《中国法律援助立法研究》，中国方正出版社2001年版，第116页。

法院和看守所的值班律师工作站是其主要活动场所，刑事案件自侦查阶段到审判阶段值班律师都有权参与其中；三是规定了值班律师的工作内容是为被追诉人提供法律帮助，具体包括提供法律咨询、程序选择建议、申请变更强制措施、对案件处理提出意见、在被追诉人签署认罪认罚具结书时在场，并不包括刑事辩护阶段的法律援助；四是提出值班律师的价值目标，即保障认罪认罚从宽制度的正当性和实现刑事案件律师辩护全覆盖。理论界对于值班律师的服务性质存在辩护人（或准辩护人）与法律帮助者两种观点。有观点认为值班律师的应然定位应当是辩护律师；[1]也有观点认为，现行法规定的值班律师制度下，值班律师的定位更应是“法律帮助者”。[2]

劳动争议，是指劳动关系的当事人之间因执行劳动法律、法规和履行劳动合同而发生的纠纷，即劳动者与所在单位之间因劳动关系中的权利义务而发生的纠纷。保障符合条件的劳动者特别是贫困农民工及时获得法律援助服务，对于维护劳动者合法权益、确保法律正确实施、促进社会公平正义具有重要意义。

（2）诉讼法律援助服务

诉讼法律援助服务提供刑事辩护与代理，民事案件、行政案件、国家赔偿案件的诉讼代理，为被告人提供免费的辩护服务。

相较民事案件和行政案件的诉讼代理主要通过满足法定条件的当事人主动申请来实现，法律援助服务介入刑事辩护的程序主要有两种途径：一是接受有关机关的指定并经法律援助机构指派；二是接受被告人或其近亲属的委托。前者需要符合法定要件，后者以当事人申请并获得批准为前提。我国刑事法律援助法律制度始于 1996 年制定的《刑事诉讼法》和《律师法》，经 2003 年制定的《法律援助条例》进一步明确化，为我国法律援助事业的发展提供了制度保障。但是仍应看到强制指定辩护的适用

---

〔1〕 顾永忠：《追根溯源：再论值班律师的应然定位》，载《法学杂志》2018 年第 9 期；张泽涛：《值班律师制度的源流、现状及其分歧澄清》，载《法学评论》2018 年第 3 期。

〔2〕 许建丽：《法律援助值班律师制度再探》，载《江西社会科学》2019 年第 9 期。

范围较窄、强制辩护的适用标准难以判断等问题的存在。[1] 本法着眼于犯罪嫌疑人、被告人的权利保障和司法公正，进一步放开了刑事诉讼申请法律援助渠道，拓宽了指定辩护律师的情形（具体内容见本法第 24 条、第 25 条）。

适用要点

首先，在具体适用上，本条规定需与本章规定法律援助的事项范围相结合。法律援助服务的提供主要通过两个渠道来打开，分别是有权机关依职权决定和当事人自行申请。在时代背景要求下，法律援助机关也可以针对具体情况积极主动地促进法律援助服务进一步开展。内蒙古自治区鄂尔多斯市东胜区法律援助中心对万某工伤赔偿纠纷提供法律援助案中，在经调解仍未解决双方就赔偿数额上的不同意见时，律师主动建议当事人申请劳动仲裁，并在援助律师与仲裁员的努力下与公司形成和解协议。[2] 法律援助的目的是国家为帮助经济困难或特殊情形的当事人获得必要的法律帮助，从而挽回损失，维护当事人的合法权益。在缺乏相关专业知识储备的前提下，不少当事人并不知道应当寻求怎样的法律援助措施来帮助自己。法律援助律师结合具体情节后提出有效的应对措施，通过合法的法律援助手段，保障法律援助根本目的切实实现是题中之义。从这个意义上来讲，本法打破《法律援助条例》的规定方式，专设一条罗列法律援助的方式，有助于法律援助律师根据自身的专业知识采取合适的手段帮助当事人实现权利救济。

其次，根据《关于完善法律援助制度的意见》等文件的精神，国家鼓励通过多种法律援助形式实现法律援助全覆盖，本条第 7 项作为兜底条款，

---

〔1〕 施鹏鹏、龙浩：《我国刑事法律援助制度之反思与改革进路》，载《人民检察》2016 年第 1 期。

〔2〕《司法部发布 12 起法援惠民生典型案例（一）》，载司法部官网，http://www.moj.gov.cn/pub/sfbgw/jgsz/jgszjgtj/ggflfwglj/ggflfwgljtjxw/202103/t20210331_349653.html。

表明法律援助服务的形式并不局限于本法所列项目，反映了立法包容顺应时代发展可能出现的新形式，鼓励地方展开实验性立法，丰富法律援助手段，进一步完善法律援助制度。

最后，法律援助服务的具体展开还应关注相关政策文件。比如，在劳动争议法律服务援助的具体实践上，《人力资源社会保障部、司法部、财政部关于进一步加强劳动人事争议调解仲裁法律援助工作的意见》通过建立健全调解仲裁法律援助协作机制、扩大调解仲裁法律援助范围、规范调解仲裁法律援助程序、健全便民服务机制来加强法律援助工作的实效。围绕农民工问题，司法部、国务院农民工工作领导小组办公室开展“法援惠民生·助力农民工”法律援助品牌建设工作。从“防范、主动、全覆盖”着眼，创新农民工法律援助工作，围绕服务农民工就业创业、劳动权益保障、享受基本公共服务等任务，为农民工提供精准、便捷、优质的法律援助服务。对工程建设领域企业及农民工普遍开展法治教育，预防和减少农民工劳动权益纠纷，推动实现2020年农民工工资基本无拖欠目标。加大普法力度与深度，从源头进行防范，减少农民工劳动权益纠纷。主动服务，降低农民工维权成本。创新方式，推进便捷优质法律援助全覆盖。依托12348中国法网及两微一端，引导农民工通过网上申请、热线电话、手机App等多种方式，及时获得免费法律咨询、代书、调解、代理等全天候法律服务。引导农民工通过“百度法律援助地图”就近申请法律援助，在用工企业集中地区设立法律援助服务窗口或流动工作站巡回受案，打通法律援助服务“最后一公里”。[1]

关联法规

《刑事诉讼法》第35、36、173、174条；《律师法》第28～30条；《律师执

〔1〕《司法部、国务院农民工工作领导小组办公室关于开展“法援惠民生·助力农民工”法律援助品牌建设工作的通知》，司法部、国务院农民工工作领导小组办公室2018年6月26日发布。

业管理办法》第25条;《法律援助值班律师工作办法》第6条;《工会法律援助办法》

典型案例

江苏省常州市王某某妨害公务案[1]

案例要点:本条详细列举了法律援助机构可以组织法律援助人员提供法律援助服务的相关形式,不仅对法律援助人员的工作起到了指引作用,还为社会公众明确了可以寻求法律援助服务的丰富形式,意义重大。本案属于最高人民检察院发布第十批全国检察机关依法办理涉新冠肺炎疫情的典型案例。在本案中,公安机关以王某某涉嫌妨害公务罪移送审查起诉,检察机关随即通知值班律师为王某某提供法律帮助,全面告知其认罪认罚从宽制度及相应的法律后果,王某某表示愿意认罪认罚,在值班律师见证下自愿签署了认罪认罚具结书。最后,检察机关与法院、法律援助中心三方连线,通过网络视频远程"云审判",王某某当庭表示认罪服判不上诉。本案中,值班律师对王某某提供了法律帮助,促使其认罪认罚,助力了矛盾纠纷治理,具有典型意义。

第二十三条　【法律援助机构提供法律咨询服务和提示、告知义务】法律援助机构应当通过服务窗口、电话、网络等多种方式提供法律咨询服务;提示当事人享有依法申请法律援助的权利,并告知申请法律援助的条件和程序。

---

[1] 最高人民检察院发布第十批全国检察机关依法办理涉新冠肺炎疫情典型案例之四——江苏省常州市王某某妨害公务案(2020年)。

条文解读

本条是关于法律援助机构提供法律咨询服务和提示、告知义务的规定。

1. 法律援助机构的法律咨询服务

本条是对本法第22条规定的法律援助服务形式在实施方式上的进一步规定。本条规定，法律援助机构应当通过服务窗口、电话、网络等多种方式积极提供法律咨询服务。在以面对面为接受法律咨询的传统形式上，随着科技的发展，我国公共法律服务平台建设已经实现实体、热线、网络三大平台全面建成。通过多平台渠道能够汇聚更多、更优质的资源，为人民群众提供多元化、“一站式”的法律服务。在实体平台的建设上，公共法律服务中心落实到县（市区）单位，每个乡镇（街道）都建立了公共法律服务工作站，每个村（居）都有法律顾问，可以面对面地解决群众遇到的各种法律问题。热线平台的建设以“12348”公共法律服务热线为主，各法律服务中心和工作站也都开通各自热线聚焦本地居民的法律问题。2018年5月20日，中国法律服务网正式上线运行。法律援助服务可按照网页设置，实现法律援助“网上办”“指尖办”“马上办”。在法律咨询主页，提供“智能法律咨询”“留言咨询”“知识问答咨询”三个板块。智能法律咨询利用现代AI技术整合资源快速作出基础法律意见，能够对一些常见问题作出判断，初步解决当事人疑虑；留言咨询板块由人工对留言进行解答回复，并由行业专家点评、监督并提供采纳意见。根据司法部发布的《全国民事行政法律援助服务规范（SF/T 0058－2019）》，解答网络方式咨询时，还应根据《12348中国法网网上服务规范》的规定，对于留言咨询问题，应在24小时内进行解答；对于在线即时咨询问题，应在5小时内进行解答。

2. 法律援助机构的及时告知义务

法律援助机构人员在了解当事人的具体情况后，对于符合申请法律援助服务的公民，应当提示当事人享有依法申请法律援助的权利，并告知其应当通过何种程序、提交哪些材料来完成申请,帮助当事人知晓法律援助通道。

适用要点

在“法律咨询全覆盖”的政策指引下,《司法部关于推进公共法律服务平台建设的意见》《司法部关于深入推进公共法律服务平台建设的指导意见》相继出台,明确了公共法律服务平台建设的总体思路,认为:当前和今后一个时期,在全面建成实体、热线、网络三大平台基础上,以便民利民惠民为目标,以融合发展为核心,以网络平台为统领,以信息技术为支撑,将实体平台的深度服务、热线平台的方便快捷和网络平台的全时空性有效整合,推进三大平台服务、监管和保障的融合,形成优势互补、信息共享、协调顺畅的线上线下一体化公共法律服务平台,实现服务标准统一、运行管理统一、组织保障统一,加快建成具有中国特色、适应时代要求、满足群众需求的公共法律服务平台。要求完善三大平台便民利民惠民服务举措。推行实体平台“一窗办多事”,整合司法系统各项服务职能,实现“前台统一受理,后台分流转办”。引入“全科医生”接听热线,推进服务事项网上办理,简化服务手续,完善服务功能,推行“一键上网、便利入网”服务,加强移动端功能建设,拓展移动端服务新形式,开通语音咨询、视频通话等功能,实现法律咨询、法律事务办理“掌上办”“指尖办”。通过公共法律服务平台各项机能的统合与完善,提高法律咨询服务的可及性,并联动其他形式法律援助服务的利用,做到切实有效保障当事人合法权益。

关联法规

《全国民事行政法律援助服务规范(SF/T 0058 - 2019)》

典型案例

司法部法律援助导航服务平台上线[1]

案例要点：司法部法律援助智能导航服务平台于2018年3月9日正式上线。从2017年5月开始，司法部联合百度公司，开始策划依托百度地图开展法律援助智能导航服务平台建设工作，共分配给各级法律援助机构管理账号3200多个，由各地通过管理平台上传、修改、上报信息，确保信息的准确性、及时性、权威性。司法部副部长熊选国表示，要通过平台建设和应用，促进法律援助规范化、标准化、信息化建设，深度挖掘、科学分析平台应用数据，推进法律援助机构科学布局，促进临街一层便民服务窗口合理设置，推进形成"一小时""半小时"法律援助服务圈。

第二十四条　【犯罪嫌疑人、被告人申请刑事法律援助】刑事案件的犯罪嫌疑人、被告人因经济困难或者其他原因没有委托辩护人的，本人及其近亲属可以向法律援助机构申请法律援助。

条文解读

本条是关于刑事案件的犯罪嫌疑人、被告人申请刑事法律援助的法定条件的规定。

1. 刑事案件的犯罪嫌疑人、被告人申请刑事法律援助的法定条件

（1）必须发生于刑事案件之中。犯罪嫌疑人、被告人申请刑事法律援助的法定条件之一，就是必须发生于刑事案件之中。换言之，如果发生于民事诉讼案件或行政诉讼案件等非刑事诉讼案件中，就不存在申请刑事

〔1〕 孙莹：《司法部法律援助导航服务平台上线》，载央广网，2018年3月9日，http://china.cnr.cn/gdgg/20180309/t20180309_524159135.shtml。

法律援助的法定条件。

(2)必须没有委托辩护人。犯罪嫌疑人、被告人申请刑事法律援助的法定条件之一,就是必须没有委托辩护人。换言之,如果犯罪嫌疑人、被告人已经自行委托或者授权委托了辩护人,则不能申请刑事法律援助。《刑事诉讼法》第34条规定,犯罪嫌疑人自被侦查机关第一次讯问或者采取强制措施之日起,有权委托辩护人;在侦查期间,只能委托律师作为辩护人。被告人有权随时委托辩护人。

(3)必须由于经济困难或者其他原因。犯罪嫌疑人、被告人申请刑事法律援助的法定条件之一,就是必须由于经济困难或者其他原因。换言之,一般而言,在依法申请类型的刑事法律援助中,犯罪嫌疑人、被告人由于家庭经济困难或者自身没有经济收入,导致其难以委托辩护人。此外,其他原因属于开放性根据,法律援助机构具有一定的自由裁量权,比如犯罪嫌疑人、被告人在经济上并不困难,但是由于财产被扣押或者被亲属强行保管而无法使用。而刑事诉讼需要尽可能在程序公正的前提下展开,由此体现司法为民的中国特色,所以犯罪嫌疑人、被告人存在上述情形后,有权申请获得刑事法律援助。

(4)必须由本人及其近亲属向法律援助机构申请法律援助。犯罪嫌疑人、被告人申请刑事法律援助的法定条件之一,就是必须由本人及其近亲属向法律援助机构申请法律援助。其中,本人是指犯罪嫌疑人、被告人,近亲属是指夫、妻、父、母、子、女、同胞兄弟姊妹。

2. 确立刑事案件的犯罪嫌疑人、被告人申请刑事法律援助的法定条件的重大意义

(1)保障犯罪嫌疑人、被告人获得律师帮助的权利。申请刑事法律援助制度的确立能够保障犯罪嫌疑人、被告人获得律师帮助。在一个公平竞争观念得到公认的社会,如果犯罪嫌疑人以及被告人不能获得相应的律师帮助,则定罪量刑结果的正当性就难免打折扣。

(2)加强司法公正。申请刑事法律援助制度的确立能够加强司法公正。通过申请获得律师帮助,能够保护犯罪嫌疑人以及被告人的基本权

利不受侵犯，减少由刑讯逼供、滥用职权等原因导致的错案数量。

(3)促进程序正义。申请刑事法律援助制度的确立能够促进程序正义。赋予犯罪嫌疑人以及被告人获得律师帮助的权利，就是通过加强被告人防御力量的方法，实现控辩双方力量的平衡。

适用要点

在适用时，必须将本条与《刑事诉讼法》第 35 条等条文以及相关司法意见结合起来。2017 年 10 月 9 日发布的《最高人民法院、司法部关于开展刑事案件律师辩护全覆盖试点工作的办法》，首次提出了刑事案件律师辩护全覆盖这一概念。刑事案件律师辩护全覆盖是指对于适用普通程序审理的第一审、第二审以及按照审判监督程序审理的刑事案件，被告人没有委托辩护人的，其就享有接受指定辩护的权利；按照简易程序、速裁程序审理的案件，被告人没有辩护人的，其就享有接受指定律师帮助的权利。当然，上述试点工作仍在持续进行，并且试点地域已经扩大到 31 个省（自治区、直辖市）和新疆生产建设兵团。此外，在实践适用中需要注意，只有本人及其近亲属可以向法律援助机构申请法律援助，并不是任何与本人具有一定关系的人都可以向法律援助机构申请法律援助。并且本人由于经济困难或者其他原因没有委托辩护人，如果犯罪嫌疑人与被告人本人经济并不困难，只是不愿意出具高额的律师辩护费用，则不符合依法申请类型的刑事法律援助的法定条件。

关联法规

《刑事诉讼法》第 35、108 条；《最高人民法院、司法部关于开展刑事案件律师辩护全覆盖试点工作的办法》第 2、3 条；《最高人民法院关于适用〈中华人民共和国刑事诉讼法〉的解释》第 44 条第 1 款；《人民检察院刑事诉讼规则》第 40 条；《公安机关办理刑事案件程序规定》第 43 条

典型案例

吴某某盗窃案[1]

案例要点：根据本条规定，在刑事案件中，犯罪嫌疑人、被告人因经济困难无法委托辩护人的情况下，可通过申请获得法律援助。本案中，被告人在家经商，无固定工作和收入，经济困难，经本人或者近亲属申请可以获得法律援助。此外，根据《最高人民法院、司法部关于开展刑事案件律师辩护全覆盖试点工作的办法》《最高人民法院、司法部关于扩大刑事案件律师辩护全覆盖试点范围的通知》等相关文件的要求，适用普通程序审理的第一审、第二审以及按照审判监督程序审理的刑事案件，被告人没有委托辩护人的，人民法院应当通知法律援助机构指派律师为其提供辩护。总之，为切实保障犯罪嫌疑人、被告人的辩护权，刑事领域获得法律援助将更加便捷。

第二十五条　【法定刑事法律援助】刑事案件的犯罪嫌疑人、被告人属于下列人员之一，没有委托辩护人的，人民法院、人民检察院、公安机关应当通知法律援助机构指派律师担任辩护人：

（一）未成年人；

（二）视力、听力、言语残疾人；

（三）不能完全辨认自己行为的成年人；

（四）可能被判处无期徒刑、死刑的人；

（五）申请法律援助的死刑复核案件被告人；

（六）缺席审判案件的被告人；

（七）法律法规规定的其他人员。

[1] 大通湖管理区人民法院（2021）湘0991刑初59号。

其他适用普通程序审理的刑事案件，被告人没有委托辩护人的，人民法院可以通知法律援助机构指派律师担任辩护人。

条文解读

本条是关于刑事案件的犯罪嫌疑人、被告人被指定获得刑事法律援助的法定条件的规定。

1. 刑事案件的犯罪嫌疑人、被告人被指定获得刑事法律援助的法定条件

(1)必须发生于刑事案件之中。犯罪嫌疑人、被告人被指定获得刑事法律援助的法定条件之一，就是必须发生于刑事案件之中。换言之，如果发生于民事诉讼案件或行政诉讼案件等非刑事诉讼案件中，就不存在法定刑事法律援助的法定条件。

(2)必须没有委托辩护人。犯罪嫌疑人、被告人被指定获得刑事法律援助的法定条件之一，就是必须没有委托辩护人。换言之，如果犯罪嫌疑人、被告人已经自行委托或者授权委托了辩护人，则无须法定刑事法律援助。当然，本条不要求犯罪嫌疑人以及被告人由于经济困难或者其他原因而无法委托辩护人。换言之，即使符合法定刑事法律援助条件的犯罪嫌疑人以及被告人资金雄厚，但是因为不愿意支付高额辩护费而不委托律师等人员进行辩护，也不妨碍其依法享有被指定获得刑事法律援助的权利。

(3)必须满足法定刑事法律援助的对象范围。本条第1款以“列举+兜底条款”的方式对刑事法律援助的对象范围进行了规定，犯罪嫌疑人、被告人被指定获得刑事法律援助的法定条件之一，就是其必须属于未成年人，视力、听力、言语残疾人，不能完全辨认自己行为的成年人，可能被判处无期徒刑、死刑的人，申请法律援助的死刑复核案件的被告人，缺席审判案件的被告人以及法律法规规定的其他人员。当犯罪嫌疑人以及被

告人属于上述特定人员且没有委托辩护人时,人民法院、人民检察院、公安机关应当通知法律援助机构指派律师担任辩护人,这属于义务性规定,具有强制性。本条第 2 款属于授权性规定,除去第 1 款规定的情形,其他适用普通程序审理的刑事案件,被告人没有委托辩护人的,人民法院认为确有必要为其进行法律援助的,可以通知法律援助机构指派律师担任辩护人。本条规定彰显了中国特色社会主义司法体制中"司法为民"的鲜明特色,为犯罪嫌疑人以及被告人的辩护权提供充分的保障,使每一个陷入上述境遇的犯罪嫌疑人以及被告人都依法享有实质意义上的辩护权,从而在满足程序公正的前提下获得更加具有正当性的刑事审判结果,做到法理、情理相统一。

(4)必须由人民法院、人民检察院、公安机关通知法律援助机构指派律师担任辩护人。当人民法院、人民检察院、公安机关发现刑事案件的犯罪嫌疑人、被告人属于特定人员时,应当依法保障上述犯罪嫌疑人以及被告人依法享有的被指定获得刑事法律援助的权利。其他适用普通程序审理的刑事案件,被告人没有委托辩护人的,人民法院可以通知法律援助机构指派律师担任辩护人。当然,在监察体制改革背景下,监察委员会如何依法保障犯罪嫌疑人,尤其是上述类型的犯罪嫌疑人的辩护权,值得进一步思考,具体路径有赖于进一步的立法形塑与实践调研。

2. 确立刑事案件的犯罪嫌疑人、被告人被指定获得刑事法律援助的法定条件的重大意义

相较于依法申请类型的刑事法律援助,被指定获得类型的刑事法律援助制度的确立,不仅在更高程度上落实了犯罪嫌疑人、被告人的获得律师帮助权,加强了司法公正,促进了程序正义,并且在实质上保障了未成年人、生理缺陷者、心理缺陷者、面临严厉刑罚者以及经历特殊程序者的辩护权,符合党中央一贯坚持的司法为民的政策。扩大被指定获得类型的刑事法律援助范围,是落实全面依法治国的一项重要举措。党中央高度重视全面依法治国工作,组建中央全面依法治国委员会,加强对法治中国建设的统一领导。保障司法人权、促进司法公正是全面依法治国的应

有之义，扩大被指定获得类型的刑事法律援助范围，目的就在于让每一件刑事案件都有律师提供法律帮助，通过律师发挥辩护职责维护当事人合法权益、促进司法公正，彰显我国社会主义法治文明进步。总之，为保证刑事法律援助质量，保障经济困难公民和符合条件的其他当事人及时有效地获取法律帮助，《法律援助法》作出了一系列有针对性的规定。

适用要点

本条的适用重点在于理解死刑复核程序以及缺席审判程序。(1)死刑复核程序，是指中级人民法院判处死刑的第一审案件，被告人不上诉的，应当由高级人民法院复核后，报请最高人民法院核准。高级人民法院不同意判处死刑的，可以提审或者发回重新审判。高级人民法院判处死刑的第一审案件被告人不上诉的，和判处死刑的第二审案件，都应当报请最高人民法院核准。中级人民法院判处死刑缓期 2 年执行的案件，由高级人民法院核准。最高人民法院复核死刑案件，高级人民法院复核死刑缓期执行的案件，应当由审判员 3 人组成合议庭进行。(2)缺席审判程序，是指对于贪污贿赂犯罪案件，以及需要及时进行审判，经最高人民检察院核准的严重危害国家安全犯罪、恐怖活动犯罪案件，犯罪嫌疑人、被告人在境外，监察机关、公安机关移送起诉，人民检察院认为犯罪事实已经查清，证据确实、充分，依法应当追究刑事责任的，可以向人民法院提起公诉。人民法院审查后，对于起诉书中有明确的指控犯罪事实，符合缺席审判程序适用条件的，应当决定开庭审判。(3)未成年人是指不满 18 周岁的人，而视力、听力、言语残疾人是指依照相关残疾认定法律法规及其标准，被确立为在视力、听力以及言语方面具有残疾特征的人。对于不能完全辨认自己行为的成年人的认定，需要在结合法定鉴定机构出具的精神疾病鉴定的基础上，由刑事法官进行刑法判定，具体判定行为人的精神疾病是否会影响其辨认自己行为的能力，从而最终作出是否属于不能完全辨认自己行为的成年人的认定。而对于可能被判处无期徒刑、死刑的人的认定，可以由侦查机关、检察机关以及人民法院对照刑法上的罪刑规范条款，作出合理的判定。比如若行为人涉嫌构成故意杀人罪，则行为人就属于可能被判处无期徒刑、死刑的人。(4)本条第1款第7项“法律法规规定的其他人员”属于兜底性规定，也是开放性条款，为将来通过立法扩大刑事法律援助对象范围保留空间。

关联法规

《刑事诉讼法》第35、293条；《最高人民法院、司法部关于开展刑事案件律师辩护全覆盖试点工作的办法》第2、5条；《未成年人保护法》第104条；《最高人民法院关于适用〈中华人民共和国刑事诉讼法〉的解释》第47条；《人民检察院刑事诉讼规则》第42、460条；《公安机关办理刑事案件程序规定》第46条

典型案例

查某某故意杀人案[1]

案例要点：刑事案件的犯罪嫌疑人、被告人属于本条规定的七类人员之一，没有委托辩护人的，人民法院、人民检察院、公安机关应当通知法律援助机构指派律师担任辩护人。本案中，福建省莆田市中级人民法院审理莆田市人民检察院指控被告人查某某犯故意杀人罪。该法院认为，被告人查某某持凶器故意非法剥夺他人生命，致1人死亡，其行为已构成故意杀人罪。公诉机关指控的罪名成立。被害人何某2构成对引发矛盾负有一定责任，对查某某量刑时予以考虑；查某某具有自首情节，予以从轻处罚，对其判处死刑可不立即执行，但根据其犯罪情节及人身危险性，决定对其限制减

[1] 福建省高级人民法院(2020)闽刑终149号。

刑。原审被告人查某某对刑事部分判决不服，提出上诉。福建省高级人民法院依法组成合议庭审理本案，因被告属于“可能被判处无期徒刑、死刑的人”，依法通知福建省福州市法律援助中心指派律师为上诉人查某某提供辩护。

第二十六条　【重刑刑事法律援助】对可能被判处无期徒刑、死刑的人，以及死刑复核案件的被告人，法律援助机构收到人民法院、人民检察院、公安机关通知后，应当指派具有三年以上相关执业经历的律师担任辩护人。

条文解读

本条是关于刑事案件的犯罪嫌疑人、被告人被指定获得具有3年以上相关执业经历的律师担任辩护人的法定条件的规定。

1. 刑事案件的犯罪嫌疑人、被告人被指定获得具有3年以上相关执业经历的律师担任辩护人的法定条件

(1)必须发生于刑事案件之中。犯罪嫌疑人、被告人被指定获得具有3年以上相关执业经历的律师担任辩护人的法定条件之一，就是必须发生于刑事案件之中。换言之，如果发生于民事诉讼案件或行政诉讼案件等非刑事诉讼案件中，就不存在被指定获得具有3年以上相关执业经历的律师担任辩护人。

(2)必须没有委托辩护人。犯罪嫌疑人、被告人被指定获得具有3年以上相关执业经历的律师担任辩护人的法定条件之一，就是必须没有委托辩护人。

(3)必须是可能被判处无期徒刑、死刑的人以及死刑复核案件的被告人。对于可能被判处无期徒刑、死刑的人的认定，可以由侦查机关、检察机关以及人民法院对照刑法上的罪刑规范条款，作出合理的判定。

2. 确立刑事案件的犯罪嫌疑人、被告人被指定获得具有3年以上相关执业经历的律师担任辩护人的法定条件的重大意义

对于可能被判处无期徒刑、死刑的人以及死刑复核案件的被告人，法律援助机构应当指派具有3年以上相关执业经历的律师担任辩护人。之所以指派具有3年以上相关执业经历的律师担任辩护人，是因为可能被判处无期徒刑、死刑以及已经被判处死刑的犯罪分子，应当享有更高质量的辩护权，使具有丰富辩护经验的律师为其进行辩护，使上述类型的犯罪分子能够在更高程度上享受到中国特色社会主义司法体制所带来的实质正义。

适用要点

在适用本条规定的重刑刑事法律援助条款时，必须明确犯罪嫌疑人以及被告人的具体类型。对可能被判处无期徒刑、死刑的人，以及死刑复核案件的被告人，为了保障其获得有效的刑事辩护，法律援助机构应当指派具有3年以上相关执业经历的律师担任辩护人。此外，应当注重《法律援助法》第25条与第26条之间的联动性，不能分割二者的联系。司法行政部门应当制定法律援助服务质量标准，通过第三方评估等方式定期进行质量考核；法律援助机构应当采取措施，督促法律援助人员提升服务质量。

典型案例

杨某某故意杀人案[1]

案例要点：根据本法第26、27条的规定，对可能被判处无期徒刑、死刑，没有委托辩护人的，人民法院、人民检察院和公安机关应当通知法律

[1] 浙江省台州市中级人民法院(2020)浙10刑初27号。

援助机构指派律师为其提供辩护。法律援助机构收到人民法院、人民检察院、公安机关通知后，应当指派具有3年以上相关执业经历的律师担任辩护人。本案中，被告人杨某某因涉嫌故意杀人被浙江省台州市人民检察院提起公诉。被告人杨某某所犯罪行可能被判处无期徒刑或者死刑。浙江省台州市中级人民法院通过台州市法律援助中心为其指派辩护律师到庭参加诉讼。经查询，辩护律师自2004年开始执业，具有10余年的从业经历，符合指定辩护律师的法定要求。

第二十七条 【保障犯罪嫌疑人、被告人委托辩护权】人民法院、人民检察院、公安机关通知法律援助机构指派律师担任辩护人时，不得限制或者损害犯罪嫌疑人、被告人委托辩护人的权利。

条文解读

本条是关于保障犯罪嫌疑人、被告人委托辩护权的规定。

1. 保障犯罪嫌疑人、被告人委托辩护权的具体内容

（1）符合法定条件的犯罪嫌疑人、被告人，有权享有法律援助机构指派律师辩护的法律帮助权。人民法院、人民检察院、公安机关通知法律援助机构指派律师担任辩护人时，才引申出了以下不得限制或者损害犯罪嫌疑人、被告人委托辩护人的权利的规定。办案机关因犯罪嫌疑人、被告人通知法律援助机构指派律师担任辩护人的同时，应当尊重犯罪嫌疑人、被告人委托辩护的权利。犯罪嫌疑人、被告人对法律援助辩护和自行委托辩护具有充分的选择权。在刑事诉讼法规范意义上，委托的辩护人为被追诉人辩护要优先于指派法律援助律师为被追诉人辩护。简言之，委托辩护优于指定辩护。

（2）人民法院、人民检察院、公安机关不得限制或者损害犯罪嫌疑人、

被告人委托辩护人的权利。人民法院、人民检察院、公安机关和有关部门,需要及时告知有关当事人所享有的依法申请法律援助的权利,上述义务主体既不能推诿也不能懈怠,必须认真且及时告知有关当事人。如果上述义务主体等到诉讼已经进行完毕,再告知有关当事人,则必然延误了诉讼利益的实现。不仅如此,人民法院、人民检察院、公安机关不得因为法律援助机构指派律师担任辩护人后,就限制或者损害犯罪嫌疑人、被告人委托辩护人的权利。《刑事诉讼法》第45条规定,在审判过程中,被告人可以拒绝辩护人继续为他辩护,也可以另行委托辩护人辩护。如此规定,是为了充分保障犯罪嫌疑人、被告人的辩护权。当然,在一些特殊的应当提供法律援助的情形中,存在一些细微的差异。被告人拒绝法律援助机构指派的律师为其辩护,坚持自己行使辩护权的,人民法院应当准许。属于应当提供法律援助的情形,被告人拒绝指派的律师为其辩护的,人民法院应当查明原因。理由正当的,应当准许,但被告人应当在5日以内另行委托辩护人;被告人未另行委托辩护人的,人民法院应当在3日以内通知法律援助机构另行指派律师为其提供辩护。

2. 保障犯罪嫌疑人、被告人委托辩护权的重要意义

本条规定了人民法院、人民检察院、公安机关在通知法律援助机构指派律师担任辩护人的同时,应当尊重犯罪嫌疑人、被告人委托辩护的权利。刑事法律援助的核心要义即保障被告人、犯罪嫌疑人的辩护权。依据《宪法》第130条的规定,被告人有权获得辩护。《刑事诉讼法》第11条规定,人民法院有义务保证被告人获得辩护。但是,被告人、犯罪嫌疑人对于辩护权的获得路径应当具有选择权。一方面,公安司法机关应当为符合法定条件的犯罪嫌疑人、被告人指定辩护,但在其自行委托辩护时不得强制其接受法律援助辩护。另一方面,犯罪嫌疑人、被告人有权决定是否行使辩护权以及在法律援助辩护和自行委托辩护之间自愿选择。结合本法第48条的规定,受援人自行委托律师或者其他代理人的,法律援助机构应当作出终止法律援助的决定。通过本条的原则性规定和本法第48条具体规定的方式,解决了司法实践中刑事法律援助辩护与委托辩护发

生冲突的难题。在保障被告人、犯罪嫌疑人辩护权的同时,充分尊重其行使辩护权的方式。

适用要点

人民法院、人民检察院、公安机关和有关部门在办理案件或者相关事务中,应当及时告知有关当事人法律关于保障犯罪嫌疑人、被告人委托辩护权的规定。司法办案机关不得强制或变相强制为被告人指定辩护。就此而言,无论是人民法院,还是人民检察院,抑或是公安机关和有关部门,无论是在办理案件或者协助办理案件过程中,还是在实施相关事务过程中,只要遇到犯罪嫌疑人、被告人,都应当及时告知。据此,犯罪嫌疑人、被告人能够更加充分地行使辩护权,甄别更加适合案件情形的人为自己提供辩护。毕竟现实生活中不乏一些法律援助律师不切实履行辩护职责的不当现象,通过本条及相关的规定,犯罪嫌疑人、被告人可以依法重新委托辩护人,或者请求重新指定辩护律师。

关联法规

《最高人民法院关于适用〈中华人民共和国刑事诉讼法〉的解释》第50条;《最高人民法院、最高人民检察院、公安部、司法部关于刑事诉讼法律援助工作的规定》第5条;《最高人民法院、司法部关于开展刑事案件律师辩护全覆盖试点工作的办法》第2条

典型案例

黄某、武某某组织卖淫案[1]

案例要点:本条规定的立法目的是确保人民法院、人民检察院、公安

〔1〕 安徽省蚌埠市中级人民法院(2021)皖03刑终212号。

机关在履行法律援助通知义务的同时，不得限制或者损害犯罪嫌疑人、被告人委托辩护人的权利。黄某的辩护人辩称黄某在审查起诉阶段和一审阶段未能委托律师，一审法院未给黄某指定辩护律师，可能影响黄某不能充分行使辩护权，影响黄某对案件性质及量刑适用的法律规定以及对认罪认罚从宽规定的认识，属程序错误的问题。经查，一审法院在向黄某送达起诉书副本时询问黄某有无委托辩护人时，黄某明确表示其已请律师为其辩护，原审法院同时告知黄某，依照法律规定，其还可以申请法律援助，黄某又明确表示不申请法律援助。因此，法院履行了告知义务，同时也充分保障了被告人的委托辩护权，符合法律规定。被告人若以其委托辩护权受到限制进行上诉，不能得到支持。

第二十八条 【强制医疗法律援助】强制医疗案件的被申请人或者被告人没有委托诉讼代理人的，人民法院应当通知法律援助机构指派律师为其提供法律援助。

条文解读

本条是关于强制医疗法律援助的规定。

1. 强制医疗法律援助的内涵

本条对强制医疗法律援助进行了规定。《刑事诉讼法》2012 年修正时在第 5 编增设了第 4 章“依法不负刑事责任的精神病人的强制医疗程序”这一特别程序。强制医疗程序本质上是对公民自由权的限制与剥夺，若行为人的行为危害性小、经判断并没有继续危害社会的可能，不必采取强制医疗措施。公安机关或检察机关发现精神病人符合强制医疗条件的，应当向法院提出申请，由法院作出决定。为保障当事人合法权益，保障强制医疗程序适用的正确性和适用标准的一致性，人民法院适用审理程序作出决定。

根据民事法律的有关规定，该行为人同时为无诉讼行为能力人，在审理程序中，应当由其法定代理人帮助其完成诉讼。法定代理人可以帮助被申请人或被告人委托诉讼代理人。如果被申请人或被告人没有委托诉讼代理人，法院应当通知法律援助机构为其指派法律援助律师。本情形属于不受经济条件限制的法律援助事项，不需要提供经济困难等证明文件。

2. 强制医疗法律援助的意义

强制医疗司法程序的设立，有利于通过公开的审判程序更好地保障当事人的合法权益。在此之前，对于强制医疗主要根据《刑法》第 18 条规定，“精神病人在不能辨认或者不能控制自己行为的时候造成危害结果，经法定程序鉴定确认的，不负刑事责任，但是应当责令他的家属或者监护人严加看管和医疗；在必要的时候，由政府强制医疗”，《人民警察法》第 14 条规定，“公安机关的人民警察对严重危害公共安全或者他人人身安全的精神病人，可以采取保护性约束措施。需要送往指定的单位、场所加以监护的，应当报请县级以上人民政府公安机关批准，并及时通知其监护人”来执行。由于缺乏相应细则，实践中有的病人被送至精神病院治疗，有的由家属领回家自行监管，还有部分病人释放后重新流散到社会，强制医疗制度效果并不明显。2012 年修改的《刑事诉讼法》将强制医疗决定权的性质由行政权转化为司法权，实现了司法程序的完整性，保证了强制医疗认定的程序公开性，从而保障了当事人的合法权益。

强制医疗案件中，对于没有委托诉讼代理人的当事人，本条规定了法院通知法律援助机构指派援助律师的义务。这是保障当事人在司法程序中能够利用法律知识充分保障个人权利的有效手段。

适用要点

法律援助律师在办理强制医疗案时，应当在全面了解相关情况后，分析论证当事人是否符合强制医疗适用条件，即主体条件（行为人为精神病人），行为条件（实施暴力行为，且具有严重危害性），社会危险性（有继续危害社会的可能）。若不符合，应当在代理意见中体现，并在庭审过程中论证。

根据《刑事诉讼法》第304条的规定，人民法院受理强制医疗的申请后，应当组成合议庭进行审理。法律援助律师也应帮助被申请人确保其受到公正司法程序的审理。

在被申请人或其法定代理人有相关诉求时（如免予强制医疗的诉求等），法律援助律师应当通过详细了解当事人的具体状况，结合医学鉴定结果，切实维护当事人利益。

关联法规

《刑事诉讼法》第302～304条；《人民检察院刑事诉讼规则》第545条

典型案例

湖北省黄梅县人民检察院、石某某故意伤害强制医疗案[1]

案例要点：本条规定强制医疗案件属于必须有诉讼代理人的案件，如果被申请人或者被告人未委托诉讼代理人，那么人民法院应当通知法律援助机构提供法律援助，体现了国家对特定群体辩护权的保护。在本案中，被申请人石某某实施了故意伤害行为，经法定程序鉴定为依法不负刑事责任的精神

[1] 湖北省黄梅县人民法院(2020)鄂1127刑医3号。

病人,并有继续危害社会的可能。通知了其法定代理人后,其法定代理人并未委托诉讼代理人,人民法院遂指定黄梅县法律援助中心指派律师为其提供法律帮助,最终法院决定对被申请人石某某予以强制医疗。

第二十九条 【被害人、原告人等申请涉刑事法律援助】刑事公诉案件的被害人及其法定代理人或者近亲属,刑事自诉案件的自诉人及其法定代理人,刑事附带民事诉讼案件的原告人及其法定代理人,因经济困难没有委托诉讼代理人的,可以向法律援助机构申请法律援助。

条文解读

本条是关于涉刑事法律援助中被害人、原告人等人员申请刑事法律援助的法定条件的规定。

1. 涉刑事法律援助中被害人、原告人等人员申请刑事法律援助的法定条件

(1)必须发生于涉刑事案件之中。具体而言,涉刑事案件包括刑事公诉案件、刑事自诉案件以及刑事附带民事诉讼案件。当然,刑事附带民事诉讼案件本质上是一种民事诉讼案件,只不过发生于刑事案件的诉讼程序之中。刑事公诉案件没有独特之处,只要由检察机关依法向人民法院提起刑事诉讼的案件,就是刑事公诉案件。随着中国法治建设的发展,继2004年将国家尊重和保障人权写入《宪法》后,2012年尊重和保障人权被写入《刑事诉讼法》。刑事诉讼中的尊重和保障人权既包括尊重和保障犯罪嫌疑人被告人的权利,也包括其他诉讼参与人的权利,尤其是被害人的权利。被害人作为遵纪守法、被犯罪行为侵犯权益的人,其权利更应当得到充分的尊重和保障。目前,被害人民事权益保护最重要的方式是针对犯罪行为人对其造成的物质损失提起附带民事诉讼。《刑事诉讼法》第

101 条规定，被害人由于被告人的犯罪行为而遭受物质损失的，在刑事诉讼过程中，有权提起附带民事诉讼。被害人死亡或者丧失行为能力的，被害人的法定代理人、近亲属有权提起附带民事诉讼。如果国家财产、集体财产遭受损失，人民检察院在提起公诉的时候，可以提起附带民事诉讼。对于刑事自诉案件而言，《刑事诉讼法》第 210 条规定："自诉案件包括下列案件：（一）告诉才处理的案件；（二）被害人有证据证明的轻微刑事案件；（三）被害人有证据证明对被告人侵犯自己人身、财产权利的行为应当依法追究刑事责任，而公安机关或者人民检察院不予追究被告人刑事责任的案件。"

（2）发生于涉刑事案件之中的权利主体必须是刑事公诉案件的被害人及其法定代理人或者近亲属、刑事自诉案件的自诉人及其法定代理人、刑事附带民事诉讼案件的原告人及其法定代理人。换言之，本条是关于上述主体申请获得法律援助的规定，不是关于其他主体申请获得法律援助的规定。上述主体能够依据本条申请获得相应的法律援助，保障自身的合法权益获得法律援助，由此也有助于司法裁判获得公众认同。此外，刑事自诉案件的自诉人的近亲属以及附带民事诉讼案件的原告人的近亲属不是本条规定的权利申请主体。

（3）必须因经济困难没有委托诉讼代理人。如果刑事公诉案件的被害人及其法定代理人或者近亲属、刑事自诉案件的自诉人及其法定代理人、刑事附带民事诉讼案件的原告人及其法定代理人已经自行委托或者授权委托了诉讼代理人，则无权依据本条申请法律援助。同时，上述权利主体必须由于经济困难没有委托诉讼代理人。

2. 确立涉刑事法律援助中被害人、原告人等人员申请刑事法律援助的法定条件的重大意义

与《法律援助条例》相比，《法律援助法》发生了重大变化，并且这些变化具有重大意义。《法律援助条例》第 11 条规定："刑事诉讼中有下列情形之一的，公民可以向法律援助机构申请法律援助：（一）犯罪嫌疑人在被侦查机关第一次讯问后或者采取强制措施之日起，因经济困难没有聘

请律师的;(二)公诉案件中的被害人及其法定代理人或者近亲属,自案件移送审查起诉之日起,因经济困难没有委托诉讼代理人的;(三)自诉案件的自诉人及其法定代理人,自案件被人民法院受理之日起,因经济困难没有委托诉讼代理人的。"与之相比,本法的变化体现为:其一,增加刑事附带民事诉讼案件的原告人及其法定代理人申请法律援助的规定,使刑附民案件中的原告人及其法定代理人因经济困难没有委托诉讼代理人的,可以向法律援助机构申请法律援助。这彰显了党和政府重视困难人群的司法公正诉求,并且有针对性地规定了申请法律援助的具体条件。其二,不再具体限定刑事公诉案件中的被害人及其法定代理人或者近亲属申请法律援助的具体时间限制,亦即不再规定自案件移送审查起诉之日起,只是规定因经济困难没有委托诉讼代理人这一法定条件,使被害人及其法定代理人或者近亲属可以在更早的时间上接受法律援助,保障被害人一方的司法利益得到更高程度的实现。其三,不再具体限定自诉案件的自诉人及其法定代理人申请法律援助的具体时间限制,亦即不再规定自案件被人民法院受理之日起,只是规定因经济困难没有委托诉讼代理人这一法定条件,使自诉人及其法定代理人能够在提起自诉的情形中有获得法律援助的权利,从而能够充分主张自身的合法权益,使权利不会因为经济困难而无法真正实现。习近平主席指出,要通过热情服务,切实解决好老百姓打官司难问题,特别是要加大对困难群众维护合法权益的法律援助。《法律援助法》本身及其上述变化均是为了更切实地解决好老百姓的打官司难问题,目的在于使每一个困难群众都能得到法律帮助,伸张自己的应得权益。

适用要点

在具体适用本条时,必须注意相关权利主体的具体规定,不能由不适格的主体申请法律援助。当然,即使不适格的主体申请法律援助,也应当贯彻党和政府发布的司法为民的刑事政策,告诉不适格的主体应当由适格主体申请法律援助。而面对日新月异的社会生活，应当以便利上述权利主体获得法律援助为准则，不设置不合理的障碍或条件。此外，对于刑事自诉案件的范围必须紧密结合《刑事诉讼法》以及《刑法》的相关规定。《最高人民法院关于适用〈中华人民共和国刑事诉讼法〉的解释》第1条规定："人民法院直接受理的自诉案件包括：（一）告诉才处理的案件：1. 侮辱、诽谤案（刑法第二百四十六条规定的，但严重危害社会秩序和国家利益的除外）；2. 暴力干涉婚姻自由案（刑法第二百五十七条第一款规定的）；3. 虐待案（刑法第二百六十条第一款规定的，但被害人没有能力告诉或者因受到强制、威吓无法告诉的除外）；4. 侵占案（刑法第二百七十条规定的）。（二）人民检察院没有提起公诉，被害人有证据证明的轻微刑事案件：1. 故意伤害案（刑法第二百三十四条第一款规定的）；2. 非法侵入住宅案（刑法第二百四十五条规定的）；3. 侵犯通信自由案（刑法第二百五十二条规定的）；4. 重婚案（刑法第二百五十八条规定的）；5. 遗弃案（刑法第二百六十一条规定的）；6. 生产、销售伪劣商品案（刑法分则第三章第一节规定的，但严重危害社会秩序和国家利益的除外）；7. 侵犯知识产权案（刑法分则第三章第七节规定的，但严重危害社会秩序和国家利益的除外）；8. 刑法分则第四章、第五章规定的，可能判处三年有期徒刑以下刑罚的案件。本项规定的案件，被害人直接向人民法院起诉的，人民法院应当依法受理。对其中证据不足，可以由公安机关受理的，或者认为对被告人可能判处三年有期徒刑以上刑罚的，应当告知被害人向公安机关报案，或者移送公安机关立案侦查。（三）被害人有证据证明对被告人侵犯自己人身、财产权利的行为应当依法追究刑事责任，且有证据证明曾经提出控告，而公安机关或者人民检察院不予追究被告人刑事责任的案件。"

关联法规

《最高人民法院、司法部关于开展刑事案件律师辩护全覆盖试点工作的办法》第2条

典型案例

张某某、曹某某交通肇事案[1]

案例要点:法律援助的申请主体不仅包括犯罪嫌疑人、被告人,还包括刑事公诉案件的被害人及其法定代理人或者近亲属、刑事自诉案件的自诉人及其法定代理人、刑事附带民事诉讼案件的原告人及其法定代理人。上述主体因经济困难没有委托诉讼代理人的,同样可以向法律援助机构申请法律援助。本案中的附带民事诉讼原告人高某1患有听力残疾,经济情况困难,通过申请法律援助,由宝坻区某法律服务所法律工作者张某某担任其诉讼代理人。

第三十条　【值班律师法律帮助】值班律师应当依法为没有辩护人的犯罪嫌疑人、被告人提供法律咨询、程序选择建议、申请变更强制措施、对案件处理提出意见等法律帮助。

条文解读

本条是关于值班律师法律帮助的规定。

1. 值班律师法律帮助的具体内容

(1)值班律师的具体内涵。《刑事诉讼法》第2条规定,《刑事诉讼法》的任务之一就是尊重和保障人权。值班律师制度的创立与发展就是为了尊重和保障人权,维护犯罪嫌疑人、被告人的刑事诉讼程序权利和刑事实体权利,不会因为不懂得《刑事诉讼法》而无法有效展开辩护。《法律援助法》第14条规定,法律援助机构可以在人民法院、人民检察院和看

〔1〕 天津市宝坻区人民法院(2021)津0115刑初369号。

守所等场所派驻值班律师,依法为没有辩护人的犯罪嫌疑人、被告人提供法律援助。《法律援助值班律师工作办法》第2条规定,值班律师,是指法律援助机构在看守所、人民检察院、人民法院等场所设立法律援助工作站,通过派驻或安排的方式,为没有辩护人的犯罪嫌疑人、被告人提供法律帮助的律师。换言之,值班律师就是法律援助机构在看守所、人民检察院、人民法院等场所设立的,旨在为没有辩护人的犯罪嫌疑人、被告人提供法律帮助。

(2)值班律师的工作内容。按照本条的规定,值班律师的工作内容主要包括提供法律咨询、程序选择建议、申请变更强制措施、对案件处理提出意见等法律帮助。由此可见,本条规定的值班律师法律帮助的工作内容以例示法的方式予以展现。更为具体的值班律师法律帮助的工作内容,必须参见其他法律法规的具体规定。《刑事诉讼法》第36条规定,法律援助机构可以在人民法院、看守所等场所派驻值班律师。犯罪嫌疑人、被告人没有委托辩护人,法律援助机构没有指派律师为其提供辩护的,由值班律师为犯罪嫌疑人、被告人提供法律咨询、程序选择建议、申请变更强制措施、对案件处理提出意见等法律帮助。人民法院、人民检察院、看守所应当告知犯罪嫌疑人、被告人有权约见值班律师,并为犯罪嫌疑人、被告人约见值班律师提供便利。《法律援助值班律师工作办法》第6条规定:“值班律师依法提供以下法律帮助:(一)提供法律咨询;(二)提供程序选择建议;(三)帮助犯罪嫌疑人、被告人申请变更强制措施;(四)对案件处理提出意见;(五)帮助犯罪嫌疑人、被告人及其近亲属申请法律援助;(六)法律法规规定的其他事项。值班律师在认罪认罚案件中,还应当提供以下法律帮助:(一)向犯罪嫌疑人、被告人释明认罪认罚的性质和法律规定;(二)对人民检察院指控罪名、量刑建议、诉讼程序适用等事项提出意见;(三)犯罪嫌疑人签署认罪认罚具结书时在场。值班律师办理案件时,可以应犯罪嫌疑人、被告人的约见进行会见,也可以经办案机关允许主动会见;自人民检察院对案件审查起诉之日起可以查阅案卷材料、了解案情。”

2. 确立值班律师法律帮助的具体内容的重要意义

本条规定值班律师法律帮助制度，有助于进一步保障犯罪嫌疑人、被告人依法享有的诉讼权利，加强人权司法保障。犯罪嫌疑人、被告人即使不能够依法申请获得刑事法律援助，也能够依据值班律师法律援助制度，获得相应的法律帮助。事实上，值班律师法律帮助制度正是贯彻党和政府提倡的司法为民政策的展现，有助于司法裁判获得公众认同。并且规定值班律师法律帮助制度，也是扩大刑事案件律师辩护全覆盖试点范围的展现。扩大刑事案件律师辩护全覆盖试点工作的范围，进一步推进和深化刑事案件律师辩护全覆盖工作，是落实全面依法治国的一项重要举措。规定值班律师法律帮助制度，目的就在于让每一件刑事案件都有律师提供法律帮助，通过律师发挥法律帮助职责维护当事人合法权益、促进司法公正，彰显我国社会主义法治文明进步。

适用要点

在具体适用本条时，必须注意值班律师法律帮助内容的具体含义。有必要进一步展示法律咨询、程序选择建议、申请变更强制措施、对案件处理提出意见的理解与适用，使值班律师法律帮助制度能够更好地发挥促进司法公正的效果。值班律师的法律帮助职责之一，就是帮助犯罪嫌疑人、被告人及其近亲属申请法律援助。可见，一般而言，值班律师不同于法律援助提供的辩护律师。例外之一就是，在认罪认罚案件中，值班律师实质上已经起到了辩护律师的作用，并且需要对人民检察院指控罪名、量刑建议、诉讼程序适用等事项提出意见，这本身就是辩护律师才会展开的工作。所谓提供法律咨询，就是值班律师应犯罪嫌疑人以及被告人的请求，或者主动说明，提供对案件事实以及定罪量刑的合法解读。所谓程序选择建议，就是值班律师应犯罪嫌疑人以及被告人的请求，或者主动说明，提供是选择普通程序还是速裁程序抑或是简易程序以及各自程序所带来的影响的合法意见。此外，在司法实践中，选择认罪认罚后，刑事程序将变得更加简洁与迅速。所谓申请变更强制措施,就是值班律师需要应犯罪嫌疑人以及被告人的请求,或者主动说明,为犯罪嫌疑人以及被告人申请变更强制措施。当然,《刑事诉讼法》中规定的强制措施包括五种,即拘传、刑事拘留、监视居住、取保候审以及逮捕,即使帮助犯罪嫌疑人以及被告人申请变更强制措施,也需要符合法定条件,才能够获得批准。比如,《刑事诉讼法》第 74 条规定:"人民法院、人民检察院和公安机关对符合逮捕条件,有下列情形之一的犯罪嫌疑人、被告人,可以监视居住:(一)患有严重疾病、生活不能自理的;(二)怀孕或者正在哺乳自己婴儿的妇女;(三)系生活不能自理的人的唯一扶养人;(四)因为案件的特殊情况或者办理案件的需要,采取监视居住措施更为适宜的;(五)羁押期限届满,案件尚未办结,需要采取监视居住措施的。对符合取保候审条件,但犯罪嫌疑人、被告人不能提出保证人,也不交纳保证金的,可以监视居住。监视居住由公安机关执行。"所谓对案件处理提出意见,就是值班律师需要应犯罪嫌疑人以及被告人的请求,或者主动说明,针对犯罪嫌疑人以及被告人的案件事实,提出法院大致会给出什么样的定罪量刑的处理意见,以供其作出程序上以及实体上的选择。当然,如果根据案件事实犯罪嫌疑人以及被告人不构成犯罪,则值班律师应当为其提供必要的法律帮助,包括但不限于帮助其申请法律援助。

关联法规

《刑事诉讼法》第 36 条;《法律援助值班律师工作办法》第 6 条;《人民检察院刑事诉讼规则》第 268 条;《公安机关办理刑事案件程序规定》第 49 条;《最高人民法院关于适用〈中华人民共和国刑事诉讼法〉的解释》第 44 条

典型案例

班某某故意伤害案[1]

案例要点:派驻在人民法院、人民检察院、公安机关(看守所)的值班律师应当依法为没有辩护人的犯罪嫌疑人、被告人提供法律咨询、程序选择建议、申请变更强制措施、对案件处理提出意见等法律帮助,一方面保障犯罪嫌疑人、被告人在不同办案阶段相应的权利,另一方面推进案件的整体进展。本案中,贵州省惠水县人民检察院指控被告人班某某犯故意伤害罪,于2020年12月30日向惠水县人民法院提起公诉。审查起诉阶段,值班律师为班某某提供了法律帮助,在值班律师参与的情况下,被告人班某某认可了公诉机关指控的事实、罪名、量刑建议、适用程序。

第三十一条　【民事和行政法律援助事项范围】下列事项的当事人,因经济困难没有委托代理人的,可以向法律援助机构申请法律援助:

(一)依法请求国家赔偿;

(二)请求给予社会保险待遇或者社会救助;

(三)请求发给抚恤金;

(四)请求给付赡养费、抚养费、扶养费;

(五)请求确认劳动关系或者支付劳动报酬;

(六)请求认定公民无民事行为能力或者限制民事行为能力;

(七)请求工伤事故、交通事故、食品药品安全事故、医疗事故人身损害赔偿;

---

[1] 贵州省惠水县人民法院(2021)黔2731刑初1号。

（八）请求环境污染、生态破坏损害赔偿；

（九）法律、法规、规章规定的其他情形。

条文解读

本条是关于民事和行政法律援助事项范围的规定。

1. 民事和行政法律援助事项范围

本条与第32条都规定了公民可以申请民事和行政法律援助的事项范围。区别在于：本条规定事项需要当事人符合“因经济困难没有委托代理人”这一前提条件，而第32条的事项不受经济困难条件的限制。

与《法律援助条例》相比，《法律援助法》扩大了法律援助的范围，进一步降低了法律援助的门槛。其中新增加的可申请援助事项包括请求社会救助、请求确认劳动关系，请求工伤事故、交通事故、食品药品安全事故、医疗事故人身损害赔偿，请求环境污染、生态破坏损害赔偿。

（1）依法请求国家赔偿。

在国家赔偿诉讼案件中，作为当事人一方的个人和作为相对方的国家机关相比，显然处于弱势地位，这种弱势地位在当事人为经济困难的公民时更为明显。对其提供法律援助，有助于保障当事人的合法权益。[1]

（2）请求给予社会保险待遇或者社会救助。

“社会保险是指，由被保险人交纳保险费形成保险基金，当被保险人遇到法定的需要帮助的情形时，即可用此保险金进行补偿的社会保险制度。”[2]根据《劳动法》第30条、第73条的规定，劳动者在年老、患病、工伤、失业、生育、退休、负伤、因公伤残或者患职业病等情况下依法通过社会保险制度获得帮助和补偿。对于经济困难的人们来说，社会保障往往

〔1〕 宫晓冰主编：《中国法律援助制度研究》，中国方正出版社2004年版，第185页。

〔2〕 国务院法制办政法司等编著：《法律援助条例通释》，中国法制出版社2003年版，第42页。

是他们的主要经济来源。如果没有法律援助机构的介入，其在专业知识和财力上都很难自主主张权益。对于这一类人群，应当给予法律援助。

本条第2项将请求给予“最低生活保障待遇”改为请求给予“社会救助”。我国于2014年公布了《社会救助暂行办法》，并于2019年修订，其内容涵盖最低生活保障、特困人员供养、受灾人员救助、医疗救助、教育救助、住房救助、就业救助、临时救助八个方面。《法律援助法》采用社会救助概念，也就是说，事关社会救助事项的请求，在满足申请条件的前提下，均可适用法律援助制度。拓宽了申请法律援助的范围。

(3)请求发给抚恤金。

本条第3项相较《法律援助条例》删除了“救济金”。但是救济金作为实现社会救助的一种具体形式，已为上条规定的请求给予“社会救助”所涵盖，没有将救济金单独列项的必要。

抚恤金是根据国家相关规定，由国家机关、企事业单位、集体经济组织对特定人群发给的费用。相关规定有《军人抚恤优待条例》《伤残抚恤管理办法》《民政部关于国家机关工作人员伤亡抚恤工作有关问题的通知》等。由于抚恤金的受众人群多是为国家做出了特殊贡献者，本法对这类人群的权益保障体现了公益性以及维护社会公平正义的根本目标。

(4)请求给付赡养费、抚养费、扶养费。

根据《民法典》第1059条、第1067条、第1074条、第1075条的规定，负有赡养义务、抚养义务、扶养义务的主体不履行义务时，另一方有要求其给付的权利。通常来说，受给付者都是双方关系中的弱势方，根据法律援助的立法精神，在这一类人群寻求法律援助时，应当对满足条件的人群提供帮助。其中，赡养义务产生于晚辈对长辈的照护义务，抚养义务产生于长辈对晚辈的照护义务，扶养义务产生于夫妻间或兄弟姐妹之间的照护义务。

(5)请求确认劳动关系或者支付劳动报酬。

第5项相较《法律援助条例》新增“请求确认劳动关系”，有助于从源头切实保障劳动者的权利。在劳动争议纠纷过程中，劳动关系是基础，没有了劳动关系就无法应对涉及劳动报酬、加班工资、工伤待遇等问题的劳动纠纷。劳动关系的确认对劳动者而言有极为重要的意义。在劳动关系案件中,用人单位与劳动者对法律法规了解程度不同,使劳动者往往处于弱势、被动地位。如何证明双方存在劳动关系,对劳动者来说是一个非常困难的问题,需要有法律专业知识的人来提供解决方案。

《劳动法》第3条明确规定劳动者享有取得劳动报酬的权利。这是对《宪法》第42条所规定的劳动权的具体化,是劳动者的基本权利。现实中企业拖欠员工工资、农民工讨薪等情形并不少见。为保障当事人的合法劳动权益,需要法律工作者的介入。

(6)请求认定公民无民事行为能力或者限制民事行为能力。

认定公民无民事行为能力、限制民事行为能力是指人民法院根据一定的法律事实,通过法律程序,确认某个公民没有或者已经完全丧失民事行为能力或者不具有完全民事行为能力。民事行为能力是指独立地行使民事权利、履行民事义务的能力,这个能力不是人人都具有的。《民法典》规定了年龄和精神健康状况两种情况的无民事行为能力人或限制民事行为能力人。确定一个人是否有民事行为能力或者限制民事行为能力,从年龄上很好区别,但是对患有精神疾病的成年人,判断他的民事行为能力,需要进行认定。认定公民无民事行为能力或者限制民事行为能力,关系公民重大权益。为更好地保护无民事行为能力、限制民事行为能力人的利益,《民事诉讼法》规定了特别程序由人民法院进行审理并作出认定。《法律援助法》将这一事项纳入法律援助事项范围,有效保障相关人群获得必要法律服务,有利于保障社会公平。

(7)请求工伤事故、交通事故、食品药品安全事故、医疗事故人身损害赔偿。

相较《法律援助条例》,本条第7项内容为新增内容。这类事项的发生已经给当事人在治疗及恢复健康方面造成巨大的精神和财物压力,在此前提下,特别是本身经济条件拮据的当事人很难有余暇去争取自己的合法权益。《法律援助法》要求法律援助服务对于此类事项伸出援助之手是立法精神的题中之义。

虽然《法律援助条例》没有该规定，但实践中已经在这一类事务上积累了不少经验。实践中对这类事务给予法律援助除了各地方的自主实践之外，2015 年由中共中央办公厅、国务院办公厅印发的《关于完善法律援助制度的意见》亦明确提出了相关要求。在部分地方性法规中亦有体现。比如，《重庆市法律援助条例》第 11 条第 8 项就规定，公民在“交通事故、医疗纠纷、食品药品安全事故、产品质量责任事故中合法权益受到侵害请求赔偿”，因经济困难没有委托代理人的，可以申请法律援助。

(8)请求环境污染、生态破坏损害赔偿。

相较《法律援助条例》，本条第 8 项内容为新增内容。一审稿中的表述为“请求固体废物污染、水污染等环境污染损害赔偿的”。这种表述是对现行法规定的直接表述，而修改后的表述更具有前瞻性，既包含了现行法规定的内容，亦可以容纳今后在生态环境领域出现的新情势。

目前，《水污染防治法》第 99 条规定因水污染受到损害的当事人可以向人民法院提起诉讼，并明确规定国家鼓励法律服务机构和律师为水污染损害诉讼中的受害人提供法律援助。

(9)法律、法规、规章规定的其他情形。

《法律援助法》将《法律援助条例》规定的“省、自治区、直辖市人民政府可以对前款规定以外的法律援助事项作出补充规定”删除，这是不是意味着国家将公民可以申请法律援助的事项设定权上升为国家立法事项，地方不得涉足呢？从本法第 9 项的规定可以得出否定答案。本条第 9 项相较《法律援助条例》新增规定“法律、法规、规章规定的其他情形”，不仅涵盖国家层面的立法，亦包含地方性法规和地方政府规章规定的情形。地方性法规和地方政府规章中规定的法律援助服务事项，亦属于当事人可以申请的事项范畴。相比《法律援助条例》的规定，此规定提升了设立法律援助事项的效力等级，即必须由具有法律效力的规范性文件进行设定，这保证了已经设立的法律援助事项的删减，必须经过合法程序，能更有效保障公民合法权益。

2. 设定民事及行政法律援助事项范围的意义

尽管法律援助制度产生的社会背景在各国并不相同，其根本的目的都在于保护诉讼中的弱者，而这一项制度首先都始于刑事诉讼程序，旨在保障基本人权——生命权。随着社会的发展，人民群众社会生活内容不断丰富，实践中的法律问题也越加多样化、复杂化，如何在民事与行政诉讼中保障所有人都可以利用法律平等参与司法程序亦成为探讨的话题。对于政府在提供民事及行政法律援助服务是出于何种法理这一点，并没有形成统一的说法。具体实践上，本着坚持以人为本、促进公平正义、改善民生等理念，我国政府在这方面的事务范围呈扩大趋势。本次立法以法律形式新增对请求工伤事故、交通事故、食品药品安全事故、医疗事故人身损害赔偿，请求环境污染、生态破坏损害赔偿等的法律援助，有助于使法律援助服务惠及更多困难群众，促进公民生活水平共同进步。

适用要点

在本法颁布以前，《法律援助条例》的颁布与实施为我国法律援助事业提供了法律依据并取得一定的成绩。但是，其立法位阶较低，且与困难群众日益增长的法律援助需求相比，涵摄范围仍然过窄。本条规定通过拓宽民事行政法律事务的事项范围，特别是交通事故、食品药品安全事故、医疗事故等切实关系民生的事项亦在法律层面上纳入法律援助服务范围，是坚持以人为本、促进公平正义的体现，是通过立法对《关于完善法律援助制度的意见》相关内容和精神的具体落实。

关联法规

《水污染防治法》第 99 条；《最高人民法院关于对经济确有困难的当事人提供司法救助的规定》第 3 条；《乡镇法律服务收费管理办法》第 18 条

典型案例

李某某、武汉市江夏区司法局司法行政管理案[1]

案例要点：本条规定了民事和行政法律援助的范围，对因经济困难而又没有委托代理人的情况，列举了可申请法律援助的相关情形。本案中原审法院认为，根据《法律援助条例》第10条的规定："公民对下列需要代理的事项，因经济困难没有委托代理人的，可以向法律援助机构申请法律援助：（一）依法请求国家赔偿的；（二）请求给予社会保险待遇或者最低生活保障待遇的；（三）请求发给抚恤金、救济金的；（四）请求给付赡养费、抚养费、扶养费的；（五）请求支付劳动报酬的；（六）主张因见义勇为行为产生的民事权益的。省、自治区、直辖市人民政府可以对前款规定以外的法律援助事项作出补充规定。公民可以就本条第一款、第二款规定的事项向法律援助机构申请法律咨询。"本案中，原告申请法律援助的事由为"房屋权利人（被拆迁人）没有得到安置补偿和还建住房"，且根据东湖开发区豹澥街道办事处向其出具的《关于李某某信访问题的回告》内容可知，其申请法律援助的事由实质属于财产纠纷，不符合《法律援助条例》第10条、《湖北省法律援助条例》第10条、《武汉市法律援助条例》第10条规定的法律援助范围。

第三十二条　【申请免予经济困难条件限制的情形】有下列情形之一，当事人申请法律援助的，不受经济困难条件的限制：

（一）英雄烈士近亲属为维护英雄烈士的人格权益；

（二）因见义勇为行为主张相关民事权益；

[1] 湖北省武汉市中级人民法院（2018）鄂01行终433号。

（三）再审改判无罪请求国家赔偿；
（四）遭受虐待、遗弃或者家庭暴力的受害人主张相关权益；
（五）法律、法规、规章规定的其他情形。

条文解读

本条是关于法律援助申请免予经济困难条件限制的情形的规定。

1. 设定免予经济条件限制情形的意义

法律援助的对象一般限于经济困难者，大多数国家的法律援助制度是首要针对因经济困难而难以平等享受司法公正的群体。因此，要想启动法律援助机制，除了要具备法定事项条件，也需要具备经济条件。为了更好地保障人权、实现司法公正，法律援助针对一些特殊对象和特殊情形免予经济条件的限制。这是因为一些群体由于身份或境遇上的特殊性导致其在司法程序中处于相对弱势地位，其权利极易被忽视或受到侵害，需要法律给予特殊保护。[1]

本次立法对于免予经济困难条件的审查没有局限于刑事法律援助中的特殊情形，进一步扩大了援助范围，对于民事或行政法律援助中的特殊情形也免予经济困难条件的限制。这一规定反映了我国法律援助制度立意于尽可能更广泛地解决处于困境中的当事人的法律问题。需要注意的是，这一类事项仍然是依申请来启动法律援助程序。从本条规定的四种情形来看，立法者主要出于当事人行为的公益性（英雄烈士近亲属为维护英雄烈士的人格权益；因见义勇为行为主张相关民事权益）、对个人权利的重大影响性（再审改判无罪申请国家赔偿），以及应当提供法律援助但经济困难要件很可能阻碍当事人寻求法律救济的情形（遭受虐待、遗弃或者家庭暴力的受害人主张相关权益）等考虑进行立法。本条规定使法律

---

〔1〕 付少军、刘燕玲主编：《法律援助理论与实务》，中国检察出版社2013年版，第30～34页。

援助申请渠道更通畅快捷，有助于有效保障这部分人群的合法权益及时受到法律保护。

2. 免予经济困难审查的民事、行政法律援助情形具体内涵

（1）关于英雄烈士近亲属为维护英雄烈士的人格权益，2018 年通过的《英雄烈士保护法》第 25 条规定，“对侵害英雄烈士的姓名、肖像、名誉、荣誉的行为，英雄烈士的近亲属可以依法向人民法院提起诉讼……英雄烈士近亲属依照第一款规定提起诉讼的，法律援助机构应当依法提供法律援助服务”。《法律援助法》初审稿中针对上述事项，仅概括性地规定“法律法规对未成年人、妇女、老年人、残疾人、军人军属、英雄烈士近亲属、家庭暴力受害人等申请法律援助有特别规定的，依照其规定”。但在制定二审稿时，吸取了常委会组成人员、部门、地方和社会公众提出的“应当进一步扩大民事、行政法律援助覆盖面，放宽免予审查经济困难状况的情形”的意见。宪法和法律委员会经研究，建议增加规定：英雄烈士近亲属维护英雄烈士的人格权益、因见义勇为行为主张相关民事权益等情形下，当事人申请法律援助的，不受经济困难条件限制”，明确规定这类事项不受经济困难条件的限制。从法秩序统一的原理出发，此处的“英雄烈士”在一般意义上，可以理解为“故去的英烈”。[1]

（2）关于因见义勇为行为主张相关民事权益。见义勇为，是指不负有法定职责、法定义务或约定义务，为保护国家利益、社会公共利益或者他人的人身财产安全，同正在实施的违法犯罪行为作斗争，或者抢险、救灾、救人的行为。为培育良好的社会道德风尚，避免公民在做好事时有所顾虑或帮助他人后承担不利后果，《民法典》第 183 条、第 184 条针对见义勇为行为，对侵权人的民事责任以及受益人适当补偿责任作出了规定，为见义勇为行为的实施提供了法律支持，对行为实施者的权利提供了保障。

---

〔1〕 刘艳红：《法秩序统一原理下侵害英雄烈士名誉、荣誉罪的保护对象研究》，载《法律科学》2021 年第 5 期。

在本项规定出台之前,地方立法已有先行规定。比如,2004 年制定实施的《重庆市法律援助条例》第 12 条第 1 款第 1 项已经对"主张因见义勇为行为而产生的民事权益的"行为免予经济状况审查。

(3)关于再审改判无罪请求国家赔偿。根据《国家赔偿法》第 17 条第 3 项、第 18 条第 2 项的规定,对于依照审判监督程序再审改判无罪的,原判刑罚已经执行的或原判罚金、没收财产已经执行的,受害人有取得国家赔偿的权利。对于依法请求国家赔偿的案件,本法第 29 条已经规定当事人"因经济困难没有委托诉讼代理人的,可以向法律援助机构申请法律援助"。这里把再审改判无罪请求国家赔偿的事项单列出来,免予经济困难要件审查,是考虑到经再审改判无罪的当事人,通常在之前的审判和执行程序中,已经耗费很长时间,且其人身权和财产权都受到不同程度的损害。本条对这一特殊情形的规定,是为了彰显公平与正义,尽快实现救济,保障人权。

(4)遭受虐待、遗弃或者家庭暴力的受害人主张相关权益。现实生活中,这一类受害者的身心通常都有损害,且其在经济上的困境可能难以证明。因此,如果以自证经济困境作为获取法律援助的前提,则会让很大一部分人被排除在法律援助救济制度之外,而这一类群体当然是本法要保护的弱势群体。在现行法中,关于家庭暴力,2016 年起施行的《反家庭暴力法》第 19 条规定"法律援助机构应当依法为家庭暴力受害人提供法律援助"。

适用要点

本法颁布之前,实务工作中已经有很多案例。由于《法律援助条例》中并没有对这些案例解除"经济困难条件"的限制,在正式处理前大都进行了经济条件资料的审查环节,如广东省惠州市惠城区法律援助处对张某刑事再审和申请国家赔偿提供法律援助案[1]。本条规定"不受经济困难条件的限制",减少了审查程序,这同时要求法律援助工作应当迅速有效地进行。

从本条规定的目的来看,实务部门在工作中遇到这类事项时,应当着重对案件内容本身进行审查核实。如果查证属于本条规定的事项,应当尽可能提供相关的法律援助。本条适用的难点在于如何认定事实。比如对于见义勇为行为的认定,我国目前对于见义勇为行为没有统一立法,亦没有统一认定标准,并且还存在证据收集难度大等问题。因此,在现实中,不少见义勇为者不仅见义勇为行为得不到认定或受伤无钱医治或家庭生活困难没人管,还可能会受到刑事追诉的困扰。[2] 相较于《法律援助条例》,本法删除了经济困难要件,有效减少了当事人申请法律援助的困难。从本法的立法精神来看,法律援助律师在整个司法过程中都应当积极帮助当事人主张其正当权益。

正如本条第5项兜底条款的设定所表明的,本法罗列免予经济困难条件审查的事项并不仅限于此。从我国关注改善民生、促进公平正义、全面推进依法治国的重大战略方针来说,降低法律援助门槛,使法律援助惠及更多困难群众是本法的基本目的。

关联法规

《英雄烈士保护法》第25条;《军人地位和权益保障法》第61条;《反家庭暴力法》第19条

---

〔1〕《广东省惠州市惠城区法律援助处对张某刑事再审和申请国家赔偿提供法律援助案》,载中国法律服务网,司法行政(法律服务)案例库,http://alk.12348.gov.cn/Detail?dbID=46&dbName=FYGL&sysID=12600。

〔2〕张素凤、赵琰琳:《见义勇为的认定与保障机制》,载《法学杂志》2010年第3期。

典型案例

何某甲与何某乙、何某丙不当得利纠纷案[1]

案例要点：本条规定的是受援人不受经济困难条件限制的情形，包括见义勇为、遭受虐待和遗弃等的受援人，体现了国家对特殊群体或者有一定社会效益的案件的特殊照顾。在本案中，原告在遭到被告经常虐待、数落的情形下，独自逃回家中，并寻求司法所、法院、派出所的法律援助。司法部门并未审查原告是否符合经济困难条件，直接对其提供了法律援助，并最终胜诉，帮助原告取回了被告无权占有的钱财。

第三十三条　【申诉、再审案件法律援助】当事人不服司法机关生效裁判或者决定提出申诉或者申请再审，人民法院决定、裁定再审或者人民检察院提出抗诉，因经济困难没有委托辩护人或者诉讼代理人的，本人及其近亲属可以向法律援助机构申请法律援助。

条文解读

本条是关于申诉、再审案件法律援助的规定。

为贯彻落实《中共中央关于全面推进依法治国若干重大问题的决定》中申诉逐步实行律师代理制度并纳入法律援助范围的精神，保障当事人依法行使申诉权利，更好地发挥社会专业力量化解申诉纠纷，维护司法公正，充分发挥律师和法律援助在社会矛盾纠纷化解工作中的积极作用，中

[1] 四川省梓潼县人民法院(2020)川0725民初2914号。

共中央办公厅、国务院办公厅印发的《关于完善法律援助制度的意见》提出，扩大民事、行政法律援助覆盖面，探索建立法律援助参与申诉案件代理制度，开展试点，逐步将不服司法机关生效民事和行政裁判、决定，聘不起律师的申诉人纳入法律援助范围。

(1)当事人不服司法机关生效裁判或者决定提出申诉或者申请再审，可以分为三种类型。

首先，当事人对司法机关生效刑事裁判提出申诉。根据《刑事诉讼法》第3编第5章“审判监督程序”的规定，当事人及其法定代理人、近亲属对疑似有不公正审判等情形的，有权依法向人民法院或者人民检察院提出申诉。《刑事诉讼法》第180条中规定，对于有被害人的案件，决定不起诉的，人民检察院应当将不起诉决定书送达被害人。被害人如果不服，可以自收到决定书后7日以内向上一级人民检察院申诉，请求提起公诉。《刑事诉讼法》第252条规定，当事人及其法定代理人、近亲属，对已经发生法律效力的判决、裁定，可以向人民法院或者人民检察院提出申诉，但是不能停止判决、裁定的执行。《刑事诉讼法》第253条规定：“当事人及其法定代理人、近亲属的申诉符合下列情形之一的，人民法院应当重新审判：(一)有新的证据证明原判决、裁定认定的事实确有错误，可能影响定罪量刑的；(二)据以定罪量刑的证据不确实、不充分、依法应当予以排除，或者证明案件事实的主要证据之间存在矛盾的；(三)原判决、裁定适用法律确有错误的；(四)违反法律规定的诉讼程序，可能影响公正审判的；(五)审判人员在审理该案件的时候，有贪污受贿，徇私舞弊，枉法裁判行为的。”

其次，当事人对司法机关生效民事裁判申请再审。为依法保护当事人正确行使民事申请再审权利，维护人民法院生效判决的稳定性、权威性，依据《民事诉讼法》《最高人民法院关于适用〈中华人民共和国民事诉讼法〉审判监督程序若干问题的解释》等有关规定，当事人对人民法院已经发生法律效力的一审、二审民事判决、裁定、调解书，可以向最高人民法院申请再审。《民事诉讼法》第199条中规定，当事人对已经发生法律效力的判决、裁定，认为有错误的，可以向上一级人民法院申请再审；当事人一方人数众多或者当事人双方为公民的案件，也可以向原审人民法院申请再审。《民事诉讼法》第200条规定，“当事人的申请符合下列情形之一的，人民法院应当再审：（一）有新的证据，足以推翻原判决、裁定的；（二）原判决、裁定认定的基本事实缺乏证据证明的；（三）原判决、裁定认定事实的主要证据是伪造的；（四）原判决、裁定认定事实的主要证据未经质证的；（五）对审理案件需要的主要证据，当事人因客观原因不能自行收集，书面申请人民法院调查收集，人民法院未调查收集的；（六）原判决、裁定适用法律确有错误的；（七）审判组织的组成不合法或者依法应当回避的审判人员没有回避的；（八）无诉讼行为能力人未经法定代理人代为诉讼或者应当参加诉讼的当事人，因不能归责于本人或者其诉讼代理人的事由，未参加诉讼的；（九）违反法律规定，剥夺当事人辩论权利的；（十）未经传票传唤，缺席判决的；（十一）原判决、裁定遗漏或者超出诉讼请求的；（十二）据以作出原判决、裁定的法律文书被撤销或者变更的；（十三）审判人员审理该案件时有贪污受贿，徇私舞弊，枉法裁判行为的。”

最后，当事人对司法机关生效行政裁判申请再审。为依法保护当事人正确行使申请再审权利，维护人民法院生效裁判的稳定性、权威性，依据《行政诉讼法》《最高人民法院关于适用〈中华人民共和国行政诉讼法〉的解释》《最高人民法院关于行政申请再审案件立案程序的规定》等有关规定，当事人有权对司法机关生效行政裁判申请再审。《行政诉讼法》第90条规定，当事人对已经发生法律效力的判决、裁定，认为确有错误的，可以向上一级人民法院申请再审，但判决、裁定不停止执行。第91条规定，“当事人的申请符合下列情形之一的，人民法院应当再审：（一）不予立案或者驳回起诉确有错误的；（二）有新的证据，足以推翻原判决、裁定的；（三）原判决、裁定认定事实的主要证据不足、未经质证或者系伪造的；（四）原判决、裁定适用法律、法规确有错误的；（五）违反法律规定的诉讼程序，可能影响公正审判的；（六）原判决、裁定遗漏诉讼请求的；（七）据以作出原判决、裁定的法律文书被撤销或者变更的；（八）审判人员在审理该案件时有贪污受贿、徇私舞弊、枉法裁判行为的。”

（2）人民法院决定、裁定再审或者人民检察院提出抗诉，因经济困难没有委托辩护人或者诉讼代理人的，本人及其近亲属可以向法律援助机构申请法律援助。首先，当事人不服司法机关生效裁判或者决定提出申诉或者申请再审的刑事、民事、行政案件，如果符合《刑事诉讼法》第253条规定的五种情形、《民事诉讼法》第200条规定的十三种情形以及《行政诉讼法》第91条规定的八种情形，人民法院应当裁定再审或者人民检察院应当决定抗诉。其次，“因经济困难而没有委托辩护人或者诉讼代理人”是申请法律援助的前提条件。根据本法第34条的规定，经济困难的标准，由省、自治区、直辖市人民政府根据该行政区域经济发展状况和法律援助工作需要确定，并实行动态调整。最后，本条明确申诉、再审案件法律援助的申请主体为本人及其近亲属。但是，不同案件对于近亲属的范围界定具有差异。根据《刑事诉讼法》第108条规定，“近亲属”是指夫、妻、父、母、子、女、同胞兄弟姊妹；《民法典》第1045条规定，配偶、父母、子女、兄弟姐妹、祖父母、外祖父母、孙子女、外孙子女为近亲属；《最高人民法院关于适用〈中华人民共和国行政诉讼法〉的解释》第14条规定，《行政诉讼法》第25条第2款规定的“近亲属”，包括配偶、父母、子女、兄弟姐妹、祖父母、外祖父母、孙子女、外孙子女和其他具有扶养、赡养关系的亲属。

适用要点

本条规定了申诉、申请再审案件申请法律援助的范围和主体。中共中央办公厅、国务院办公厅印发的《关于完善法律援助制度的意见》提出，扩大民事、行政法律援助覆盖面，探索建立法律援助参与申诉案件代理制度，将聘不起律师的申诉人，纳入法律援助范围，实现应援尽援，确保申诉人的权利得到有效保障。本条明确了法律援助律师参与申诉案件代理工作的相关规定，适用时需要注意：（1）不同案件对于当事人的规定。刑事申诉案件的当事人包括指被害人、自诉人、原审被告人，刑事附带民事原告人、被告人；民事申诉案件当事人包括原告、被告；行政申诉案件的当事人包括原告、被告。（2）申诉、申请再审案件的范围：①不服人民法院已经发生法律效力的民事、行政（含国家赔偿）判决、裁定、调解书提出的申诉；②不服人民法院已经发生法律效力的刑事判决、裁定提出的申诉；③不服人民检察院因犯罪嫌疑人没有犯罪事实，或者符合《刑事诉讼法》第 16 条规定情形作出的不批准逮捕决定，向人民检察院提出的申诉；④不服人民检察院不起诉决定提出的申诉；⑤不服人民检察院撤销案件决定提出的申诉；⑥不服人民检察院其他诉讼终结的刑事处理决定提出的申诉。（3）具有下列情形之一的，法律援助机构不予法律援助，但人民法院、人民检察院已受理申诉的案件除外：①超过法律规定的期限提出申诉的；②民事判决、裁定、调解书是人民法院根据人民检察院的抗诉或者再审检察建议再审后作出的；③对不服人民法院已经发生法律效力的刑事判决、裁定的申诉，经两级人民检察院办理且省级人民检察院已经复查的；④对不服人民检察院诉讼终结的刑事处理决定的申诉，经两级人民检察院立案复查且采取公开审查形式复查终结的；⑤人民检察院已经审查终结作出决定就同一事项提出援助申请的；⑥其他无法提起审判监督程序的情形。（4）具体经济困难标准根据申请人当地颁布的法律援助相关法规确定。（5）根据不同案件的裁判或者判决，适用相应的近亲属范围。

关联法规

《刑事诉讼法》第 16、180、252、253 条；《民事诉讼法》第 199、200 条；《民法典》第 1045 条；《行政诉讼法》第 90、91 条；《最高人民法院关于适用〈中华人民共和国行政诉讼法〉的解释》第 14 条

典型案例

王某某贪污案[1]

案例要点：当事人不服司法机关生效裁判或者决定，可以通过提起申诉或者申请再审的方式获得法律救济。如果在此过程中，当事人因经济困难无法委托辩护人或者诉讼代理人，其合法权益就得不到保障。本条规定，将申诉、再审案件纳入法律援助范围之中，保障法律救济的实现。实践中，不服司法机关生效裁判或者决定的当事人及近亲属，可以依据该条，向法律援助机构申请法律援助。本案中，被告人王某某对一审法院的刑事裁判不服，提出上诉，二审维持原判。该裁定已发生法律效力后，王某某不服，向驻马店市中级人民法院提出申请再审。驻马店市中级人民法决定对本案进行再审，并维持原判。王某某不服，向河南省高级人民法院提出申诉，河南省高级人民法院驳回王某某再审请求，王某某不服，再次提出申诉，河南省高级人民法院作出再审决定，指令驻马店市中级人民法院依法另行组成合议庭对本案进行再审。在再审过程中，西平县法律援助中心指派律师出庭为申诉人辩护。

第三十四条 【经济困难的标准】经济困难的标准，由省、自治区、直辖市人民政府根据本行政区域经济发展状况和法律援助工作需要确定，并实行动态调整。

条文解读

本条是关于经济困难标准的确定及其动态调整的规定。

《法律援助条例》第13条规定："公民经济困难的标准，由省、自治区、

〔1〕 河南省西平县人民法院(2019)豫1721刑再1号。

直辖市人民政府根据本行政区域经济发展状况和法律援助事业的需要规定。申请人住所地的经济困难标准与受理申请的法律援助机构所在地的经济困难标准不一致的，按照受理申请的法律援助机构所在地的经济困难标准执行。”本法将《法律援助条例》第 13 条第 2 款删除，同时对《法律援助条例》第 13 条第 1 款作了调整，将“法律援助事业的需要”修改为“法律援助工作需要”。相较于“法律援助事业”的表述而言，“法律援助工作”的表述更加具象化，更符合本法第 1 条规定的立法目的的要求。经济困难标准依据本行政区域经济发展状况和法律援助工作实际需要进行动态调整，这样的规定更有利于促进和规范法律援助工作，保障公民和有关当事人合法权益，促进法律正确实施，维护社会公平正义。另外，本法在对《法律援助条例》第 13 条第 1 款部分表述进行调整的基础上，增加了经济困难标准的“动态调整”规定，凸显出确定经济困难标准的灵活性，使经济困难标准的确定同经济社会发展水平和法律援助工作实践动态相契合。

（1）经济困难的标准，由省、自治区、直辖市人民政府根据本行政区域经济发展状况和法律援助工作需要确定。从我国当前相关法律法规等规范依据来看，目前全国对于“经济困难”标准仍未作统一规定，各地对经济困难认定标准存在一定差异，目前地方立法中所采用的经济困难标准大致可以分为最低生活保障标准、概括式标准、最低工资标准、“列举 + 兜底”式标准以及低收入家庭收入标准等几类（见表 1）。我国幅员辽阔，区域之间、城乡之间经济发展状况存在一定差异，制定全国统一的经济困难标准极不现实，也极不合理。本法并未对申请人的经济困难标准作统一规定，而是授权省、自治区、直辖市的人民政府根据本行政区域的经济发展状况和法律援助工作的需要确定。该规定同《法律援助条例》相关规定一致。在《法律援助条例》颁布前，对于经济困难的具体判断标准是依据最高人民法院和司法部的相关规定作出。《法律援助条例》颁布后，各省、自治区、直辖市人民政府制定经济困难标准，既要考虑人民群众的实际需求，也要考量地方财政承受能力。《法律援助法》颁布后，仍旧保留了《法律援助条例》中各省、自治区、直辖市制定经济困难标准的权力，同时规定地方要对经济困难标准进行动态调整。一方面，充分保障人民群众对法律援助服务的实际需要；另一方面，也考量地方财政情况、经济发展状况等因素，对经济困难标准进行调整，以适应社会的发展变化，确保法律援助工作同经济、社会发展情况相协调。

表1　地方立法对经济困难认定的标准

认定标准	具体内容及代表性省、市（自治州）	其他适用省、市（自治州）
最低生活保障标准	以城乡居民最低生活保障、农村五保供养为标准。（贵州省）	山西省、重庆市、云南省、河北省、陕西省、江苏省、深圳市、厦门市、长春市、福州市、恩施土家族苗族自治州
	以受理申请的法律援助机构所在县（市、区）公布的城乡居民最低生活保障标准的1.5倍以内执行。（湖北省）	
	按照设区的市最低生活保障标准的2倍确定。（安徽省）	
	经济困难的标准应当高于本市最低生活保障标准的数额。（上海市）	
概括式标准	由省人民政府根据省国民经济和社会发展、法律援助的资源和需求，以及公民支付法律服务费用的能力等因素制定。市州人民政府可以根据本行政区域实际情况调整公民获得法律援助的经济困难标准，报省人民政府备案。（四川省）	广东省、甘肃省、湖南省
	由省人民政府司法行政部门会同财政、民政等有关部门，根据本省经济发展状况、城乡居民收入状况和法律援助工作的需要等因素提出，报省人民政府确定后公布实施。（江西省）	
最低工资标准	由县级以上人民政府按家庭人均收入不低于当地最低工资标准确定。（浙江省）	吉林省、海口市
	按照申请人家庭成员人均收入不足住所地或者受理法律援助申请地最低工资标准确定。（成都市）	

续表

认定标准	具体内容及代表性省、市(自治州)	其他适用省、市(自治州)
“列举+兜底”式标准	符合下列情形之一的,属于经济困难的公民:(一)最低生活保障家庭的成员;(二)特困人员;(三)低收入家庭的成员;(四)在社会福利(救助)机构中由政府供养或者接受社会救助的人员;(五)作为政府扶贫对象并登记在册的农村贫困家庭的成员;(六)法律、法规、规章规定或者县以上人民政府确定的其他经济困难人员。(辽宁省)	海南省、广西壮族自治区、天津市
低收入家庭收入标准	按照国家和本市低收入家庭认定标准执行。(北京市)	杭州市

(2)经济困难的标准实行动态调整。虽然经济困难标准动态调整机制是本法新规定的内容,但该机制在实践中探索已久。2009 年 7 月《司法部关于加强和改进法律援助工作的意见》中,就要求推动政府建立法律援助“三项标准”(公民经济困难标准、法律援助办案补贴标准和法律援助事项补充范围)动态调整机制,促进法律援助工作与经济社会协调发展。与此同时,各地探索实践也同步展开。比如,2009 年《安徽省法律援助条例》首次修订后的第 14 条规定,公民经济困难的标准按照当地最低生活保障标准执行。县级以上人民政府可以根据本行政区域的实际情况调整公民获得法律援助的经济困难标准。2016 年《安徽省法律援助条例》第二次修订,进一步扩大法律援助覆盖面,将申请法律援助的经济困难标准放宽至最低生活保障的 2 倍,同时授权县级以上人民政府进一步放宽公民获得法律援助的经济困难标准,扩大受援人范围。2010 年河南省政府出台《关于加强法律援助工作的意见》,旨在建立“三项标准”动态调整机制,确保法律援助事项范围不断扩大,经济困难标准不断放宽,门槛不断降低。海南省也于 2015 年开始探索建立法律援助事项范围和经济困难标准动态调整机制,明确有条件的市县将经济困难标准调整至最低工资标准,让更多的困难群众能够获得法律援助。2015 年 6 月 29 日,中共中

央办公厅、国务院办公厅印发的《关于完善法律援助制度的意见》指出，要建立法律援助补充事项范围和经济困难标准动态调整机制，各地方要根据本行政区域经济发展状况和法律援助工作需要，及时审查、调整补充事项范围和经济困难标准。由此可见，本法将党和国家关于经济困难认定动态调整机制的具体要求，以及探索中积累的丰厚实践经验进行的"法定化"，是新时代法律援助工作保障和改善民生的生动写照。

适用要点

适用本条时需注意：第一，本条规定了省、自治区、直辖市人民政府根据本行政区域经济发展状况和法律援助工作需要确定经济困难标准的权力，各地方在细化规定的时候，要注意同《法律援助法》的立法宗旨和具体条款相衔接。具体而言，各地在制定法规、规章等规范的时候，要注意和上位法衔接，尽量降低法律服务门槛，让更多人受益。第二，经济困难标准的动态调整要同党和国家的大政方针一致、和各地的经济发展水平一致。2019 年 7 月 10 日，中共中央办公厅、国务院办公厅发布实施的《关于加快推进公共法律服务体系建设的意见》指出要"降低法律援助门槛，扩大法律援助范围"，"进一步放宽经济困难标准，使法律援助覆盖人群逐步拓展至低收入群体"。2020 年 1 月 10 日，中共中央发布实施的《法治中国建设规划（2020—2025 年）》指出"深化法律援助制度改革，扩大法律援助覆盖面"，"到 2022 年基本形成覆盖城乡、便捷高效、均等普惠的现代公共法律服务体系"。因此，各地在确定经济困难标准以及动态调整时，必须要尽可能地扩大法律援助覆盖面，切实保障低收入人群的合法权益。

关联法规

《办理法律援助案件程序规定》第 15 条；《最高人民法院、最高人民检察院、公安部、司法部关于刑事诉讼法律援助工作的规定》第 4 条；《最高人民法院、司法部关于民事诉讼法律援助工作的规定》第 3 条

典型案例

李某某与武汉市江夏区司法局司法行政管理案[1]

案例要点：本条赋予地方确定经济困难标准的权限，因经济困难申请法律援助的公民应当符合地方关于经济困难标准的规定，不符合经济困难标准的，不予法律援助（免予核查经济困难状况的除外）。本案中，原告李某某每月退休工资2270元，其妻子王某某每月退休工资1720元，武汉市现阶段最低生活保障每月为670元。李某某的家庭人均月收入不符合《武汉市法律援助条例》第9条规定的“不超过市人民政府规定最低生活保障标准的1.5倍”的标准，且未能提供证据证明其属于《武汉市法律援助条例》第16条第5项规定的无须提供经济困难证明的情形。法援中心工作人员与原告李某某进行谈话并经审查，认为其申请事项不符合法律规定，明确告知其不属于法律援助的受案范围，决定不予法律援助，并于次日向其送达了不予法律援助决定书，符合法律规定。

---

〔1〕 湖北省武汉市中级人民法院（2018）鄂01行终433号。

第四章 程序和实施

第三十五条 【法律援助及时告知义务】人民法院、人民检察院、公安机关和有关部门在办理案件或者相关事务中，应当及时告知有关当事人有权依法申请法律援助。

条文解读

本条是关于法律援助及时告知义务的规定。

1. 法律援助及时告知义务的具体内容

(1) 当事人必须有权依法申请法律援助。可见，申请法律援助需要对照《法律援助法》具体条款规定的有权申请法律援助的具体条件，并且需要对照各类人员有权申请法律援助的具体条件。比如，犯罪嫌疑人以及被告人与被害人及其法定代理人申请法律援助的具体规定存在一些差别。

(2) 人民法院、人民检察院、公安机关和有关部门在办理案件或者相关事务中，应该及时告知当事人申请法律义务的权利。法律援助告知的义务主体范围比较广泛，人民法院、人民检察院、公安机关和有关部门均属于义务主体。其中，从实现有关当事人的合法利益的角度而言，有关部门包括看守所、监狱以及监察委员会等部门。人民法院在办理民事或刑事案件中具有法律援助告知义务，并且在办理相关事务中具有法律援助告知义务。换言之，人民法院采取了积极的能动司法主义，致力于为权利主体创造公正司法的环境。不仅在民事案件中，而且在刑事公诉案件、刑事自诉案件以及刑事附带民事诉讼案件中,符合法定条件的权利主体都能够依法申请法律援助,包括刑事法律援助以及民事法律援助等。尽可能在程序公正的前提下展开诉讼,由此体现司法为民的中国特色,所以上述权利主体符合法定条件后,有权申请获得法律援助。而人民法院、人民检察院、公安机关和有关部门,需要及时告知有关当事人所享有的依法申请法律援助的权利,这些义务主体既不能推诿此事,也不能懈怠此事,必须认真且及时告知有关当事人。如果上述义务主体等到诉讼已经进行完毕,再告诉有关当事人,则必然延误当事人诉讼利益的实现。

2. 确立法律援助及时告知义务的具体内容的重要意义

随着法治进步以及人权保障水平的提高,我国刑事辩护法律援助的范围经过历次《刑事诉讼法》的修改不断扩大:适用对象扩大、适用阶段提前,援助方式从指定到指定和申请并存。近年来,以审判为中心和认罪认罚从宽制度改革对辩护律师的迫切需求推动了法律援助辩护范围的进一步扩大。从党的十八届四中全会提出“推进覆盖城乡居民的公共法律服务体系建设”,“完善法律援助制度”作为“建设完备的法律服务体系”的实现路径以来,党中央和国务院高度重视法律援助的制度建设和公共法律服务体系的完善。2017 年 1 月,法律援助作为基本社会服务的主要内容被纳入国务院《“十三五”推进基本公共服务均等化规划》;2018 年 9 月,十三届全国人大常委会第六次会议决定将法律援助立法纳入全国人大常委会立法规划;2019 年 11 月,党的十九届四中全会作出的《中共中央关于坚持和完善中国特色社会主义制度　推进国家治理体系和治理能力现代化若干重大问题的决定》进一步指出:“完善公共法律服务体系,夯实依法治国群众基础”。无论是作为保障和改善民生重要举措的公共法律服务中的法律援助,还是作为预防与化解纠纷重要机制的基层社会治理中的法律援助,民事法律援助都应当是重要内容和主要抓手。因此,明确办案机关告知有关当事人有权依法申请法律援助的义务,可以让更多符合法定条件的当事人获得法律援助,扩大公共法律服务覆盖面,让人民群众在正义的阳光下感受到社会主义制度带来的安全感与获得感。

适用要点

人民法院、人民检察院、公安机关和有关部门在办理案件或者处理相关事务中,应当及时告知有关当事人有权依法申请法律援助。就此而言,无论是人民法院,还是人民检察院,抑或是公安机关和有关部门,无论是在办理案件或者协助办理案件过程中,还是在处理相关事务过程中,只要遇到当事人具有法定或依申请获得法律援助的权利、条件或资格,都应当及时告知当事人,不应当隐瞒当事人。并且无论是在民事案件类型中,还是在刑事案件类型中,甚至是在行政诉讼案件类型中,有关部门都应当及时告知当事人享有的申请法律援助的权利。

关联法规

《刑事诉讼法》第 304 条;《司法鉴定与法律援助工作衔接管理办法(试行)》第 1、10 条;《最高人民法院关于适用〈中华人民共和国刑事诉讼法〉的解释》第 44 条;《未成年人刑事检察工作指引(试行)》第 75 条;《最高人民法院、最高人民检察院、公安部、司法部关于依法惩治性侵害未成年人犯罪的意见》第 15 条;《最高人民法院、最高人民检察院、公安部、司法部关于刑事诉讼法律援助工作的规定》第 5 条;《最高人民法院、司法部关于开展刑事案件律师辩护全覆盖试点工作的办法》第 2 条

典型案例

金某某、天津市森朗农业发展有限公司租赁合同纠纷案[1]

案例要点:上诉人金某某因与被上诉人天津市森朗农业发展有限公司、原审被告赵某某租赁合同纠纷一案,不服天津市北辰区人民法院

〔1〕 天津市第二中级人民法院(2020)津 02 民终 4691 号民事裁定书。

(2020)津0113民初112号民事判决,向二审法院提起上诉。二审法院于2020年11月5日立案后,依法组成合议庭对本案进行了审理。二审法院认为,《民法总则》第21条第1款规定:“不能辨认自己行为的成年人为无民事行为能力人,由其法定代理人代理实施民事法律行为。”《最高人民法院、中国残疾人联合会关于在审判执行工作中切实维护残疾人合法权益的意见》第5条规定:“依法适用监护制度。无民事行为能力、限制民事行为能力的残疾人参加诉讼的,应由其监护人作为法定代理人代为诉讼。”《民事诉讼法》第187条第1款规定:“申请认定公民无民事行为能力或者限制民事行为能力,由其近亲属或者其他利害关系人向该公民住所地基层人民法院提出。”根据上述规定,对于不能辨认或者不能完全辨认自己行为的成年人,其利害关系人或者有关组织,可以向人民法院申请认定该成年人为无民事行为能力人或者限制民事行为能力人。人民法院经审理认定申请有事实根据的,判决该公民为无民事行为能力或者限制民事行为能力人。本案中,原审被告赵某某为脑梗患者,自主表达存在一定的障碍。一审法院曾两次前往赵某某家中送达诉讼材料、告知其被上诉人的诉讼请求以及赵某某享有的诉讼权利,并告知其如果自行表达存在障碍,可以申请法律援助或向法院申请对赵某某本身的行为能力启动特别程序进行确认。同时,在一审庭审过程中,一审法院再次就赵某某是否申请启动特别程序以确认其是否具有民事行为能力进行释明,均因无人申请而未启动。故一审法院对本案审理的程序并无不当之处。现上诉人金某某上诉期间申请对原审被告赵某某的行为能力进行鉴定,且本案的处理结果关乎原审被告赵某某的实体权利。因此,为了切实保护各方当事人的合法权益,本案待原审被告赵某某行为能力认定后再行处理较为适宜。

第三十六条 【刑事案件法律援助的指派程序】人民法院、人民检察院、公安机关办理刑事案件，发现有本法第二十五条第一款、第二十八条规定情形的，应当在三日内通知法律援助机构指派律师。法律援助机构收到通知后，应当在三日内指派律师并通知人民法院、人民检察院、公安机关。

条文解读

本条是关于刑事案件法律援助的指派程序的规定。

本法正式颁布之前，有关人民法院、人民检察院、公安机关通知法律援助机构指派律师的规定散见于《刑事诉讼法》《人民检察院刑事诉讼规则》《法律援助条例》《最高人民法院、司法部关于开展刑事案件律师辩护全覆盖试点工作的办法》《法律援助值班律师工作办法》《最高人民法院、最高人民检察院、公安部、司法部关于刑事诉讼法律援助工作的规定》等规范性文件之中。随着《刑事诉讼法》的修订、各种部门规范性文件的发布，我国刑事案件法律援助制度发生了较大的变动：一是扩大了刑事案件法律援助的适用对象；二是明确了人民法院、人民检察院、公安机关通知法律援助机构指派律师的义务；三是限定了通知、指派法律援助的时间。本条规定对以上法律法规中关于刑事案件法律援助指派程序的规定进行了整合。

1. 扩大了刑事案件法律援助的适用对象

依据《刑事诉讼法》第 35 条和第 278 条的规定，刑事案件应当适用法律援助的对象包括：(1)未成年人；(2)盲、聋、哑人；(3)尚未完全丧失辨认或者控制自己行为能力的精神病人；(4)可能被判处无期徒刑、死刑的人。依据本法第 25 条第 1 款、第 28 条的规定，刑事案件法律援助的适用主体不仅直接增加了死刑复核案件被告人、缺席审判案件的被告人、强制医疗案件的被申请人或者被告人三类主体，还增加了兜底条款，以扩大法律援助的覆盖面。

2. 明确了人民法院、人民检察院、公安机关通知法律援助机构指派律师的义务

现行法律法规对于公检法通知义务的规定均具有一定缺陷。《刑事诉讼法》第 35 条和第 278 条规定了人民法院、人民检察院和公安机关应当通知法律援助机构指派律师为犯罪嫌疑人、被告人提供辩护。但是,缺少适用主体和通知期限,具有滞后性。《最高人民法院、司法部关于开展刑事案件律师辩护全覆盖试点工作的办法》第 2 条规定,被告人具有《刑事诉讼法》规定应当通知辩护的情形,没有委托辩护人的,人民法院应当通知法律援助机构指派律师为其提供辩护。《人民检察院刑事诉讼规则》第 42 条规定,人民检察院办理直接受理侦查案件和审查起诉案件,发现犯罪嫌疑人是盲、聋、哑人或者是尚未完全丧失辨认或者控制自己行为能力的精神病人,或者可能被判处无期徒刑、死刑,没有委托辩护人的,应当自发现之日起 3 日以内书面通知法律援助机构指派律师为其提供辩护。以上两条规定对于通知机关的规定不完整。本条规定参照《最高人民法院、最高人民检察院、公安部、司法部关于刑事诉讼法律援助工作的规定》第 9 条的规定,在补齐了适用主体和通知主体的基础上,还规定了通知期限,以法律的形式明确了人民法院、人民检察院、公安机关通知法律援助机构指派律师的义务。

3. 限定了通知、指派法律援助的时间

《刑事诉讼法》《最高人民法院、司法部关于开展刑事案件律师辩护全覆盖试点工作的办法》都规定了公检法机关通知法律援助的义务,但是并没有对通知时间和期限作出规定。参考《最高人民法院、最高人民检察院、公安部、司法部关于刑事诉讼法律援助工作的规定》第 9 条、《江西省法律援助条例》第 27 条、《重庆市法律援助条例》第 30 条的相关规定,本条将公检法机关通知法律援助的时间规定为发现有本法第 25 条第 1 款、第 28 条规定情形的 3 日内,法律援助机构的指派时间限定为接到通知后的 3 日内,提高了法律援助工作的效率,也为辩护律师预留了充裕的准备

时间,使辩护具有实质意义。

适用要点

适用本条规定应当注意以下三点:(1)指派法律援助的阶段性。目前,法定法律援助案件的律师辩护在审前程序中存在一定程度上的缺失,很多案件在侦查阶段和审查起诉阶段应当指定辩护的却未指定辩护,这需要通过本条规定的指引,建立公、检、法、司四机关协同协作机制,公安机关、人民检察院、人民法院在侦查、审查起诉、审判阶段发现有本法第25条第1款、第28条规定情形的,均应当及时通知法律援助机构指派律师,缓解法律援助工作集中在审判阶段的压力。(2)适用主体的全面性。本法将刑事案件应当进行法律援助的对象,由此前《刑事诉讼法》中规定的四类主体扩张到八类。增加了死刑复核案件被告人、缺席审判案件的被告人、法律法规规定的其他人员、强制医疗案件的被申请人或者被告人四类主体。因此,在适用本条规定时应严格依照本法第25条第1款和第28条的规定,保障刑事案件法律援助主体的全面性,实现刑事案件律师辩护全覆盖。(3)通知、指派时间的及时性。《法律援助条例》第20条规定,由人民法院指定辩护的案件,人民法院在开庭10日前将指定辩护通知书和起诉书副本或者判决书副本送交其所在地的法律援助机构;第21条规定,对人民法院指定辩护的案件,法律援助机构应当在开庭3日前将确定的承办人员名单回复作出指定的人民法院。《法律援助条例》规定人民法院的通知期限和法律援助机构指派人员的时间过短,无法保障法律援助律师对案件进行充分了解以实现有效辩护。2013年印发的《最高人民法院、最高人民检察院、公安部、司法部关于刑事诉讼法律援助工作的规定》第9条和第12条规定,公安机关、人民检察院、人民法院应当自发现该情形之日起3日内,通知所在地同级司法行政机关所属法律援助机构指派律师为其提供辩护,法律援助机构应当自作出给予法律援助决定或者自收到通知辩护公函、通知代理公函之日起3日内,确定承办律师并函告公安机关、人民检察院、人民法院。本条规定以法律形式对此项工作办法予以法定化，要求公安机关、人民检察院、人民法院、法律援助机构在办理刑事案件时通知法律援助的及时性。

关联法规

《刑事诉讼法》第35、278条；《最高人民法院关于适用〈中华人民共和国刑事诉讼法〉的解释》第44条；《人民检察院刑事诉讼规则》第42条；《最高人民法院、司法部关于开展刑事案件律师辩护全覆盖试点工作的办法》第2条；《最高人民法院、最高人民检察院、公安部、司法部关于刑事诉讼法律援助工作的规定》第9、12条

典型案例

王某某故意杀人案〔1〕

案例要点：本条作为刑事案件指定辩护程序的规定，实践中需要与本法第25条第1款和第28条结合适用。本条规定了人民法院、人民检察院、公安机关办理刑事案件，如果发现有本法第25条第1款和第28条规定的指定辩护情形，具有通知法律援助机构指派律师的责任。同时，办案机关和法律援助机构应当注意法律援助的及时性。办案机关应当在发现指定辩护情形3日内通知法律援助机构，法律援助机构应当在收到通知后3日内指派律师并对办案机关作出回复。本案的被告人王某某系尚未完全丧失辨认或者控制自己行为能力的精神病人，人民法院向王某某告知了在法院审理期间的诉讼权利，征求了其对回避，管辖，非法证据排除，申请证人出庭，申请重新勘验、鉴定等程序性问题的意见，并进行了相关法律程序的释

〔1〕 北京市第一中级人民法院(2019)京01刑初72号。

明，被告人王某某表示均无异议，并表示不委托辩护人，法院依法通知法律援助机构指派律师为王某某提供辩护。

第三十七条　【值班律师的法律保障】人民法院、人民检察院、公安机关应当保障值班律师依法提供法律帮助，告知没有辩护人的犯罪嫌疑人、被告人有权约见值班律师，并依法为值班律师了解案件有关情况、阅卷、会见等提供便利。

条文解读

本条是关于人民法院、人民检察院、公安机关保障没有辩护人的犯罪嫌疑人、被告人依法获得值班律师法律帮助的规定。

1. 人民法院、人民检察院、公安机关应当保障值班律师依法提供法律帮助

为深入贯彻落实中共中央办公厅、国务院办公厅印发的《关于完善法律援助制度的意见》，充分发挥法律援助值班律师在以审判为中心的刑事诉讼制度改革和认罪认罚从宽制度改革试点中的职能作用，依法维护犯罪嫌疑人、刑事被告人诉讼权利，加强人权司法保障，促进司法公正，法律援助机构派驻值班律师，为没有辩护人的犯罪嫌疑人、刑事被告人提供法律帮助。依据《法律援助值班律师工作办法》第 2 条规定，“值班律师”是指法律援助机构在看守所、人民检察院、人民法院等场所设立法律援助工作站，通过派驻或安排的方式，为没有辩护人的犯罪嫌疑人、被告人提供法律帮助的律师。依据《法律援助值班律师工作办法》第 4 章可知，人民法院、人民检察院、公安机关应当为值班律师进行以下保障：(1)第 26 条规定，看守所、人民检察院、人民法院应当为法律援助工作站提供必要办公场所和设施。有条件的人民检察院、人民法院，可以设置认罪认罚等案件专门办公区域，为值班律师设立专门会见室。(2)第 28 条规定，公安机

关(看守所)、人民检察院、人民法院应当与法律援助机构确定工作台账格式,将值班律师履行职责情况记录在案,并定期移送法律援助机构。(3)第31条规定,法律援助机构应当建立值班律师培训制度,值班律师首次上岗前应当参加培训,公安机关、人民检察院、人民法院应当提供协助。(4)第33条规定,司法行政机关会同公安机关、人民检察院、人民法院建立值班律师工作会商机制,明确专门联系人,及时沟通情况,协调解决相关问题。

2. 告知没有辩护人的犯罪嫌疑人、被告人有权约见值班律师

依据《刑事诉讼法》第36条规定,人民法院、人民检察院、看守所具有告知犯罪嫌疑人、被告人有权约见值班律师,为犯罪嫌疑人、被告人约见值班律师提供便利的责任。依据《法律援助值班律师工作办法》第12条规定,公安机关、人民检察院、人民法院应当在侦查、审查起诉和审判各阶段分别告知没有辩护人的犯罪嫌疑人、被告人有权约见值班律师获得法律帮助,并为其约见值班律师提供便利。这条规定对《刑事诉讼法》第36条和本条规定进行了补充:其一,公安机关、人民检察院、人民法院在侦查、审查起诉和审判各阶段均具有告知义务,保证值班律师可以在案件的不同阶段都可以及时为犯罪嫌疑人、被告人提供法律帮助;其二,告知对象为“没有辩护人的犯罪嫌疑人、被告人”。依据《刑事诉讼法》第33条的规定,犯罪嫌疑人、被告人有自己辩护或委托他人为自己辩护的权利;第35条规定,犯罪嫌疑人、被告人因经济困难或者其他原因没有委托辩护人的,本人及其近亲属可以向法律援助机构提出申请。依据《法律援助值班律师工作办法》第14条规定,犯罪嫌疑人、被告人没有委托辩护人并且不符合法律援助机构指派律师为其提供辩护的条件,要求约见值班律师的,公安机关、人民检察院、人民法院应当及时通知法律援助机构安排。可见,犯罪嫌疑人、被告人申请法律援助机构为其指派律师辩护具有法定条件,并不是所有人都具备法律援助辩护的法定条件。但是,没有辩护人的犯罪嫌疑人、被告人均有约见值班律师的权利,人民法院、人民检察院、公安机关具有告知义务。

3. 依法为值班律师了解案件有关情况、阅卷、会见等提供便利

依据《法律援助值班律师工作办法》的规定，人民法院、人民检察院、公安机关应当保障值班律师以下基本权利，并为其行使权利提供便利：(1)依法保障值班律师的会见权。公检法机关应当告知没有辩护人的犯罪嫌疑人、被告人有权约见值班律师获得法律帮助，并为其约见值班律师提供便利。犯罪嫌疑人、被告人没有委托辩护人并且不符合通知辩护条件，要求约见值班律师的，公安机关、人民检察院、人民法院应当及时通知法律援助机构安排值班律师为其提供法律帮助。(2)赋予值班律师阅卷权。即自案件移送审查起诉之日起，值班律师可以查阅案卷材料、了解案情。人民检察院应当及时安排，为值班律师查阅案卷材料提供便利。已经实现卷宗电子化的地方，可以安排在线阅卷。(3)为派驻值班律师提供办公便利。对法律援助机构在公检法机关设立法律援助工作站派驻值班律师的，公检法机关均给予提供专门场所和设施。有条件的还可设置值班律师专门办公区域，为值班律师设立会见室，给值班律师依法履职提供保障。

适用要点

2018 年修订的《刑事诉讼法》确立了值班律师制度，2019 年中共中央办公厅、国务院办公厅印发《关于加快推进公共法律服务体系建设的意见》，明确提出“加强法律援助值班律师工作，推进法律援助参与认罪认罚从宽案件办理工作，依法保障刑事诉讼当事人合法权益”。2019 年司法部印发《全面深化司法行政改革纲要(2018—2022 年)》，要求“健全完善法律援助值班律师制度。完善值班律师工作运行机制，细化值班律师职责范围、权利保障、监督管理、工作保障措施”。本条的实施主体为人民法院、人民检察院、公安机关，全国公检法机关应当从两个方面保障犯罪嫌疑人、被告人依法获得值班律师法律帮助和保障值班律师顺利开展工作：一是加强法律援助中心驻公检法机关工作站建设保障，为法律援助工作

站建设提供必要的办公场所和设施,为值班律师开展工作提供办公条件,依法为值班律师了解案件有关情况、阅卷、会见等提供必要的便利。二是尽到值班律师法律帮助制度告知责任。看守所应将值班律师制度相关内容纳入在押人员权利义务告知书,犯罪嫌疑人、被告人入所时在告知书上签字确认。通过电教系统宣讲、民警谈话教育等方式告知犯罪嫌疑人、被告人值班律师的工作职责,以及如何申请法律帮助。看守所通过电子屏、警务公开栏、宣传册等,向在押人员家属宣传值班律师工作制度。多措并举推进法律援助值班律师工作开展,保障没有辩护人的犯罪嫌疑人、被告人的合法权益,保障刑事诉讼顺利进行。

关联法规

《刑事诉讼法》第 36 条;《法律援助值班律师工作办法》第 2、12、26、28、31、33 条

典型案例

潘某某故意伤害案[1]

案例要点:本条规定明确了办案机关的法定责任,实践中办案机关应当注意履行其保障值班律师依法提供法律帮助,告知没有辩护人的犯罪嫌疑人、被告人有权约见值班律师,依法为值班律师提供便利三项责任。本案在审判期间,人民法院履行了其保障、告知、提供便利的责任,及时通知法律援助机构派驻的值班律师为被告人潘某某提供法律帮助,并为值班律师提供了其所需的便利。

〔1〕 北京市大兴区人民法院(2021)京 0115 刑初 712 号。

第三十八条 【法律援助的管辖】对诉讼事项的法律援助，由申请人向办案机关所在地的法律援助机构提出申请；对非诉讼事项的法律援助，由申请人向争议处理机关所在地或者事由发生地的法律援助机构提出申请。

条文解读

本条是关于法律援助的管辖的规定。

法律援助的管辖，对于申请法律援助的公民来说，是要解决到哪个法律援助机构去提出申请的问题；对法律援助机构来说，是确定同级法律援助机构之间以及上下级法律援助机构之间受理法律援助案件或事项的权限与分工问题。本法实施之前，法律援助管辖问题主要规定在《法律援助条例》和法律援助地方性法规之中。旧法的管辖规定分为以下四种模式：第一，申请民事、行政法律援助的管辖机构（列举式）+申请刑事法律援助的管辖机构（概括式），这种模式以国务院《法律援助条例》第14条、第15条为开端。第二，申请民事、行政法律援助的管辖机构（概括式）+申请刑事法律援助的管辖机构（概括式），这种模式以司法部《办理法律援助案件程序规定》第8条的规定为代表。第三，申请诉讼事项法律援助的管辖机构（概括式）+申请非诉讼事项法律援助的管辖机构（概括式），这种管辖模式主要规定在地方性法规之中，例如《北京市法律援助条例》第15条、《福建省法律援助条例》第15条、第16条。第四，法律援助管辖机构的原则规定（概括式）+法律援助管辖机构的特别规定（概括式），采用这一类型的地方性法规有《辽宁省法律援助条例》第18条的规定。本法关于管辖的规定摒弃了《法律援助条例》第14条、第15条规定的管辖模式，在第24条、第25条、第28条规定了刑事、民事、行政方面可以申请法律援助的事项类型，但是不再进行列举式规定，将法律援助事项分为诉讼和非诉讼两种，采取概括性的一般地域管辖规定。

（1）对诉讼事项的法律援助，由申请人向办案机关所在地的法律援助机构提出申请。公民申请法律援助的事项属于诉讼事项的，应当向有管辖权的人民法院的同级司法行政部门主管的法律援助机构提出申请。对于指定辩护的刑事案件，在侦查阶段或审查起诉阶段，向办理案件的公安机关或者人民检察院所在地的同级司法行政部门主管的法律援助机构提出申请。

（2）对非诉讼事项的法律援助，由申请人向争议处理机关所在地或者事由发生地的法律援助机构提出申请。《法律援助条例》和各省地方性法规并未明确、系统地规定非诉讼法律援助，但在各地司法厅公布的规范性文件中对非诉讼事项法律援助进行了规定。例如，依据云南省司法厅制定的《云南省非诉讼法律援助工作暂行规定》第 2 条的规定，本规定所称非诉讼法律援助是指法律援助机构组织法律援助人员，对符合法律援助条件的当事人，以诉讼或仲裁以外的形式提供免费法律服务的活动；第 5 条规定，非诉讼法律援助的形式：①代理参与调解；②代理协商、和解；③代理进行公证等法律事务；④可以提供和采取的其他非诉讼法律服务。此外，浙江省司法厅还制定了《浙江省公证法律援助实施办法（试行）》和《浙江省司法鉴定法律援助工作规定》，明确规定了公证和司法鉴定两项非诉讼事项的法律援助。综上，所谓“非诉讼事项”，是指除诉讼和仲裁案件以外的法律援助事项。所谓“争议处理机关所在地”，是指公证机构、司法鉴定机构等处理争议的机关所在地；“事由发生地”，是指需要以调解、协商、和解等非诉讼方式解决的纠纷发生地。

适用要点

以“诉讼事项法律援助管辖 + 非诉讼事项法律援助管辖”为基础的管辖模式，适用一般地域管辖时应当注意：（1）明确诉讼案件和非诉讼事项的内涵。将法律援助事项分为诉讼事项和非诉讼事项。其中，诉讼事项，是指需要通过法院的诉讼程序解决纠纷的案件，包括指定（通知）刑事辩护案件、非指定刑事辩护案件以及民事、行政诉讼案件。"非诉讼事项"，是指除诉讼和仲裁案件以外的法律援助事项，包括争议调解、协商、和解等非诉讼纠纷解决方式。(2)诉讼案件的一般地域管辖应依据其他法律的规定，确定办案机关所在地并向其同级法律援助机构申请法律援助。《刑事诉讼法》第19条规定，刑事案件的侦查由公安机关进行，法律另有规定的除外。第25条规定，刑事案件由犯罪地的人民法院管辖。如果由被告人居住地的人民法院审判更为适宜的，可以由被告人居住地的人民法院管辖。因此，刑事案件的申请人应当向侦查案件的公安机关、审查起诉的检察院以及审判案件的人民法院所在地的同级法律援助机构提出申请。民事诉讼的法律援助申请人应当依据《民事诉讼法》第21条、第22条关于地域管辖的规定，向受案法院同级的法律援助机构提出申请。行政诉讼的法律援助申请人应当依据《行政诉讼法》第18条关于地域管辖的规定，向受案法院同级的法律援助机构提出申请。(3)关于级别管辖。诉讼事项的法律援助，申请人应当向办理案件机关同级的司法行政部门管辖的法律援助机构提出申请。

关联法规

《刑事诉讼法》第19、25条；《民事诉讼法》第21、22条；《行政诉讼法》第18条

典型案例

田某某交通肇事案[1]

案例要点：本条规定是关于申请法律援助管辖的问题。实践中，申请人应当注意对法律援助事项类型的识别并结合其他法律关于地域管辖的

---

[1] 浙江省嘉兴市秀洲区人民法院(2021)浙0411刑初165号。

规定适用。首先，申请人应当识别其需要法律援助的事项属于诉讼类事项还是非诉讼类事项。其次，再根据法律援助事项的类型，结合《刑事诉讼法》《民事诉讼法》《行政诉讼法》中地域管辖的规定，向对应的法律援助机构提出申请。本案属于刑事诉讼案件，根据《法律援助条例》和《刑事诉讼法》的规定，被告人田某某有权申请法律援助，嘉兴市秀洲区人民法院依法通知其同级法律援助机构即嘉兴市秀洲区法律援助中心，该中心指派浙江亨泽律师事务所律师为其辩护。

第三十九条　【转交法律援助申请的程序】被羁押的犯罪嫌疑人、被告人、服刑人员，以及强制隔离戒毒人员等提出法律援助申请的，办案机关、监管场所应当在二十四小时内将申请转交法律援助机构。

犯罪嫌疑人、被告人通过值班律师提出代理、刑事辩护等法律援助申请的，值班律师应当在二十四小时内将申请转交法律援助机构。

条文解读

本条是关于转交法律援助申请的程序的规定。

(1)第1款是关于办案机关、监管场所为他人转交法律援助申请的规定，是由《法律援助条例》第15条规定演化而来。依据《法律援助条例》第15条规定，被羁押的犯罪嫌疑人的申请由看守所在24小时内转交法律援助机构，申请法律援助所需提交的有关证件、证明材料由看守所通知申请人的法定代理人或者近亲属协助提供。申请转交法律援助申请的人员仅限于被羁押的犯罪嫌疑人，转交机关仅为看守所，这大大限制了其他被羁押人员以及被监管人员申请法律援助的权利。“羁押”，是指为防止被告人、犯罪嫌疑人逃跑、自杀、毁证串供、继续犯罪，保障有效查明犯罪并顺利审判，对犯罪嫌疑人、被告人强制性剥夺人身自由的措施。羁押期限包括拘留的期限，逮捕后的侦查羁押期限，审查起诉期限，一、二审的审限，如果是应该判处死刑的案件，还应包括死刑复核、核准的期限。因此，被羁押的对象不仅包括犯罪嫌疑人，还应包括被告人和服刑人员。“强制隔离戒毒人员”，依据《禁毒法》第 38 条规定，是指吸毒成瘾严重，通过社区戒毒难以戒除毒瘾的人员，公安机关决定强制隔离戒毒或者自愿接受强制隔离戒毒的人员。司法部《办理法律援助案件程序规定》第 11 条规定，被羁押的犯罪嫌疑人、被告人、服刑人员，劳动教养人员、强制隔离戒毒人员申请法律援助的，可以通过办理案件的人民法院、人民检察院、公安机关或者所在监狱、看守所、劳动教养管理所、强制隔离戒毒所转交申请。本条规定吸收了《办理法律援助案件程序规定》第 11 条的合理之处，扩大了关于申请主体和转交机关的范围。被羁押、监管之后由于人身自由被剥夺，法律援助申请无法由本人递交，办案机关、监管场所应当在接到申请之后的 24 小时内转交法律援助机构。

（2）第 2 款是关于值班律师为犯罪嫌疑人、被告人转交法律援助申请的规定。依据《法律援助值班律师工作办法》第 2 条规定，“值班律师”是指法律援助机构在看守所、人民检察院、人民法院等场所设立法律援助工作站，通过派驻或安排的方式，为没有辩护人的犯罪嫌疑人、被告人提供法律帮助的律师。《法律援助值班律师工作办法》第 6 条规定，值班律师具有帮助犯罪嫌疑人、被告人及其近亲属申请法律援助的职责。根据本条的规定，不同诉讼阶段的犯罪嫌疑人、被告人可以在值班律师为其提供法律帮助的过程中，通过值班律师直接向法律援助机构提出申请，减少了由办案机关、监管场所转交申请的程序，提高了司法效率。值班律师应当在 24 小时内将申请转交法律援助机构，保障了法律援助的及时性，有利于法律帮助与法律援助之间的衔接。

适用要点

适用本条规定应注意以下三点:(1)申请主体。申请转交法律援助申请的主体包括本条规定的被羁押的犯罪嫌疑人、被告人、服刑人员,以及强制隔离戒毒人员。此外,还应当包括行政拘留、司法拘留等被限制人身自由的人员。被羁押的犯罪嫌疑人申请法律援助的程序不适用申请刑事诉讼法律援助的一般规定。本条规定的申请主体由于被羁押、被监管,因人身自由受到限制无法亲自到法律援助机构去递交法律援助申请。为了保证这部分申请人可以行使其法律援助权利,本条例外地规定这类主体的申请由办案机关、监管机关、值班律师转交法律援助机构。(2)转交主体。本条第1款规定的转交主体为办案机关和监管机关,具体应包括人民法院、人民检察院、公安机关、监狱机关、看守所、强制隔离戒毒所。以上主体具有将法律援助申请转交法律援助机构的义务。第2款规定的转交主体为派驻或安排在看守所、人民检察院、人民法院等场所的值班律师。(3)转交时限。转交主体转交刑事法律援助申请的时间要求是在24小时之内。为了保证被限制人身自由的申请人能够及时得到法律援助机构的帮助,其合法权益能够得到及时的保障,本条规定转交主体应当在24小时内将申请人的申请转交给同级法律援助机构。

关联法规

《禁毒法》第38条;《办理法律援助案件程序规定》第11条;《法律援助值班律师工作办法》第2、6条;《最高人民法院、最高人民检察院、公安部、司法部关于刑事诉讼法律援助工作的规定》第8条;《人民检察院刑事诉讼规则》第43条

典型案例

李某某诈骗案[1]

案例要点：本条规定了办案机关、监管场所以及值班律师转交法律援助申请的责任。实践中，被羁押的犯罪嫌疑人、被告人、服刑人员，以及强制隔离戒毒人员等被限制人身自由的人员也具有申请法律援助的权利。由于申请人员的人身自由受限，可以通过办案机关、监管场所以及值班律师代为将其法律援助申请转交法律援助机构。此外，转交机关及人员应当注意转交时限，在收到转交委托的24小时内，应当将法律援助申请转交法律援助机构。本案中，被告人李某某申请法律援助，嘉兴市秀洲区人民法院依法转交嘉兴市秀洲区法律援助中心，该中心指派浙江正菲律师事务所律师胡某某为被告人李某某辩护。根据本条规定，嘉兴市秀洲区人民法院应当在24小时内将被告人的法律援助申请转交嘉兴市秀洲区法律援助中心。

第四十条　【代为提出法律援助申请】无民事行为能力人或者限制民事行为能力人需要法律援助的，可以由其法定代理人代为提出申请。法定代理人侵犯无民事行为能力人、限制民事行为能力人合法权益的，其他法定代理人或者近亲属可以代为提出法律援助申请。

被羁押的犯罪嫌疑人、被告人、服刑人员，以及强制隔离戒毒人员，可以由其法定代理人或者近亲属代为提出法律援助申请。

[1] 浙江省嘉兴市秀洲区人民法院(2021)浙0411刑初119号。

条文解读

本条是关于代为提出法律援助申请的规定。

本条共分两款。第1款是关于代为无民事行为能力人和限制行为能力人提出法律援助申请的规定,基本沿用了《法律援助条例》第16条关于法定代理的规定,仅对有关申请人和法定代理人利益冲突的表述进行了修改。依据《民法典》第19~22条的规定,无民事行为能力人包括:(1)不满8周岁的未成年人;(2)不能辨认自己行为的未成年人。限制民事行为能力人包括:(1)8周岁以上的未成年人;(2)不能辨认自己行为的成年人。无民事行为能力人由其法定代理人代理实施民事法律行为。限制民事行为能力人实施民事法律行为由其法定代理人代理或者经其法定代理人同意、追认;但是,可以独立实施纯获利益的民事法律行为或者与其智力、精神健康状况相适应的民事法律行为。无民事行为能力人和限制行为能力人由于年龄尚浅或认识自己行为的能力不足,其需要申请法律援助可以由其法定代理人代为提出申请。依据《民法典》第23条规定,无民事行为能力人、限制民事行为能力人的监护人是其法定代理人。第28条规定,无民事行为能力或者限制民事行为能力的成年人,由下列有监护能力的人按顺序担任监护人:(1)配偶;(2)父母、子女;(3)其他近亲属;(4)其他愿意担任监护人的个人或者组织,但是须经被监护人住所地的居民委员会、村民委员会或者民政部门同意。但是本条规定在特殊情况下,法定代理人侵犯无民事行为能力人、限制民事行为能力人合法权益的,要由与该争议事项无利害关系的其他法定代理人代为提出法律援助申请。原因是,无民事行为能力人或者限制民事行为能力人的法定代理人负有监督保护被代理人的权益和行为的职责,如果法定代理人与其代理的无民事行为能力人或者限制民事行为能力人之间有利益冲突,该法定代理人可能会不履行其法定的监护职责。此时,如果仍然机械地规定由法定代理人代理其申请法律援助必然会损害该无民事行为能力人或限制行为能力人的利益。因此,此时代为申请主体应为侵犯无民事行为能力人和限制行为能力人利益以外的法定代理人和近亲属。依据《民法典》第 1045 条的规定，近亲属包括配偶、父母、子女、兄弟姐妹、祖父母、外祖父母、孙子女、外孙子女。

第 2 款是关于被限制人身自由人员特别代理的规定，吸收了地方性法规的有益经验。如《重庆市法律援助条例》第 19 条、《辽宁省法律援助条例》第 14 条规定，被羁押的犯罪嫌疑人、被告人、服刑人员和强制隔离戒毒人员申请法律援助的可以由其法定代理人、近亲属代为申请。《江苏省法律援助条例》第 15 条规定，申请人被限制人身自由的，申请人的近亲属可以代为申请。《法律援助条例》第 16 条只规定了可以为无民事行为能力人或限制行为能力人代为申请法律援助的情形，并未对限制人身自由人员的代理申请法律援助进行规定，本条第 2 款规定弥补了立法的空白，赋予被限制人身自由人员被代理申请法律援助的权利。依据《刑事诉讼法》第 108 条的规定，法定代理人是指被代理人的父母、养父母、监护人和负有保护责任的机关、团体的代表；"近亲属"是指夫、妻、父、母、子、女、同胞兄弟姊妹。

适用要点

在适用本条第 1 款规定时，应当注意以下要点：(1)代为申请的条件。申请法律援助的主体需为无民事行为能力人或限制民事行为能力人，才可以由其法定代理人代为提出申请。(2)代为申请主体。一般情况下代为申请人为无民事行为能力人和限制民事行为能力人的法定代理人。(3)利益冲突下的特别规定。当法定代理人与无民事行为能力人、限制民事行为能力人发生利益冲突时，如果法律仍机械地规定由法定代理人代理其申请法律援助必然会损害无民事行为能力人或限制民事行为能力人的利益。本条规定正是考虑到实践中的这种特殊情况，明确规定当法定代理人侵犯无民事行为能力人、限制民事行为能力人合法权益时，由其他法定代理人或近亲属代为提出法律援助申请。

在适用本条第2款被限制人身自由者的特别代理时，应特别注意如下三点：（1）应明确规定被代理人的范围，一般来说，特别代理的被代理人与本法第39条规定的“转交申请的被代理人”应当是一致的。（2）第2款规定适用于被限制人身自由者没有提出法律援助申请，而由其法定代理人或近亲属代为提出，且最终得到被限制人身自由者确认的情形。（3）代为提出的法律援助申请应与被代理人人身自由受限制的事由相关，其他事项不宜通过特别代理的方式代为提出，而应由被代理人自行提出。

关联法规

《民法典》第19～23、28、1045条；《刑事诉讼法》第108条

典型案例

刘某某与彭某1、彭某2赡养费纠纷案[1]

案例要点：本条是关于代他人提出法律援助申请的规定。实践中，对于“无民事行为能力人”“限制行为能力人”“法定代理人”“近亲属”等概念需要结合《民法典》《刑事诉讼法》的规定进行界定。无民事行为能力人或者限制民事行为能力人需要法律援助的，可以由其法定代理人代为提出申请，但应当注意例外规定。被限制人身自由的人员，可以由其法定代理人或者近亲属代为提出法律援助申请。本案中，原告刘某某因手术成为植物人状态，系《民法典》第21条规定的无民事行为能力人，经其监护人彭某某申请，由梧州市万秀区法律援助中心对赡养费纠纷给予法律援助。原告的监护人彭某某和被告人彭某1、彭某2是同胞三兄妹，均为原告刘某某的亲生女儿，即法定代理人。但由于彭某1、彭某2拒绝支付原告刘某某的

〔1〕 梧州市万秀区人民法院（2019）桂0403民初546号。

赡养费,侵害了无民事行为能力人的合法利益,属于本条第1款中规定的例外情形。因此,刘某某申请法律援助,应适用本条第1款的规定,由除去彭某1、彭某2以外的法定代理人,即彭某某代为申请法律援助。

第四十一条 【经济困难状况的说明及核查】因经济困难申请法律援助的,申请人应当如实说明经济困难状况。

法律援助机构核查申请人的经济困难状况,可以通过信息共享查询,或者由申请人进行个人诚信承诺。

法律援助机构开展核查工作,有关部门、单位、村民委员会、居民委员会和个人应当予以配合。

条文解读

本条是关于因经济困难申请法律援助的,申请人如实说明经济困难状况,并由法律援助机构进行核查或者由申请人进行个人诚信承诺,有关单位和个人应当配合核查的规定。

1. 本条有关申请法律援助经济困难证明事项的具体规定

(1)因经济困难申请法律援助的,申请人应当如实说明经济困难状况。本条第1款是对经济困难的申请人"如实说明经济困难状况"义务的规定。需要注意的是,经济困难申请人对经济困难的证明只需要"如实说明"即可,未对"如实说明"形式作具体规定,这在一定程度上有利于申请人获得法律援助,切实体现法律援助工作作为一项重要民生工程的理念。在实践中,"如实说明"有提交证明材料和告知承诺等形式。申请人可自主选择是否采用告知承诺替代证明材料,申请人不愿承诺或无法承诺的,应当提交规定的证明材料。

(2)法律援助机构核查申请人的经济困难状况,可以通过部门信息共享查询对申请人的经济困难状况进行核查,或者由申请人进行个人诚信承诺。第一,法律援助机构原则上应当对申请人的经济困难状况进行核查,除非符合本法第42条规定的情形,方可免予核查经济困难状况。本条款规定法律援助机构核查申请人的经济困难状况,可以通过部门信息共享进行核查。这主要是考虑到我国部门信息共享机制还没有完全建立,因而赋予法律援助机构通过部门信息共享进行核查的权力。一方面,有利于有条件的法律援助机构高效便捷核查信息;另一方面,也极大便利申请人,利于其及时获得法律援助。第二,法律援助机构对申请人经济困难状况的核查方式,可以由申请人进行个人诚信承诺。和《法律援助条例》中规定的“提交证明材料的他证方式”相比,申请人的个人诚信承诺是一种自证方式。从我国实际情况看来,我国公民的诚信制度同前文提及的部门信息共享机制一样,都还未完全建立,现阶段并不是全面推行法律援助机构对申请人经济状况进行实质性核查的最佳时机。因而,法律规定法律援助机构对申请人经济困难状况的核查可以通过部门信息共享查询核查,也可以由申请人进行个人诚信承诺。

(3)法律援助机构开展核查工作,有关部门、单位、村民委员会、居民委员会和个人应当予以配合。法律援助机构对经济困难申请人“经济困难状况”进行核查需要相关主体的配合,有关部门、单位、村民委员会、居民委员会以及个人等负有配合法律援助机构开展核查工作的义务。实践中,基层法律援助机构人员普遍较少,相关主体配合开展核查工作义务的规定有利于缓解法律援助机构人手不足的现象。同时,相关主体配合法律援助机构开展核查工作,也利于降低法律援助机构核查成本,提高核查效率,便利申请人。

2. 本条有关申请法律援助经济困难证明事项实行告知承诺制以及部门信息共享查询的重要意义

(1)法律援助机构落实“减证便民”规定,打通法律援助服务困难群众“最后一公里”。《法律援助条例》第17条对申请法律援助应当提交的证件以及证明材料进行了规定,根据规定,公民申请法律援助应当提交身份证明、有代理权的证明、经济困难的证明、与所申请法律援助事项有关的案件材料等，该条对申请书的形式也作了规定。近几年来，各地在深入“放管服”改革中，为了降低困难群众申请法律援助的门槛，急群众之所急，减少证明事项，积极开展法律援助经济困难证明告知承诺制试点。在此背景下，本法对《法律援助条例》中的规定进行了调整，并没有明确规定因经济困难申请法律援助需要提交的证件、证明材料，也并未保留申请人提供经济困难证明的相关表述，但规定了申请人“如实说明经济困难状况”的义务。受制于各种因素，我国当前还无法真正实现完全意义上的申请法律援助经济困难证明告知承诺制，提交证明材料与告知承诺替代并行，但是本条款的规定很大程度上凸显出“放管服”改革减少证明便利申请人的原则精神。

(2)法律援助机构通过部门信息共享查询，对申请人的经济困难状况进行核查，为法律援助精准赋能。本法赋予法律援助机构通过部门信息共享进行核查的权力，让有条件的地区依托信息共享系统，提升法律援助工作效率和质量。部门共享查询申请人经济困难状况是对“数据多跑路，群众少跑腿”的便民利民原则的贯彻落实，简化法律援助办理手续，提升法律援助服务质量。同时，通过部门信息共享机制进行实时查询，能够及时排除不符合提供法律援助条件的情形，进一步提高法律援助工作的规范化、科学化、精准化程度，真正做到让切实需要法律援助服务的群体享受到更高质量的服务。虽然当前我国部门信息共享机制还未完全建立，但是该机制的运行实效较好，极大地便利了人民群众申请法律援助，提高了法律援助工作效率。

适用要点

本条在适用过程中，需要重点关注以下三点。第一，对经济困难申请人“如实说明经济困难状况”的义务的理解。根据《法律援助条例》规定，经济困难公民申请法律援助，需要提供经济困难的证明材料。对于经济困难的证明材料，实践中各地规定不尽一致。比如，《四川省法律援助条例》第21条第1款规定，公民的经济困难证明，由其住所地或者经常居住地的村民委员会或者社区居民委员会出具，并由乡（镇）人民政府或者街道办事处确认。《湖北省法律援助条例》第20条第1款第2项规定，公民申请法律援助应当提供“经济困难承诺书”，承诺书应当载明申请人家庭人口状况、就业状况、家庭财产、家庭人均收入等信息。《上海市法律援助若干规定》第6条第4款规定，法律援助申请人的经济困难证明由其户籍所在地或者居住地的街道办事处、乡镇人民政府出具，包括本人的劳动能力、就业状况以及家庭成员、家庭月（年）人均收入、家庭财产等内容。本法并没有明确规定申请人需要提供经济困难证明，只规定了“如实说明经济困难状况”，地方立法过程可以对本法中规定的申请人“如实说明经济困难状况”义务进行细化，但是注意不能增加申请人义务、减损申请人权利。第二，法律援助机构对申请人经济状况核查不仅可以采取部门信息共享查询的方式，也可以通过申请人出具个人诚信承诺的方式进行。出于节约核查成本、便利申请人等因素考量，本法明确赋予已经建立部门信息共享查询机制的有条件的法律援助机构，通过部门信息共享查询核查申请人经济困难状况的权力。另外，对申请人个人诚信承诺制度而言，其本身属于一种自证方式，还需要法律援助机构完成核查。申请人如果违法承诺或者不实承诺，需要承担相应的法律责任。第三，有关部门、单位、村民委员会、居民委员会和个人负有配合法律援助机构开展核查工作的义务，相关主体无正当理由不得拒绝配合法律援助机构开展核查工作。

关联法规

《办理法律援助案件程序规定》第9、13条；《工会法律援助办法》第12～14条

典型案例

徐某泉等诉苏州市吴江区司法局监督案[1]

案例要点：因经济困难申请法律援助的，法律援助机构要对申请人的申请材料进行审查（免予核查经济困难状况的情形除外），经审查认为申请人提交的申请材料不齐全或者内容不清楚的，应当发出补充材料通知或者要求申请人作出说明。申请人未按要求补充材料或者作出说明的，视为撤销申请。本案中，原吴江区法律援助中心在收到申请人徐某金的法律援助申请后，发出《补充材料通知书》，一次性要求徐某金自收到通知书之日起15日内补充提交材料，并告知“逾期或未按要求提交补充材料的，视为撤销申请”。两申请人接到通知书后，虽寄交了法律援助申请表和两位申请人的身份证明材料，但未按通知要求提供人民法院《立案受理通知书》等案件材料和徐某金经济困难证明材料。因此，在两位申请人向被申请人提交《审查申诉书》，要求被申请人责令原吴江区法律援助中心出具是否受理的决定书的情况下，被申请人作出审查答复，认为两位申请人未按要求提交补充材料，原吴江区法律援助中心视为申请人已经撤销了法律援助申请，符合《办理法律援助案件程序规定》第13条第2款的规定，并无不当。

第四十二条　【免予核查经济困难状况的人员】法律援助申请人有材料证明属于下列人员之一的，免予核查经济困难状况：

（一）无固定生活来源的未成年人、老年人、残疾人等特定群体；

（二）社会救助、司法救助或者优抚对象；

〔1〕江苏省高级人民法院（2015）苏行申字第00486号。

（三）申请支付劳动报酬或者请求工伤事故人身损害赔偿的进城务工人员；

（四）法律、法规、规章规定的其他人员。

条文解读

本条是关于免予核查经济困难状况的人员的规定。

本条对免予核查经济状况的人群作了“列举＋兜底”式的规定。中共中央办公厅、国务院办公厅印发的《关于完善法律援助制度的意见》指出，要“简化审查程序，对城乡低保对象、特困供养人员等正在接受社会救助的对象和无固定生活来源的残疾人、老年人等特定群体，以及申请支付劳动报酬、工伤赔偿的农民工，免除经济困难审查”。根据条款规定，符合条件的人员只需要提供材料证明自身属于法定“免予核查经济困难状况”的人群，即可免予对其进行经济困难状况核查。

（1）无固定生活来源的未成年人、老年人、残疾人等特定群体。第一，对无固定生活来源的未成年人免予核查经济困难状况。《未成年人保护法》第2条规定，未成年人是指未满18周岁的公民。同时，该法第104条规定，对需要法律援助或者司法救助的未成年人，法律援助机构或者公安机关、人民检察院、人民法院和司法行政部门应当给予帮助，依法为其提供法律援助或者司法救助。第二，对无固定生活来源的老年人免予核查经济困难状况。《老年人权益保障法》第2条、第3条规定，老年人是指年满60周岁以上的公民，国家保障老年人依法享有的权益。同时，该法第56条规定，老年人需要获得律师帮助，但无力支付律师费用的，可以获得法律援助。第三，无固定生活来源的残疾人免予核查经济困难状况。《残疾人保障法》第2条规定，残疾人是指在心理、生理、人体结构上，某种组织、功能丧失或者不正常，全部或者部分丧失以正常方式从事某种活动能力的人，包括视力残疾、听力残疾、言语残疾、肢体残疾、智力残疾、精神残疾、多重残疾和其他残疾的人。该法第 60 条第 2 款规定,对有经济困难或者其他原因确需法律援助或者司法救助的残疾人,当地法律援助机构或者人民法院应当给予帮助,依法为其提供法律援助或者司法救助。《司法部办理法律援助案件程序规定》第 10 条第 6 项规定,申请人持有"残疾证及申请人住所地或者经常居住地的村民委员会、居民委员会出具的无固定生活来源的证明材料",就无须提交法律援助申请人经济状况证明表。第四,其他无固定收入来源的特定群体同样免予核查经济困难状况,比如无固定收入来源需要法律援助的妇女、建档立卡贫困劳动者、医疗患者、华侨等。

(2)社会救助、司法救助或者优抚对象。第一,社会救助对象免予核查经济困难状况。2020 年 8 月 25 日,中共中央办公厅、国务院办公厅发布实施的《关于改革完善社会救助制度的意见》指出,"社会救助事关困难群众基本生活和衣食冷暖,是保障基本民生、促进社会公平、维护社会稳定的兜底性、基础性制度安排,也是我们党全心全意为人民服务根本宗旨的集中体现"。根据《妇女权益保障法》第 28 条、《残疾人保障法》第 48 条、《社会救助暂行办法》等规定可知,我国正在逐步打造完善多层次的社会救助体系。在我国,社会救助对象主要包括:符合法定条件的未成年人、老年人、残疾人、低收入人群,特殊原因导致基本生活暂时陷入困境的家庭或个人,临时遇困、生活无着落人员,遭遇自然灾害等受灾人员,等等。主要救助方式包括:给予最低生活保障、给予特困人员救助供养、给予急难社会救助、给予受灾人员救助,以及根据需要给予相应的医疗、住房、教育、就业等方面的专项社会救助,等等。第二,司法救助对象免予核查经济困难状况。司法救助是对遭受侵权,但通过诉讼渠道无法获得有效赔偿的当事人采取的一种辅助性救济措施。这是我国特色社会主义司法制度的内在要求,也是改善民生、健全社会保障的有力举措和重要组成部分。根据我国《军人地位和权益保障法》第 61 条、《未成年人保护法》第 104 条、《妇女权益保障法》第 52 条第 2 款、《残疾人保障法》第 60 条第 2 款、《最高人民法院关于对经济确有困难的当事人提供司法救助的规定》、《中共中央政法委员会、财政部、最高人民法院、最高人民检察院、公安部、司法部关于建立完善国家司法救助制度的意见(试行)》、《人民检察院国家司法救助工作细则(试行)》、《最高人民法院关于加强和规范人民法院国家司法救助工作的意见》、《最高人民检察院关于全面加强未成年人国家司法救助工作的意见》、《人民法院国家司法救助案件办理程序规定(试行)》、《人民法院国家司法救助文书样式(试行)》、《最高人民法院司法救助委员会工作规则(试行)》、《最高人民检察院、国务院扶贫开发领导小组办公室关于检察机关国家司法救助工作支持脱贫攻坚的实施意见》等规定,我国司法救助对象涵盖范围广泛,主要包括:符合条件的军人、军人家属和烈士、因公牺牲的军人、病故军人的遗属、未成年人、残疾人、妇女、刑事案件被害人等法定对象。第三,优抚对象免予核查经济困难状况。优抚对象是指在革命战争时期和社会主义建设时期为建立革命政权、保卫祖国、建设祖国做出特殊贡献的社会群体。根据《军人地位和权益保障法》《英雄烈士保护法》《兵役法》《退役军人保障法》等法律可知,优抚对象主要包括:中国人民解放军现役军人、服现役或者退出现役的残疾军人以及复员军人、退伍军人、烈士遗属、因公牺牲军人遗属、病故军人遗属、中国人民解放军现役军人家属及其他优抚对象等。

(3)申请支付劳动报酬或者请求工伤事故人身损害赔偿的进城务工人员。《法律援助条例》第 10 条第 5 项规定,请求支付劳动报酬的公民因经济困难没有委托代理人的,可以向法律援助机构申请法律援助。本法对《法律援助条例》的规定进行了重塑调整,一方面是将主体限定为“进城务工人员”;另一方面将申请事由限定为“申请支付劳动报酬”以及“请求工伤事故人身损害赔偿”两项。如此规定有以下四点原因:第一,随着我国经济的发展,城镇化的推进,进城务工人员越来越多,保障进城务工人员的合法权益是现实且急需的。第二,实践中,进城农民工“讨薪难”“维权难”的现象大量存在,本法以高位阶法律的形式明确规定两类事由将极大保障进城务工人员合法权益。第三,本法也是对党和国家方针政策的回应。党和国家历来高度重视进城务工人员合法权益保障,《国务院关于解决农民工问题的若干意见》指出"要把农民工列为法律援助的重点对象。对农民工申请法律援助,要简化程序,快速办理。对申请支付劳动报酬和工伤赔偿法律援助的,不再审查其经济困难条件"。《国务院办公厅关于全面治理拖欠农民工工资问题的意见》指出,要"畅通申请渠道,依法及时为农民工讨薪提供法律服务和法律援助"。《保障农民工工资支付条例》第45条规定,"司法行政部门和法律援助机构应当将农民工列为法律援助的重点对象,并依法为请求支付工资的农民工提供便捷的法律援助"。第四,本法也是对地方立法实践经验的总结。早在本法制定以前,地方就已经开始探索对进城务工人员申请支付劳动报酬或工伤损害赔偿等法律援助案件免予审查经济困难状况。比如,《重庆市职工权益保障条例》第46条第3款、《湖北省流动人口服务和管理条例》第28条、《重庆市法律援助条例》第12条、《辽宁省法律援助条例》第16条、《四川省法律援助条例》第15条等规定。另外,早在2008年,《工会法律援助办法》第10条第2项就对农民工因请求支付劳动报酬或者工伤赔偿申请法律援助的情形作出了不受经济困难条件限制的规定。

(4)法律、法规、规章规定的其他人员。本条第4项属于兜底条款,本法以外的其他法律以及法规、规章规定的人员同样适用本法,免予核查经济困难状况。比如,《四川省法律援助条例》第15条规定,公民因见义勇为行为或者为保护社会公共利益致使其合法权益受到损害请求赔偿或者补偿的,免予审查经济困难条件。

适用要点

本条在适用过程中,有以下两点需要注意。第一,符合免予核查经济困难状况的人员,只需要提供证明材料证明自己的特殊身份即可,不需要再提供其他证明材料对经济困难状况进行证明,但是提供的证明材料必须真实可靠。如果提交的是虚假证明材料,法律援助机构有权终止提供法律援助服务。第二,除了本法明确列举的几类免予核查经济困难状况的人员外，其他立法中，也大量存在申请法律援助免予核查经济困难状况的规定，相应人员同样免予核查经济困难状况。

关联法规

《未成年人保护法》第2、104条；《老年人权益保障法》第2、3、56条；《残疾人保障法》第2、48、60条；《妇女权益保障法》第52条；《军人地位和权益保障法》第61条；《英雄烈士保护法》第25条；《退役军人保障法》第70条；《退役士兵安置条例》第1条；《保障农民工工资支付条例》第45条；《军人抚恤优待条例》第2条；《办理法律援助案件程序规定》第10条；《社会救助暂行办法》第1、3条

典型案例

段某芬盗窃案[1]

案例要点：本条规定，法律援助申请人属于特殊社会群体的，可以免于核查经济困难状况。本案中，被告段某芬被指控犯盗窃罪，由于其系聋哑人，属于免予核查经济困难状况，是应当提供法律援助的情形。故汕头市龙湖区法律援助处指派陈某婷作为辩护人出庭辩护，保证了被告段某芬的辩护权利。被告人段某芬以非法占有为目的，采取秘密手段，窃取他人财物，数额较大，其行为已触犯刑律，构成盗窃罪。

[1] 汕头市龙湖区人民法院(2021)粤0507刑初233号。

第四十三条 【对法律援助申请的审查】法律援助机构应当自收到法律援助申请之日起七日内进行审查，作出是否给予法律援助的决定。决定给予法律援助的，应当自作出决定之日起三日内指派法律援助人员为受援人提供法律援助；决定不给予法律援助的，应当书面告知申请人，并说明理由。

申请人提交的申请材料不齐全的，法律援助机构应当一次性告知申请人需要补充的材料或者要求申请人作出说明。申请人未按要求补充材料或者作出说明的，视为撤回申请。

条文解读

本条是关于对法律援助申请进行审查的规定。

《法律援助条例》第18条对法律援助申请审查作了规定，法律援助机构应当自收到法律援助申请后对其进行审查。经过审查，若认为申请人提交的证件、证明材料不齐全的，可以要求申请人作出必要的补充或者说明。若申请人未按要求作出补充或者说明，则视为撤销申请。若认为申请人提交的证件、证明材料需要查证的，由法律援助机构向有关机关、单位查证。符合法律援助条件的，法律援助机构应当及时决定提供法律援助；对不符合法律援助条件的，应当书面告知申请人理由。本法在此基础上，对法律援助申请的审查期限、审查结果的告知、申请材料的补充等作了调整和修改，删除了《法律援助条例》中法律援助机构查证申请人材料的规定。

（1）法律援助机构应当自收到法律援助申请之日起7日内进行审查，作出是否给予法律援助的决定。根据本条规定，第一，法律援助机构在收到申请人的申请后应当进行审查。有审查权的法律援助机构依据法定标准，对申请人的申请进行审查。本法所规定的法律援助申请审查主要是针对刑事案件中通知辩护以外的民事、行政以及刑事申请辩护案件申请的审查。作为法律援助程序的重要环节,是对法律援助标准的具体化,具有极强的实践性。第二,法律援助机构应当在7日以内作出审查决定,这是对审查期限的明确规定。需要说明的是,虽然《法律援助条例》并未对申请审查期限作出明确规定,但是地方实践中多对申请审查期限作了规定。比如,《四川省法律援助条例》第25条第1款规定,法律援助机构应自受理申请之日起7日以内作出决定。《湖北省法律援助条例》第21条规定了法律援助机构当场作出决定、5日以内作出决定的不同情形。《上海市法律援助若干规定》第8条第3款规定,法律援助机构应在受理申请之日起10个工作日作出决定。《吉林省法律援助条例》第27条规定,法律援助机构自受理申请之日起7日以内进行审查并作出决定。从地方实践来看,多数地方将申请审查决定作出期限规定为7日内,本法也将法律援助申请审查决定的作出期限规定为7日内。

(2)法律援助申请审查后的处理情况。根据本条的规定,对申请进行审查后,法律援助机构有以下三种处理方式。

第一,决定给予法律援助的,应当自作出决定之日起3日内指派法律援助人员为受援人提供法律援助。本条的规定对《法律援助条例》的相关规定作了修改。《法律援助条例》中规定,"对符合法律援助条件的,法律援助机构应当及时决定提供法律援助"。本法较《法律援助条例》规定而言,对决定提供法律援助情形的期限作了规定,法律援助机构一旦作出给予法律援助的决定,就需要自决定作出之日起3日内提供法律援助。本法明确决定提供法律援助后的具体履职期限,对确保受援人及时获得法律援助服务具有重要意义,同时也能督促法律援助机构履行义务。

第二,决定不给予法律援助的,应当书面告知申请人,并说明理由。《法律援助条例》第18条规定"对不符合法律援助条件的,应当书面告知申请人理由"。本法基本和《法律援助条例》规定一致。根据实践经验,申请人与申请事项之间没有直接利害关系、所申请事项不属于法定的法律援助事项范围、申请人不符合经济困难标准、所提交的申请不属于本法律援助机构受理等情形的,通常视为不符合法律援助条件。对不符合法律援助条件，决定不给予法律援助的申请人，依照法律规定应当以书面的形式告知对方，并且说明理由。本法未对决定不给予法律援助的情形书面告知期限作出明确规定，给地方立法实践留下了空间。法律援助机构提供法律援助服务是一种行政给付行为，决定不给予法律援助时，应当书面告知并说明理由的规定，有利于申请人合法权益的保障与救济。申请人对书面决定不服，可以通过申请复查、申请行政复议或者提起行政诉讼等方式进行救济。比如，在“于某阳与南京市法律援助中心不履行法定职责案”中，原告于某阳认为南京市法律援助中心不履行告知等法定职责，将南京市法律援助中心作为被告提起行政诉讼。

第三，申请人提交的申请材料不齐全的，法律援助机构应当一次性告知申请人需要补充的材料或者要求申请人作出说明。申请人未按要求补充材料或者作出说明的，视为撤回申请。《法律援助条例》规定，法律援助机构“认为申请人提交的证件、证明材料不齐全的，可以要求申请人作出必要的补充或者说明，申请人未按要求作出补充或者说明的，视为撤销申请”。本法对此作了调整，针对申请人提交材料不齐全的情况，明确法律援助机构的告知义务，而且是一次性告知所需补充材料，或者申请人也可以对申请材料不齐全作出说明。这些规定极为明显地体现出便利申请人的立法目的，减轻申请人的负担。当然，如果申请人没有按照要求补充材料，或者作出说明的，就视作申请人撤销其法律援助申请。此规定能有力促进申请人积极履行义务，便于法律援助机构开展工作。

适用要点

本条在适用过程中，主要有以下三点。第一，法律援助申请审查并作出决定的期限是7日。法律援助机构自受理申请之日起开始计算期限，法律援助机构应当严格遵守法定程序。第二，法律援助机构决定不给予法律援助时，应当书面告知申请人，并且说明理由。本法未对给予法律援助时所作决定的形式作出规定，但对不给予法律援助决定形式作出明确规定。一方面,作为法律援助机构出具的重要说理凭证;另一方面,是对申请人合法权益的有力保障,如果申请人不服,可以通过复查、行政复议或者行政诉讼等渠道对自身合法权益进行救济。另外,本法也未对不给予法律援助决定时的书面告知期限作出明确规定,地方可以根据各地实际情况进行细化。例如,《湖北省法律援助条例》第21条就对不符合法律援助条件时的书面告知期限作出明确规定,规定法律援助机构应当在5日内书面告知申请人并说明理由。第三,法律援助机构应当本着便利申请人的原则一次性告知申请材料不齐全的申请人所需全部补充材料,或者由申请人作出说明。申请人按照要求补充材料或者作出说明后,法律援助机构应当依法提供法律援助。

关联法规

《办理法律援助案件程序规定》第13条;《最高人民法院、最高人民检察院、公安部、司法部关于刑事诉讼法律援助工作的规定》第8、23条;《最高人民法院、司法部关于民事诉讼法律援助工作的规定》第4条

典型案例

于某阳与南京市法律援助中心不履行法定职责案[1]

案例要点:本条规定法律援助机构应对法律援助申请进行审查并依法作出决定。提出法律援助申请应由申请人本人或有委托权限的人前来办理,申请人提交的材料应当齐全,用于法律援助机构核定申请人身份,不齐全的申请材料未在规定期限内补交的,申请人要承担不利的法律后果。申请人对不

〔1〕 南京市中级人民法院(2017)苏01行终523号行政裁定书。

给予法律援助的书面决定不服的，可以依法提起行政诉讼或者申请行政复议。本案中，于某阳通过邮寄方式向市法援中心提交的法律援助申请材料为手写的《法律援助申请》、残疾人证复印件、身份证复印件、《法律援助申请人经济困难证明表》，并无有效的《法律援助申请表》及身份证明材料。南京市法律援助中心于2016年6月6日通过《法律援助申请》上的电话号码，同于某阳本案中的委托代理人徐某彪进行了沟通，告知提出法律援助申请应由申请人本人或有委托权限的人前来办理。2016年8月3日，徐某彪前往南京市法律援助中心询问于某阳法律援助一事，但徐某彪未提供授权委托书，南京市法律援助中心亦对此进行了前述告知。于某阳认为南京市法律援助中心未履行法律援助法定职责，诉至法院。于某阳后来也并未向南京市法律援助中心补充提交《法律援助申请表》及有关委托手续。在仅有于某阳手写的《法律援助申请》内容以及邮寄材料的情况下，南京市法律援助中心不能依照规定核实于某阳身份，因而不能认定于某阳依法向南京市法律援助中心提出了法律援助的申请。

第四十四条 【先行提供法律援助】法律援助机构收到法律援助申请后，发现有下列情形之一的，可以决定先行提供法律援助：

（一）距法定时效或者期限届满不足七日，需要及时提起诉讼或者申请仲裁、行政复议；

（二）需要立即申请财产保全、证据保全或者先予执行；

（三）法律、法规、规章规定的其他情形。

法律援助机构先行提供法律援助的，受援人应当及时补办有关手续，补充有关材料。

条文解读

本条是关于法律援助机构先行提供法律援助的规定。

1. 本条规定的先行提供法律援助是法律援助服务方式创新的体现

(1)距法定时效或者期限届满不足7日,需要及时提起诉讼或者申请仲裁、行政复议的,法律援助机构可以先行提供法律援助。根据本法第43条的规定,法律援助机构作出是否给予法律援助决定的法定审查期限是7日。《民法典》第188条规定,民事诉讼时效为3年(法律另有规定除外),最长诉讼时效不超过20年。《行政诉讼法》第46条规定,行政诉讼起诉期限为6个月(法律另有规定除外),因不动产提起行政诉讼的案件最长起诉期限为20年,其他行政诉讼案件最长起诉期限为5年。《刑法》第87条规定,我国刑事犯罪的追诉时效期限为:法定最高刑为不满5年有期徒刑的,经过5年;法定最高刑为5年以上不满10年有期徒刑的,经过10年;法定最高刑为10年以上有期徒刑的,经过15年;法定最高刑为无期徒刑、死刑的,经过20年。如果20年以后认为必须追诉的,须报请最高人民检察院核准。《劳动争议调解仲裁法》第27条规定,劳动争议申请仲裁的时效期间为1年。《农村土地承包经营纠纷调解仲裁法》第18条规定,农村土地承包经营纠纷申请仲裁的时效期间为2年。《行政复议法》第9条规定,公民提出行政复议申请的期限60日内(法律规定的申请期限超过60日的除外)。如果申请人距离法定时效或者期限届满不足7日,需要及时提起诉讼、申请仲裁或者行政复议的,法律援助机构可以先行提供法律援助服务。

(2)需要立即申请财产保全、证据保全或者先予执行的,法律援助机构可以先行提供法律援助。首先,财产保全是指法院在诉讼前或者诉讼中,为确保给付判决顺利执行,而对当事人之间存有争议的财产或与本案有关的财产依法采取的强制性保护措施。《著作权法》第56条、《专利法》第72条、《商标法》第65条、《仲裁法》第28条、《行政诉讼法》第101条以及《民事诉讼法》第100条、第101条等法律条款,对当事人可以申请财产保全的情形作了规定。其次，证据保全是指人民法院在证据可能存在毁损、灭失，或者以后再难以取证的情况下，为固定和保护证据，法院依诉讼参加人的申请或者法院主动依职权采取的措施。我国《民事诉讼法》第81条、《行政诉讼法》第42条、《仲裁法》第46条、《农村土地承包经营纠纷调解仲裁法》第41条、《海事诉讼特别程序法》第62条等条款，对当事人申请证据保全的情形作了规定。最后，先予执行是指在人民法院依法作出生效裁判前，基于维持权利人的基本生活、生产经营急需，依权利人的申请而裁定义务人先行履行义务的措施。该制度的着眼点是为满足权利人的时下迫切需求。我国《民事诉讼法》第106条、《行政诉讼法》第57条以及《老年人权益保障法》第75条第3款等条款，规定了当事人可以申请裁定先予执行的情形。

（3）符合法律、法规、规章规定的其他情形，也可以决定先行提供法律援助服务。比如，符合《四川省法律援助条例》第28条第1款第3项规定的"因其他紧急情况，不及时处理可能引发严重后果的"情形；《湖北省法律援助条例》第23条第1项规定的"申请人面临重大人身或者财产损害危险的"情形；《广东省法律援助条例》第38条第2款规定的"可能造成社会秩序混乱，导致不良影响或者当事人可能面临生命安全危险的紧急情形"；《浙江省法律援助条例》第18条第1款第3项、《吉林省法律援助条例》第31条第1款第3项、《安徽省法律援助条例》第27条第1款第3项等规定的其他"紧急"或者"特殊"情况的。

2. 法律援助机构先行提供法律援助的，受援人应当及时补办有关手续，补充有关材料

法律援助机构为受援人先行提供法律援助时，受援人依法应当履行补办手续、补充证明材料的义务。司法部发布实施的《全国刑事法律援助服务规范（SF/T 0032－2019）》《全国民事行政法律援助服务规范（SF/T 0058－2019）》指出，法律援助机构决定先行提供法律援助的，应向受援人送交权利义务风险一次性告知书，要求受援人在规定期限内补交申请材料。受援人如果没有在规定期限内补交材料，或者补交的材料经过审查

不符合法律援助条件的，法律援助机构应当及时终止法律援助服务。

3. 本条规定先行提供法律援助的重要意义

（1）创新法律援助服务方式，提升法律援助实效。先行提供法律援助服务在《法律援助条例》中并未规定，而本法对先行提供法律援助服务的情形作了明确规定，这是法律援助服务方式创新的重要法律依据，也是对实践经验积累的肯定。如此一来，对确有迫切需求的申请人而言极具现实意义。同时，对法律援助机构而言，也能够及时为申请人提供法律援助服务，提升法律援助服务的实效，切实让群众在服务中感受到先行提供法律援助制度的优势。

（2）法定先行提供法律援助，健全法律援助便民机制。本法将先行提供法律援助服务的情形以法律条文的形式固定下来，将实践中比较成熟的经验固定为一项重要的法律援助制度，形成便民、利民的长效机制。先行提供法律援助制度适用于时效期限即将届满、需要立即采取措施保护合法利益等紧急、特殊情况，赋予法律援助机构先行提供法律援助服务后续补充审查材料的权力，确保公民在紧急情况下能够及时获得法律援助，切实体现以人为本、服务为民的立法意图。

适用要点

法律援助机构先行提供法律援助服务目的是确保特定情况下确有需要法律援助服务的申请人能够及时获得法律援助，保障自身的合法权益。除本法明确列举的几种可以先行提供法律援助的情形之外，符合其他法律、法规、规章规定的情形也可以先行提供法律援助。随着经济社会生活的不断发展，法律援助制度体系不断健全完善，法律援助门槛不断降低，法律援助覆盖面不断扩大，可以先行提供法律援助服务的情形会越来越多。需要说明的是，法律援助机构先行提供法律援助，并不免除受援人补办手续、补充材料的义务，受援人还是应当依法补办相关手续，补充有关材料。从实践经验来看，受援人如果没有在规定期限内补交材料，或者补交的材料经过审查不符合法律援助条件的，法律援助机构应当及时终止法律援助服务。因先行提供法律援助而发生的费用，由申请人承担。

关联法规

《民法典》第 188 条；《刑法》第 87 条；《老年人权益保障法》第 75 条；《著作权法》第 56 条；《专利法》第 72 条；《商标法》第 65 条；《仲裁法》第 28、46 条；《劳动争议调解仲裁法》第 27 条；《农村土地承包经营纠纷调解仲裁法》第 18、41 条；《行政诉讼法》第 42、46、57、101 条；《民事诉讼法》第 81、100、101、106 条；《海事诉讼特别程序法》第 62 条；《行政复议法》第 9 条；《办理法律援助案件程序规定》第 18 条

典型案例

尤某民诉北京市延庆区司法局等司法行政处理案[1]

案例要点：是否符合先行提供法律援助情形，要依照法律、法规、规章规定范围判定，切实保障符合条件的申请人能够及时获得法律援助，保障自身的合法权益。不符合先行提供法律援助条件，法律援助机构有权决定不予先行提供法律援助服务。本案中，争议焦点在于尤某民的申请是否符合法律援助以及先行提供法律援助的条件。尤某民认为法院不执行生效裁判文书给其造成了持续性侵害，故其要求旧县镇政府给其金钱或物质方面的临时救助。延庆区司法局认为尤某民的申请的根本还是基于法院的执行，不符合申请法律援助的条件，且从 2008 年至今不提供先行法律援助也不会导致尤某民面临人身重大危险，因此尤某民的申请不符合法律援助和

〔1〕 北京市第一中级人民法院(2020)京 01 行终 205 号。

先行提供法律援助的条件。终审法院认为延庆区法律援助中心作出涉案不予法律援助决定书并无不当，予以支持。

第四十五条 【法律援助服务便捷化】法律援助机构为老年人、残疾人提供法律援助服务的，应当根据实际情况提供无障碍设施设备和服务。

法律法规对向特定群体提供法律援助有其他特别规定的，依照其规定。

条文解读

本条是关于为老年人、残疾人提供便捷化法律援助服务的规定。

(1)本条第1款规定了法律援助机构为老年人、残疾人提供法律援助的具体要求。本条规定中的“老年人”，依据《老年人权益保障法》第2条规定，是指60周岁以上的公民。所谓“残疾人”，依据《残疾人保障法》第2条规定，是指在心理、生理、人体结构上，某种组织、功能丧失或者不正常，全部或者部分丧失以正常方式从事某种活动能力的人。包括视力残疾、听力残疾、言语残疾、肢体残疾、智力残疾、精神残疾、多重残疾和其他残疾的人。老年人、残疾人由于身体心智原因，更容易受到不法行为的侵害，加之自身法制观念薄弱，不知如何向社会求助。基于身体的特殊性，老年人、残疾人在接受法律援助时面临着常人难以想象的困难，包括经济条件障碍、物质实施障碍、信息障碍等。由于身体障碍，他们很难如普通人一般轻松接收到信息和帮助，对于这一类人群，应当有针对性地提供无障碍设施设备和服务。硬件上，提供“无障碍设施设备”，例如在法律援助中心设置无障碍扶手、无障碍通道(路)、电(楼)梯、平台、房间、洗手间(厕所)、席位、盲文标识和音响提示以及通讯等设施，为老年人、残疾人接受法律援助扫清障碍；软件上，根据老年人和残疾人的实际情况提供人性化服务。中共中央办公厅、国务院办公厅印发的《关于完善法律援助制度的意见》提出，扩大民事、行政法律援助覆盖面，重点做好老年人、残疾人等群体法律援助工作，切实维护其合法权益。提高法律援助质量，完善法律援助便民服务机制，对有特殊困难的受援对象推行电话申请、上门受理等服务方式，逐步实行网上受理申请。简化审查程序，对城乡低保对象、特困供养人员等正在接受社会救助的对象和无固定生活来源的残疾人、老年人等特定群体，免除经济困难审查；逐步建立法律援助对象动态数据库，提高审查效率；对情况紧急的案件可以先行受理，事后补办材料、手续；开辟法律援助"快速通道"，有条件的地方对老年人、残疾人符合条件的申请实行当日受理、审查，并快速办理。建立完善法律援助异地协作机制，加强法律援助机构在转交申请、核实情况、调查取证、送达法律文书等环节的协助配合，方便受援人异地维护自身合法权益。延伸服务领域，注重对受援人进行人文关怀和心理疏导，完善法律援助与司法救助、社会救助工作衔接机制，提升服务效果。

(2)本条第2款是关于《法律援助法》和其他法律特别规定适用和衔接的规定。本条第2款的规定符合《立法法》第92条规定的"特别法优先于一般法"原则，为解决特别法与本法之间的规范冲突问题提供了基本准则，即特别法优于一般法。由于我国关于特定群体权益保护的单行法是在本法尚未颁布的背景下制定的，包含了大量的特别性规定。因此，在适用本条规范的时候需要依照其他单行法的特别规定，维护法秩序的统一。

适用要点

本条是关于为特殊人群提供法律援助的规定，属于强制性条款。适用本条应当注意以下三点：(1)对于特殊人群的识别。本条第1款中列举的老年人、残疾人两类特定人群在我国的法律或者司法解释中均有明确定义。《老年人权益保障法》第2条、《残疾人保障法》第2条规定了老年人和残疾人的法定含义。(2)应当根据实际情况提供无障碍设施设备和服务。法律援助机构适用本条第1款的规定,应当平衡当地经济水平和受援人的实际需要,以人为本,开辟"信息无障碍、设施无障碍、服务程序无障碍"的法律援助通道。(3)本条第2款规定了本法和其他单行法衔接适用,符合《立法法》第92条规定的"特别法优先于一般法原则"。因此,当其他单行法对提供法律援助有特别规定的,应当依照其规定。《老年人权益保障法》第56条、《残疾人保障法》第60条均规定了对特定人群法律援助工作的具体要求。在适用本条规定的同时,应当注意有关特殊人群权益保护单行立法中的特别规定。

关联法规

《老年人权益保障法》第56条;《残疾人保障法》第60条;《无障碍环境建设条例》第24条

典型案例

陈某礼诉赖某发雇佣合同纠纷案〔1〕

案例要点:本条是有关法律援助服务便捷化的规定,旨在为有法律援助需求的老年人、残疾人视情况提供无障碍设施设备和服务。法律援助是国家针对经济困难和符合法定条件的公民无偿提供法律服务的制度,其中,老年人和残疾人更是处于弱势地位,为他们提供一些便捷化服务措施有利于实现法律援助制度惠及民生的初心。本案中,原告陈某礼与被告赖某发发生雇佣合同纠纷,原告在受雇为被告赖某发看管运沙车期间,从汽车摔下夹断左腿,经鉴定为五级伤残,陈某礼多次请求广汉市连山镇法律服务所协助

〔1〕《最高人民法院公报案例》2001年第1期(总第69期)。

解决要求被告赖某发赔偿损失一事未果，遂在四川省德阳市法律援助中心提供的法律援助下提起诉讼，请求法院判令被告给予工伤赔偿。

第四十六条　【法律援助人员提供援助及通报的义务】法律援助人员接受指派后，无正当理由不得拒绝、拖延或者终止提供法律援助服务。

法律援助人员应当按照规定向受援人通报法律援助事项办理情况，不得损害受援人合法权益。

条文解读

本条是关于法律援助人员为符合条件的申请人提供法律援助服务以及向受援人通报法律援助事项办理情况的规定。

(1)法律援助人员接受指派后，无正当理由不得拒绝、拖延或者终止提供法律援助服务。就民事、行政法律援助案件而言，法律援助机构应当自作出法律援助决定后的一定期限内指派法律援助机构安排法律援助人员承办案件。就刑事法律援助案件而言，法律援助机构应当自作出法律援助决定后或者自收到通知辩护公函或者通知代理公函之日起的一定期限内指派法律援助人员承办案件。一旦法律援助人员接受指派后，就应当积极履行义务，为受援人提供有效的法律援助服务，不能够随意拒绝、拖延或者终止提供服务。根据本条规定，法律援助人员接受指派后，只有基于正当理由才能拒绝、延迟或者终止提供法律援助服务。《法律援助条例》第23条规定了四种应当终止法律援助服务的情形，本法第48条规定了八种法律援助机构应当终止法律援助服务的情形，较《法律援助条例》而言，本法对终止法律援助服务的情形作了较大幅度的增加。根据本法规定以及实践动态来看，下列情形通常被认定为具备“正当理由”，法律援助机构有权拒绝、延迟或者终止提供法律援助服务：①受援人不再符合经济困难标准的;②受援人自行委托其他代理人或者辩护人;③受援人基于正当理由要求终止法律援助的(应当通知辩护的情形除外);④受援人无正当理由拒绝法律援助机构指派的法律援助人员(应当通知辩护的情形除外);⑤受援人以欺骗或者其他不正当手段获得法律援助;⑥受援人利用法律援助从事违法活动;⑦受援人要求法律援助人员提出没有事实和法律依据的请求;⑧受援人故意隐瞒与案件有关的重要事实或者提供虚假证据、证件、不真实经济困难申报材料;⑨依申请提供法律援助的刑事案件,犯罪嫌疑人、被告人坚持自己辩护,拒绝法律援助机构指派的律师为其辩护;⑩受援人不协助、不配合法律援助机构和法律援助服务人员,使法律援助工作难以继续开展;⑪受援人失去联系,无法继续为其提供法律援助;⑫先行提供法律援助时,法律援助机构审查发现受援人不符合法律援助条件;⑬获得先予援助的受援人未在规定期限内按规定补交材料;⑭人民法院、人民检察院、公安机关撤销通知辩护;⑮案件依法终止审理或者被撤销;⑯法律援助人员因为疾病等原因无法提供法律援助;⑰法律援助人员已在同一案件中为一方当事人或有利害关系的第三方进行代理或者辩护;⑱法律援助人员不具备办理案件所需的经验和专业知识;⑲法律、法规规定的其他情形。根据《最高人民法院、最高人民检察院、公安部、司法部关于刑事诉讼法律援助工作的规定》第22条规定,法律援助机构如果要终止法律援助服务,应当制作终止法律援助决定书,发送给受援人,并且要自决定作出之日起3日内函告公安机关、人民检察院、人民法院。

(2)法律援助人员应当按照规定向受援人通报法律援助事项办理情况,不得损害受援人合法权益。《办理法律援助案件程序规定》第30条规定了法律援助人员向受援人通报案件办理情况的义务。黑龙江、重庆、辽宁、陕西、天津等地的法律援助立法也对法律援助人员及时向受援人通报法律援助事项进展情况作了规定。法律援助人员积极履行通报义务,受援人积极主动配合法律援助人员开展援助工作,使受援人和法律援助人员之间处于一种良性互动的理想状态,有利于推动法律援助事项的高效办理。

法律援助人员在提供法律援助服务时,要依法维护受援人合法权益,这是法律援助人员的首要义务。根据地方立法实践来看,受援人的合法权益主要包括以下情形:①了解服务进展的权利。法律援助机构为受援人提供法律援助服务时,受援人享有了解服务进展情况的权利。②更换法律援助人员的权利。受援人如果有证据证明法律援助人员没有依照法律规定履行职责的,有权要求法律援助机构更换法律援助人员。③投诉的权利。法律援助人员提供法律援助过程中,受援人如果认为法律援助人员有违法、违规行为的,有权向司法行政机关投诉。④申请复查、复议或提起诉讼的权利。申请人对法律援助机构作出的不予提供法律援助服务决定不服时有权申请复查、申请行政复议或者提起行政诉讼。⑤申请缓收、减免相关费用的权利。法律援助人员依法享有向法院、仲裁机构、行政机关等机关申请缓收、减免案件受理费、诉讼费、仲裁费、勘验费、评估费、审计费等的权利。⑥申请减免公证费的权利。根据《公证法》第 34 条第 2 款规定,符合法律援助条件的当事人,公证机构应当按照规定减免公证费。⑦保守商业秘密、个人隐私的权利。受援人享有要求法律援助机构及其人员对受援人提供的涉及商业秘密、个人隐私的信息予以保密的权利。⑧免交法律服务费用的权利。《湖南省法律援助条例》第 24 条第 1 款第 1 项以及《太原市法律援助条例》第 34 条第 1 项规定,受援人享有免交法律服务费的权利。

适用要点

本条在适用过程中,重点关注以下要点。第一,法律援助人员拒绝、拖延或终止提供法律援助服务,一定要基于法定的正当理由。同时,还需要同时具备以下条件:一方面,出现了法律、法规规定的可以拒绝、拖延、终止提供法律援助服务的法定事由;另一方面,法律援助人员拒绝、拖延或者终止提供法律援助服务,需要法律援助机构作出书面决定。书面决定不仅是法律援助人员终止提供法律援助服务等行为的依据,同时也是受援人不服决定时的重要救济凭证。第二,通报援助事项进展情况,维护受援人的合法权益是法律援助人员的法定义务。法律援助人员在提供法律援助服务过程中,要受到监督、管理,督促法律人员依法提供法律援助服务。法律援助人员不依法履行义务,损害受援人合法权益的,应当依法承担法律责任。

关联法规

《办理法律援助案件程序规定》第 30 ~ 31 条;《最高人民法院、司法部关于民事诉讼法律援助工作的规定》第 13 条;《最高人民法院、最高人民检察院、公安部、司法部关于刑事诉讼法律援助工作的规定》第 25 条

典型案例

李某煜诉被告重庆市潼南区法律援助中心履行法定职责案[1]

案例要点:本条规定中法律援助人是否尽到提供援助及通报的义务应结合具体情况认定。法律援助人员应当按照规定向受援人通报法律援助事项办理情况,不得损害受援人合法权益。若法律援助人员尽到相应义务,由于受援助人自身的故意或者过失造成不利后果的,应由受援助人自己承担。在本案中,法律援助律师接受指派后认真履行职责,但由于原告不接受法官的释明,拒绝更改诉讼请求,导致重庆市潼南区人民法院驳回了原告的国家赔偿申请。原告在重庆市潼南区人民法院针对其提出的国家赔偿申请作出(2017)渝 0152 法赔 2 号决定书后,认为被告指派的法律援助律师没有尽职,遂起诉要求判令被告重新为其指派法律援助律师,但原告未能举

[1] 重庆市长寿区人民法院(2017)渝 0115 行初 410 号。

示证据证明其向被告提出过要求重新委派法律援助律师的申请,原告提起的行政诉讼并无事实依据,遂驳回原告李某煜的起诉。

第四十七条 【受援人的如实陈述及其配合义务】受援人应当向法律援助人员如实陈述与法律援助事项有关的情况,及时提供证据材料,协助、配合办理法律援助事项。

条文解读

本条是关于受援人对法律援助人员的如实陈述义务以及配合法律援助人员办理法律援助事项的规定。

1. 本条有关受援人应当依法履行义务的具体规定

(1)受援人应当如实向法律援助人员陈述与法律援助事项有关的情况。法律援助工作开展过程中,受援人如实陈述相关情况,是法律援助人员了解案件情况,依法开展法律援助工作的前提且基础的条件。若受援人故意隐瞒与案件有关的重要事实,不如实陈述案件事实及相关情况,将会影响法律援助人员对案件作出全面、正确的判断,甚至有可能作出误判,影响法律援助工作开展,并最终对受援人合法权益的维护产生影响,对法律援助的社会声誉产生不利影响。受援人如果故意隐瞒与案件有关的重要事实,法律援助人员可基于本法第46条第1款和第48条的规定,因拒绝或者终止提供法律援助服务。

(2)受援人应当及时提供真实、合法的证据材料。证据材料既是当事人进行诉讼的必备要件,也是维护自身合法权益的有力工具。在法律援助工作开展过程中,受援人理所应当要履行如实提供案件相关证据及有关材料的义务,便利法律援助人员从中推断案件事实,更好地维护受援人的合法权益。如果受援人在法律援助工作开展过程中,无法提供相关证据材料,受援人将要承担败诉的风险;如果受援人在法律援助工作开展过程中,提供虚假证据材料,法律援助人员同样有权基于本法第46条第1款和第48条的规定,因"正当理由"拒绝、拖延或者终止提供法律援助服务。

(3)受援人应当协助、配合法律援助人员办理法律援助事项。法律援助工作的顺利开展,离不开受援人的协助、配合。在法律援助工作开展过程中,受援人应当主动积极向法律援助人员提供案件线索,协助法律援助人员调查取证,了解案件事实,为维护受援人的合法权益打下良好基础。同样,如果受援人不协助、不配合法律援助人员依法开展法律援助工作,使工作难以继续开展下去的,法律援助人员有权基于法定"正当理由"决绝、拖延或者终止提供法律援助服务。

2. 本条有关受援人依法履行如实陈述及配合义务的重要意义

(1)有利于提高法律援助案件办案质量。法律援助工作开展过程中,受援人如果不如实陈述、提供真实材料,法律援助人员无法提供更好的服务。这种双方信息的不对称将直接导致法律援助质量的降低。本条通过立法的形式将受援人应当履行的义务予以成文化,对提高法律援助质量具有重要作用。法律援助质量是法律援助工作的生命线,但我国法律援助整体办案质量保障机制不足,办案质量有待提升。其中,部分受援人缺乏参与意识、主体意识,法律援助人员同部分受援人之间沟通困难等因素是影响法律援助案件办理质量的重要原因。本条明确规定法律援助工作开展过程中受援人应当履行的义务,可以起到促使受援人履行规定义务的作用,提升法律援助案件的办案效率和质量。

(2)规定受援人义务是权利义务相统一的体现。法律援助工作既是公共法律服务的重要组成部分,也是一项重要的民生工程,目的就是让更多的人民群众享受到优质的公共法律服务资源。但与此同时,公民个人在依法享有由法律援助机构及其人员提供法律援助服务这项权利的同时,也必然应当履行相应的义务。权利和义务对等统一、相辅相成,没有无义务的权利,也没有无权利的义务。如果受援人不依法履行法定义务,就要承担不利的法律后果,法律援助人员可以基于法定"正当理由"作出相应的处理。

适用要点

法律援助制度是一项向弱者提供无偿法律服务的重要民生工程，根据我国法律规定，公民依法应当享有受法律援助的权利，与之相对应，公民也必须要积极履行义务。根据本条规定，受援人要积极协助、配合法律援助人员了解案件真实情况，调取证据材料，不得隐瞒案件真实情况，提供虚假材料。受援人如果不积极履行义务，就要承担不利的法律后果，主要包括承担败诉的风险或者法律援助人员依法拒绝、拖延甚至终止提供法律援助服务。实践中，存在受援人基于各种因素考量，提供虚假证据材料或者隐瞒案件真相，进而获得法律援助的情形。这种行为不符合法律规定，增加了法律援助机构的负担和成本。我国国情复杂，幅员辽阔，人口众多，在法律援助专业人员和经费保障等方面还存在不足之处，受援人积极履行法定义务，不仅能够助力维护自身合法权益，同时也有助于减缓法律援助工作负担。

关联法规

《办理法律援助案件程序规定》第30、31条

典型案例

重庆市法律援助中心对封某涉嫌运输毒品罪提供法律援助案[1]

案例要点：本条规定受援人在法律援助工作开展过程中应当向法律援助人员如实陈述与法律援助事项有关的情况，及时提供证据材料，协助、配合法律援助人员办理法律援助事项。受援人积极主动配合履行义

[1] 重庆市高级人民法院(2017)渝刑终181号。

务有利于法律援助工作的开展，同时也有利于法律援助人员自身合法权益的保障。本案中，一审法院重庆市第一中级人民法院判决被告人封某犯运输毒品罪，判处死刑，剥夺政治权利终身，并处没收个人全部财产。后封某家人向重庆市法律援助中心申请法律援助。法律援助中心决定给予法律援助，并指派该中心律师作为封某案的二审辩护律师。结合一审证据材料，并经过对案件事实的分析，承办律师认为，因一审中封某拒不认罪，但其运输毒品的证据又足够充分，导致运输毒品的全案罪责归于封某一人，对其量刑过重。随后，承办律师经过多次会见，释法明理，封某终于如实供述其受谢某某指使、雇佣运输毒品的事实。最终，二审法院改判封某死刑，缓期两年执行。本案中，封某能够及时如实陈述与案件有关事实，使法律援助人员依法维护了其自身的合法权益。

第四十八条　【终止法律援助的情形】有下列情形之一的，法律援助机构应当作出终止法律援助的决定：

（一）受援人以欺骗或者其他不正当手段获得法律援助；

（二）受援人故意隐瞒与案件有关的重要事实或者提供虚假证据；

（三）受援人利用法律援助从事违法活动；

（四）受援人的经济状况发生变化，不再符合法律援助条件；

（五）案件终止审理或者已经被撤销；

（六）受援人自行委托律师或者其他代理人；

（七）受援人有正当理由要求终止法律援助；

（八）法律法规规定的其他情形。

法律援助人员发现有前款规定情形的，应当及时向法律援助机构报告。

条文解读

本条是关于终止法律援助的情形的规定。

1. 法律援助是维护人民合法权益的民生工程，也是保障社会公平正义的重要方式

法律援助过程中，如果发现受援人以不正当方式获得法律援助、借法律援助实施非法活动，或者受援人经济状况改善，不符合法律援助条件，乃至受援人有正当理由要求终止法律援助的，表明受援人的情况已经超出了法律援助适用范围，法律援助机构应当终止法律援助。关于法律援助终止情形的问题，国务院2003年制定的《法律援助条例》中规定："办理法律援助案件的人员遇有下列情形之一的，应当向法律援助机构报告，法律援助机构经审查核实的，应当终止该项法律援助：（一）受援人的经济收入状况发生变化，不再符合法律援助条件的；（二）案件终止审理或者已被撤销的；（三）受援人又自行委托律师或者其他代理人的；（四）受援人要求终止法律援助的。"这次制定的《法律援助法》对该条例关于法律援助终止情形的规定作了调整：一是增加了受援人以非法目的、非法方式获得法律援助的三种情形；二是对受援人要求终止法律援助的情形增加了"有正当理由"的限定。这两项内容是根据十多年来我国法律援助实践情况作出的修改。本条具体规定了下列情形：

（1）受援人以欺骗或者其他不正当手段获得法律援助的，法律援助应当终止。对"欺骗或者其他不正当手段获得法律援助"的情形予以法律援助终止，主要考虑是：第一，法律援助是维护社会公平正义的方式，如果以欺骗或者其他不正当手段获取法律援助，那么从本质上损害了法律援助所维护的公平正义；第二，法律援助的初衷之一，也是让经济困难的当事人或者其他社会弱势群体的维权渠道更畅通。规定"以欺骗或者其他不正当手段获取法律援助"的情形，是鉴于现实中出现了为降低费用，受援人利用假证明、假材料来骗取法律援助的情形，影响了法律援助的正常开展，也挤压了弱势群体获得法律援助的空间。

(2)受援人故意隐瞒与案件有关的重要事实或者提供虚假证据的,法律援助应当终止。之所以作出这样的规定在于:第一,法律援助保护的是公平正义,获得法律援助的方式同样需要具有合法性。受援人故意隐瞒与案件有关的重要事实或者提供虚假证据的,是对法律援助合法性的损害。第二,受援人故意隐瞒与案件有关的重要事实或者提供虚假证据,既妨碍了案件的审理,也损害了司法权威和司法公信力。《民事诉讼法》第 111 条规定,"伪造、毁灭重要证据,妨碍人民法院审理案件的","人民法院可以根据情节轻重予以罚款、拘留;构成犯罪的,依法追究刑事责任"。

(3)受援人利用法律援助从事违法活动的,法律援助应当终止。进行该条规定的原因在于:第一,受援人具有目的之不正当性。受援人利用法律援助从事违法活动已经违背了申请法律援助的初衷。第二,受援人利用法律援助从事违法活动,已经构成违法,如果不能终止法律援助行为,那么行为的违法性将进一步持续存在,损害法的正义价值。第三,法律援助工作具有服务保障和改善民生、维护社会公平正义、促进社会和谐稳定的职能,如果受援人利用法律援助从事违法活动,那么法律援助对于促进社会和谐稳定的职能将受到破坏。

(4)受援人的经济状况发生变化,不再符合法律援助条件的,法律援助应当终止。这一规定和法律援助的内容、目的密切相关。法律援助是国家建立的为经济困难公民和符合法定条件的其他当事人无偿提供法律咨询、代理、刑事辩护等法律服务的制度,是公共法律服务体系的组成部分。法律援助工作的目的之一,就是保护经济困难群众的合法权益。在法律援助的申请条件中,一个重要考察内容就是受援人的经济状况。如果受援人经济状况改善,就说明受援人不属于经济困难的群众,那么法律援助应当终止。

(5)案件终止审理或者已经被撤销的,法律援助应当终止。案件终止审理,是指人民法院在审判案件过程中遇有法定情形,使审判不应当或者不需要继续进行时终结案件的诉讼活动。案件被撤销,是指公安机关、人民检察院等对已经立案的案件经过侦查认为不构成犯罪,或者依法不应当追究刑事责任的,应当作出撤销案件的决定,意味着案件不成立。《刑事诉讼法》第 16 条规定了案件终止审理或案件被撤销的情形:“有下列情形之一的,不追究刑事责任,已经追究的,应当撤销案件,或者不起诉,或者终止审理,或者宣告无罪:(一)情节显著轻微、危害不大,不认为是犯罪的;(二)犯罪已过追诉时效期限的;(三)经特赦令免除刑罚的;(四)依照刑法告诉才处理的犯罪,没有告诉或者撤回告诉的;(五)犯罪嫌疑人、被告人死亡的;(六)其他法律规定免予追究刑事责任的。”无论是案件终止审理还是案件已经被撤销,都表明法律援助继续展开的客观条件已经结束,法律援助应当终止。

(6)受援人自行委托律师或者其他代理人的,法律援助应当终止。法律援助的表现形式之一就是法律援助机构指派律师提供法律服务,主要是为了保障经济困难群体或者其他特殊群体的获得辩护的权利,增进司法的公平正义。《刑事诉讼法》第 11 条规定:“人民法院审判案件,除本法另有规定的以外,一律公开进行。被告人有权获得辩护,人民法院有义务保证被告人获得辩护。”因此在法律援助的形式与范围内,如果刑事案件中的受援人属于《法律援助法》第 25 条规定的特殊群体,没有委托辩护人的,人民法院、人民检察院、公安机关应当通知法律援助机构指派律师担任辩护人;强制医疗案件的被申请人或者被告人没有委托诉讼代理人的,人民法院应当通知法律援助机构指派律师提供法律援助。但是,一旦受援人自行委托律师或者其他代理人,就至少具有以下可能。其一,受援人的经济状况发生了变化,那么受援人的情况就不符合法律援助的范围;其二,受援人对法律援助机构指派的律师不满,那么法律同样尊重和保护受援人自行委托律师和其他代理人的权利。所以受援人如果自行委托律师或者其他代理人的,法律援助应当终止。

(7)受援人有正当理由要求终止法律援助的,法律援助应当终止。受援人要求终止法律援助的权利应该得到合法保护。关于该条内容,《法律援助条例》曾规定“(四)受援人要求终止法律援助的”应当终止法律援助,这次制定的《法律援助法》增加了对“正当理由”的条件限定,是为了保护受援人的辩护权,同时维护法律的公正性。《宪法》第130条规定:“人民法院审理案件,除法律规定的特别情况外,一律公开进行。被告人有权获得辩护。”如果受援人无正当理由要求终止法律援助的,法律援助不应当终止。

(8)法律法规规定的其他情形如果存在,法律援助应当终止。前七项规定具体列举了法律援助应当终止的情形,但未必全面,随着法律援助制度的实践发展,还可能出现其他应当终止法律援助的情形。本项规定是为了弥补前七项列举不全面可能带来的遗漏,是一项兜底性规定,目的是更好地保护法律援助制度的公正性、合法性,更好地保障受援人的合法权益。它表明只要还存在法律法规规定的有关情形破坏了法律援助制度的合法性,那么法律援助就应当终止。

2. 法律援助人员的义务

司法部2012年发布的《办理法律援助案件程序规定》第6条规定:“法律援助人员办理法律援助案件,应当遵守职业道德和执业纪律,自觉接受监督。”如果法律援助人员发现实践中存在应当终止法律援助情形的,应当及时向法律援助机构报告,以避免产生进一步的负面影响。如果法律援助人员知道应当终止法律援助的情形,但没有及时报告的,法律援助人员应承担相应责任。如果法律援助人员存在收取案件当事人费用后隐瞒事实,骗取法律援助案件补贴,构成犯罪的,可根据《刑法》第382条对法律援助人员追究相应刑事责任。

适用要点

法律援助工作承担着维护社会公平正义、保护司法权威和司法公信力等职能。法律援助的制度本身,也是为了更好地保障民生,保护经济困难群众和特殊群体的合法权益。因此在法律援助的过程中,一旦遇到骗取法律援助、以不正当目的获得法律援助等情形,或者存在借法律援助从事非法活动等与法律援助制度设计目标相冲突的行为,法律援助应当终止。同样,一旦受援人经济状况改善,自行委托律师或其他代理人的,法律援助应当终止。在适用本条时需要注意以下方面:第一,根据法律优先原则,在认定终止法律援助的情形时,应当优先适用本条规定。司法部2012年发布的《办理法律援助案件程序规定》第33条中,就对终止法律援助的情形作了类似的规定,此次《法律援助法》的规定较《办理法律援助案件程序规定》作了进一步完善。第二,与《民事诉讼法》《刑事诉讼法》等关联法律的衔接问题。特别是受援人故意隐瞒与案件有关的重要事实或者提供虚假证据的、受援人利用法律援助从事违法活动的,这两种情形与《民事诉讼法》《刑事诉讼法》的衔接较为密切。第三,应当终止法律援助情形的具体识别和认定,需要结合实践综合把握,特别是受援人的经济状况发生变化不再符合法律援助条件的、受援人有正当理由要求终止法律援助的,在实践中对受援人的经济状况、受援人的正当理由需要客观、全面、综合认定,以尽可能地保护好受援人的合法权益。此外,由于社会实践随时发生着变化,因此本条设置了兜底条款,即符合法律法规规定的其他情形,应当终止法律援助。在现实中,对于"其他情形"的认定,首先要结合已有的法律法规;其次要把握好法律援助制度的初衷,即保障民生、维护公平正义等有关内容,进而对应当终止法律援助的行为予以综合认定,让法律援助制度发挥其应有的积极作用。

关联法规

《民事诉讼法》第111条;《刑事诉讼法》第11、16条;《刑法》第382条;《办理法律援助案件程序规定》第6、31、33条;《最高人民法院、司法部关于民事诉讼法律援助工作的规定》第12条;《最高人民法院、最高人民检察院、公安部、司法部关于刑事诉讼法律援助工作的规定》第22条

典型案例

全某某与衡阳市司法局、湖南省司法厅行政复议案[1]

案例要点：本条所规定的应当终止法律援助的情形在实践中需要对受援人的情况进行综合认定。如果发现受援人的实际情况不属于经济状况困难，无法达到法律援助要求的，法律援助机构终止法律援助。本条列举的“（四）受援人的经济状况发生变化，不再符合法律援助条件”，在现实中有一定代表性，法律援助机构应当对受援人的实际情况和法律援助相关申请材料进行全面判断。在本案中，衡阳市蒸湘区青峰社区居委会为原告全某某出具了“本人家庭困难，符合法律援助条件”的证明。据此，原告获得了衡阳市法援中心提供的法律援助。法援中心工作人员到居委会核实原告的经济情况后查明，因居委会只听原告一面之词，未经核实，此前出具的证明与其本人家庭真实情况有误。法援中心据此认定全某某不属困难家庭，作出援终决字（2014）第1号《终止法律援助决定书》。

第四十九条　【异议的提出、处理与救济】申请人、受援人对法律援助机构不予法律援助、终止法律援助的决定有异议的，可以向设立该法律援助机构的司法行政部门提出。

司法行政部门应当自收到异议之日起五日内进行审查，作出维持法律援助机构决定或者责令法律援助机构改正的决定。

申请人、受援人对司法行政部门维持法律援助机构决定不服的，可以依法申请行政复议或者提起行政诉讼。

[1] 湖南省高级人民法院（2016）湘行终96号。

条文解读

本条是关于法律援助中异议的提出、处理与救济的规定。

1.《法律援助法》在异议的提出、处理与救济规定上的更新

法律援助是在司法行政部门指导、监督下展开的工作，县级以上人民政府司法行政部门下设法律援助机构。司法行政部门对法律援助工作进行指导、监督，既是司法行政部门职权的体现，也是为了更好地保护法律援助申请人、受援人的合法权益。申请人、受援人对法律援助机构作出的不予援助、终止援助决定有异议的，可以向相关司法行政部门提出。相关司法行政部门如果作出维持法律援助机构决定的行政行为，申请人、受援人不服的可以依法申请行政复议或提起行政诉讼。关于异议提出与受理的问题，《法律援助条例》中规定："申请人对法律援助机构作出的不符合法律援助条件的通知有异议的，可以向确定该法律援助机构的司法行政部门提出，司法行政部门应当在收到异议之日起5个工作日内进行审查，经审查认为申请人符合法律援助条件的，应当以书面形式责令法律援助机构及时对该申请人提供法律援助。"这次制定的《法律援助法》，对该条例关于法律援助异议申请与受理的规定作了明显的调整，一是将"不符合法律援助条件的通知"改为了"不予法律援助、终止法律援助的决定"；二是明确了司法行政部门审查异议的时间，应当"自收到异议之日起五日内进行审查"；三是增加了申请人、受援人不服司法行政部门决定的救济方式，即申请人、受援人"可以依法申请行政复议或者提起行政诉讼"。以上三处修改，考虑到了近年来我国法律援助工作的实践情况，也是为了更好地保护申请人、受援人的合法权益，这同样与司法行政部门依法行政能力的不断提升有关。

2. 法律援助中决定异议的提出

首先，本条第1款规定了提出异议的人员应该是法律援助的申请人或者是法律援助的受援人；其次，提出异议的内容是法律援助机构作出的不予法律援助的决定，或者是终止法律援助的决定这两类情况，终止的情

形可参考《法律援助法》第48条；最后，受理异议的机关应该是设立该法律援助机构的司法行政部门。本条为申请人、受援人提供了提起异议的渠道，其目的在于更好地保护申请人、受援人的正当权益。受理异议的机关之所以应该设立法律援助机构的司法行政部门，一方面，在于司法行政部门对法律援助机构具有指导、管理、监督的职责，以保证法律援助工作规范健康地发展；另一方面，是尽可能保证异议处理的公正性，如果交由法律援助机构自行处理异议，那么可能存在维持原决定的情况。

3. 司法行政部门审查异议的时间

首先，在司法行政部门收到申请人、受援人的异议之日起5日内进行审查，审查的时间是"五日内"。之所以规定5日以内，是为了避免时间过长后影响申请人、受援人的权利救济。规定的"五日内"也经历了实践的变化。在2003年发布的《最高人民法院、最高人民检察院、公安部、司法部关于刑事诉讼法律援助工作的规定（试点稿）》中规定为"3日内"："申请人对法律援助机构不予援助决定有异议的，可以在收到书面通知之日起3日内向主管该法律援助机构的司法行政部门申请重新审查"，而后在2005年发布的《最高人民法院、司法部关于民事诉讼法律援助工作的规定》中，改为了"5个工作日内"，在2013年发布的《最高人民法院、最高人民检察院、公安部、司法部关于刑事诉讼法律援助工作的规定》中，同样规定的"5个工作日内"。其次，司法行政部门作出的是"维持决定"或者是"责令改正"，这也体现了司法行政部门对法律援助机构的监督职能。

4. 不服司法行政部门决定的救济方式

司法行政部门作出的维持法律援助机构决定，同样属于行政行为。法律援助机构受理、审批法律援助申请是具体行政行为，属于广义上的行政给付，但给付的是法律服务而非物质（金钱）给付。相应地，无论是批准法律援助申请，还是不予法律援助、终止法律援助，这样的具体行政行为一旦作出，将对法律援助申请人、受援人的权利义务产生实际影响。根据《行政复议法》第6条规定，"公民、法人或者其他组织""认为行政机关的其他具体行政行为侵犯其合法权益的"，可以依法申请行政复议；根据《行政诉讼法》第12条规定，“公民、法人或者其他组织”“认为行政机关侵犯其他人身权、财产权等合法权益的”，可以提起行政诉讼。申请人、受援人不服司法行政机关作出的维持法律援助决定，认为维持决定侵犯其权益的，可以申请行政复议或提起行政诉讼。

适用要点

司法行政部门对法律援助机构有指导、管理、监督的职能，法律援助机构负责法律援助事项的具体执行。一旦申请人、受援人对不予法律援助、终止法律援助的决定有异议的，应向设立法律援助机构的司法行政部门提出。在实践中，需要注意的有以下内容：第一，提出异议的应该是申请人、受援人，而不是和申请人、受援人有其他关联的亲属；第二，受理异议的机关是直接设立法律援助机构的司法行政部门，而不是其他地区的司法行政部门；第三，提出异议是针对“不予法律援助”“终止法律援助”这两种情况；第四，司法行政部门需要把握好审查的时间，对申请人、受援人的异议需要及时处理。另外，适用本条时，要注意结合《行政复议法》《行政诉讼法》的相关规定。

关联法规

《行政复议法》第6条；《行政诉讼法》第12条；《最高人民法院、司法部关于民事诉讼法律援助工作的规定》第5条；《最高人民法院、最高人民检察院、公安部、司法部关于刑事诉讼法律援助工作的规定》第23条；《办理法律援助案件程序规定》第16、19条

典型案例

谈某某、陈某与盱眙县司法局、盱眙县人民政府行政受理案[1]

案例要点：本条规定中，申请人、受援人对不予法律援助、终止法律援助的异议要向设立法律援助机构的司法行政部门提出，对司法行政部门审查异议的时限作出了具体规定，要求自收到异议之日起5日内审查，以及时地保护申请人、受援人的合法权益，促使争议的有效化解。本案中，法院认为再审申请人谈某某对盱眙县法律援助中心作出的01号《不予法律援助决定书》有异议，被申请人盱眙县司法局依法具有审查的职责。因陈某并未提出涉案法律援助申请，其无权对01号《不予法律援助决定书》申请异议，故盱眙县司法局作出的复查意见书及盱眙县作出的13号《行政复议决定》对其权利义务不产生直接影响。

第五十条 【法律援助人员报告与提交材料】法律援助事项办理结束后，法律援助人员应当及时向法律援助机构报告，提交有关法律文书的副本或者复印件、办理情况报告等材料。

条文解读

本条是关于法律援助人员报告与提交材料的规定。

1. 重要意义

司法行政部门对法律援助机构有指导、监督的职能。法律援助机构负责对具体法律援助事项的组织与执行，其中包括对法律援助人员的组

[1] 江苏省高级人民法院(2020)苏行申157号。

织引导。在法律援助事项办理结束后，法律援助人员应当及时把情况报告给法律援助机构，以便法律援助机构把握情况，这也是司法行政部门对法律援助机构和人员展开监督管理工作的要求。法律援助人员提交的材料包括有关法律文书的副本或者复印件、办理情况报告等。关于法律援助人员报告与提交材料的问题，《法律援助条例》中规定："受指派办理法律援助案件的律师或者接受安排办理法律援助案件的社会组织人员在案件结案时，应当向法律援助机构提交有关的法律文书副本或者复印件以及结案报告等材料。法律援助机构收到前款规定的结案材料后，应当向受指派办理法律援助案件的律师或者接受安排办理法律援助案件的社会组织人员支付法律援助办案补贴。法律援助办案补贴的标准由省、自治区、直辖市人民政府司法行政部门会同同级财政部门，根据当地经济发展水平，参考法律援助机构办理各类法律援助案件的平均成本等因素核定，并可以根据需要调整。"这次制定的《法律援助法》，将该条例关于法律援助人员报告与提交材料的规定作了部分调整：一是将"受指派办理法律援助案件的律师或者接受安排办理法律援助案件的社会组织人员"改为了"法律援助人员"；二是增加了及时报告的规定；三是将法律援助人员报告并提交材料的规定与法律援助人员接受补贴的规定作为不同的法律条文分别规定。以上改动是根据近年来我国法律援助人员在办理法律援助案件中的具体情况作出的修改。

2. 具体要求

首先，法律援助人员进行报告和提交材料的时间节点是在"法律援助事项办理结束后"，这一规定是程序性的要求，但是不代表法律援助人员在办理过程中无须对法律援助机构进行报告。在办理案件过程中，相关进展根据实际情况，同样需要向法律援助机构进行报告。2013 年司法部发布的《法律援助文书格式》中就规定："法律援助案件承办情况通报/报告记录（文书格式十八）为新增，由承办人填写，按日期先后顺序记载向受援人通报和向法律援助机构报告案件办理进展的情况。"在 2019 年发布的《全国刑事法律援助服务规范（SF/T 0032－2019）》中也规定，法律援助人员遇到需要终止法律援助的情形时,或者遇到办案中的特殊情况时,还包括结案时,应当向法律援助机构报告。其次,法律援助人员应当向法律援助机构及时报告,《法律援助法》中特别提及了这一及时性要求,是基于以下考量:第一,是司法行政部门对法律援助机构组织领导的要求,以更好地建立完善法律援助责任履行情况考评机制、报告制度和督导检查制度,促使法律援助制度的公开透明,维护好申请人、受援人的合法权益;第二,司法行政部门对法律援助机构和人员拥有监督管理的职能,需要确保法律援助机构和人员依法履行职责;第三,是提高法律援助工作质量和效率的需要,以推动法律援助案件的及时办理,提高法律援助工作的质量。最后,法律援助人员需要提交有关法律文书的副本或者复印件、办理情况报告等材料。关于提交材料的格式要求,在《法律援助文书格式》中也作了相应的规定,以促进法律援助监督管理工作的规范化,促使法律援助制度不断完善。

适用要点

本案对法律援助人员报告与提交材料进行了规定,既是法律援助机构展开人员管理的必要,也是司法行政机关进行指导监督的要求。在实践中,有以下几点需要注意:第一,对法律援助事项办理结束的把握。法律援助事项办理结束,既包括法律援助案件全部办理结束,又包括法律援助案件的完整结束,还包括法律援助终止的情况。第二,对法律援助人员报告的及时性把握。法律援助人员在法律援助事项办理结束后,需要及时将情况报告给法律援助机构,否则法律援助人员可能会根据情节严重程度承担相应责任。第三,在适用本条时,需要结合《全国民事行政法律援助服务规范(SF/T 0058 - 2019)》《全国刑事法律援助服务规范(SF/T 0032 - 2019)》《法律援助文书格式》等文件的要求,明确报告的时间节点,增进材料提交的规范性。

关联法规

《全国民事行政法律援助服务规范(SF/T 0058－2019)》;《全国刑事法律援助服务规范(SF/T 0032－2019)》;《法律援助文书格式》;《关于完善法律援助制度的意见》

典型案例

施某某与常州市钟楼区司法局、常州市司法局行政复议案[1]

案例要点:本条对法律援助人员报告与提交材料的事项提出了及时性、规范性的要求。在法律援助事项办理结束后,法律援助人员及时报告法律援助机构并按要求提交相关材料。在本案中,法律援助律师向法律援助中心提交了《承办情况报告》和《法律援助案件(事项)结案报告表》,报告中称,由于申请人不能提供诉讼时效等方面的证据材料等,法律援助律师无从着手代理诉讼,故未与申请人签订法律援助合同、授权委托书等。法律援助律师陪同申请人先后到钟楼区人民法院、常州市中级人民法院立案,均被口头告知不能立案受理。法律援助律师将不宜代理诉讼的意见请示法律援助中心,后得知申请人撤销了援助申请,因此未实际代理。

[1] 江苏省常州市中级人民法院(2019)苏04行终52号。

第五章　保障和监督

第五十一条　【法律援助信息共享和工作协同】国家加强法律援助信息化建设，促进司法行政部门与司法机关及其他有关部门实现信息共享和工作协同。

条文解读

本条是关于法律援助信息共享和工作协同的规定。

1. 重要意义

法律援助是一项系统工程，覆盖面广，涉及的特殊群体多，需要司法行政部门与各个机关的信息共享和有机协同，以更好地发挥法律援助制度的实际效能。加强法律援助的信息化建设，保证信息交流的及时性和对称性，促进司法行政部门与其他各个机关的信息共享和工作协同，是法律援助工作不断完善的必要。本条对法律援助信息共享和工作协同作出了规定，既考虑到了国家治理能力提升的要求，也考虑到了现实发展的需要，进而更好、更快地化解社会矛盾、保障民生，解决人民群众关心的问题。《法律援助条例》并没有对法律援助信息共享和工作协同的内容进行专门规定，此次制定的《法律援助法》新增了这样的规定，主要出于以下考虑：第一，“大数据”使法律援助信息共享成为可能，也增加了法律援助工作协同的必要性。“大数据”技术迅速发展，使信息化建设成为司法行政机关开展工作的重要抓手。无论是司法行政部门与其他机关的快速交流,还是司法行政机关了解社情民意,为社会特殊群体解决困难,都需要强大的信息获取能力、处理能力和信息交流机制。第二,社会生活的变化日新月异,社会矛盾复杂多样,法律援助工作不但需要考虑经济困难群众的实际情况,还需要考虑农民工、残疾人等特殊群体的客观需求,想要通过法律援助的方式来尽快解决社会特殊群体的困难,就需要构建高效能动的信息化机制。第三,国家治理能力提升的客观要求。司法行政部门与司法机关及其他有关部门实现信息共享和工作协同,是提高法律援助效率、提升行政效能的必然选择。本条增加的内容也是根据我国近年来法律援助工作的实际情况作出的要求。

2. 具体要求

根据本条规定,展开法律援助信息共享和工作协同有以下几项内容。首先,加强法律援助信息化建设。在此,加强法律信息化建设有以下三个层面:第一,面向社会特殊群体,构建专门的信息化建设机制。在此意义上,企业职工、农民工、残疾人、妇女儿童等,都是法律援助信息化建设中的重点关注对象。在2009年发布的《司法部办公厅关于进一步做好预防和解决企业工资拖欠法律服务和法律援助工作的通知》中,特别提到了针对企业工资拖欠的情况,“建立信息共享交流机制,积极争取社会各方对解决企业拖欠工资法律服务和法律援助工作的支持”。在2018年发布的《司法部、中国残联关于开展“法援惠民生·关爱残疾人”法律援助品牌建设工作的通知》中,就要求健全服务网络,主动把脉残疾人法律援助需求。“建立残疾人法律援助对象信息共享机制,依托中国残联残疾人人口基础数据库管理系统,对贫困残疾人动态信息及时更新,了解残疾人在社保、困难救助、医疗康复、抚养赡养、生活照料及教育、就业、劳动权益保障和脱贫方面存在的问题,评估法律援助需求,建立残疾人法律援助服务档案。”在2018年发布的《司法部、国务院农民工工作领导小组办公室关于开展“法援惠民生·助力农民工”法律援助品牌建设工作的通知》中,要求推进便捷优质法律援助全覆盖,“完善便民服务机制,推进信息化建设,畅通农民工维权渠道”。第二,面向司法机关、其他各个部门和团体,建立高效协作的法律援助信息化机制。司法行政机关需要与工会、共青团、妇联、残联等部门、单位以及社会团体、组织协调配合,建立信息共享交流机制,提高法律援助的效率。第三,加强法律援助的基础设施建设。加大投入力度,改善基层信息基础设施,提升法律援助信息管理水平,实现集援务公开、咨询服务、网上审查、监督管理于一体的网上管理服务,实现与相关单位的信息共享和工作协同。其次,促进司法行政部门与司法机关及其他有关部门实现信息共享和工作协同。此处提到了司法行政部门与司法机关及其他有关部门的关系,第一,司法行政部门与司法机关的关系。和法律援助关系最直接的机关之一就是司法机关,因此本条规定当中,特别提及了与司法机关的关系,即两者展开信息共享和工作协同。第二,司法行政部门与其他有关部门的信息共享和工作协同。在此,司法行政部门与其他有关部门的信息共享和工作协作,更多在社情民意当中,以争取各个部门对法律援助工作的配合与支持。

适用要点

在适用本条的时候,要注意以下方面:第一,发挥好司法行政机关的能动性。本条规定,要在司法行政部门与司法机关及其他有关部门之间实现信息共享和工作协同。在这里,“其他有关部门”并不仅仅限制在“行政机关”的范围之内,财政部门、信访部门、工会、妇联、共青团等部门、单位以及社会团体、组织都是司法行政机关推动法律援助工作需要交流的对象。第二,在展开信息化建设中,要提高法律援助工作的标准化、规范化。例如,2019 年司法部发布了实施《全国民事行政法律援助服务规范(SF/T 0058 - 2019)》《全国仲裁工作管理信息系统技术规范(SF/T 0059 - 2019)》《全国人民陪审员选任管理系统技术规范(SF/T 0060 - 2019)》三项行业标准的公告,在法律援助具体工作中,需要结合这三项标准来展开。第三,在司法行政机关与司法机关的工作协同中,需要注意与《民事诉讼法》《刑事诉讼法》的良好衔接。

关联法规

《刑事诉讼法》第35条;《最高人民法院、司法部关于民事诉讼法律援助工作的规定》第6、8条;《全国民事行政法律援助服务规范(SF/T 0058-2019)》;《全国仲裁工作管理信息系统技术规范(SF/T 0059-2019)》;《全国人民陪审员选任管理系统技术规范(SF/T 0060-2019)》

典型案例

区某与茂名市电白区司法局司法行政管理案[1]

案例要点:本条对法律援助的信息共享和工作协同进行了规定,要求司法行政机关与司法机关及各个部门实现信息共享和工作协同,既是为了提高工作效率,也是为了实现公平正义。在本案调查处理过程中,电白区司法局向有关人员进行了询问,审核了提交的相关证据材料,在查明事实的基础上就调查处理意见作出答复,无证据证明法律援助律师在执业过程中存在故意向司法机关提供虚假证据和作虚假陈述的违法行为。上诉人也无法举证证明法律援助律师在行使代理职权中有向司法机关弄虚作假或提供虚假材料等违反《律师法》和相关执业规范的行为,故对上诉人主张不予支持。

第五十二条 【法律援助补贴】法律援助机构应当依照有关规定及时向法律援助人员支付法律援助补贴。

法律援助补贴的标准,由省、自治区、直辖市人民政府司法行政部门会同同级财政部门,根据当地经济发展水平和法律援助的

[1] 广东省茂名市中级人民法院(2018)粤09行终112号。

服务类型、承办成本、基本劳务费用等确定，并实行动态调整。

法律援助补贴免征增值税和个人所得税。

条文解读

本条是关于法律援助补贴的规定。

1. 本法规定法律援助补贴的重要意义

法律援助受国家财政的保障，以促进法律援助工作的均衡发展。对于受援人，法律援助的费用较低甚至是免费的；然而对国家而言，法律援助占据相当一部分财政支出。法律援助人员办理法律援助案件时，可以获得由法律援助机构支付的补贴，且法律援助补贴免征增值税和个人所得税。法律援助补贴的标准需要结合地域差异、时间变化和具体事项的不同而改变。关于法律援助补贴的问题，《法律援助条例》中规定："受指派办理法律援助案件的律师或者接受安排办理法律援助案件的社会组织人员在案件结案时，应当向法律援助机构提交有关的法律文书副本或者复印件以及结案报告等材料。法律援助机构收到前款规定的结案材料后，应当向受指派办理法律援助案件的律师或者接受安排办理法律援助案件的社会组织人员支付法律援助办案补贴。法律援助办案补贴的标准由省、自治区、直辖市人民政府司法行政部门会同同级财政部门，根据当地经济发展水平，参考法律援助机构办理各类法律援助案件的平均成本等因素核定，并可以根据需要调整。"这次制定的《法律援助法》对法律援助补贴的内容作了一定调整：一是将法律援助补贴的内容作为单独一条进行规定；二是对法律援助机构支付补贴作了及时性要求；三是确立了法律援助补贴标准的动态调整机制；四是明确提出法律援助补贴的税收优惠方式。以上变化，考虑到了我国区域发展水平的差异性，兼顾了不同案件的特殊性，也体现了我国对法律援助工作的重视和支持。

2. 法律援助补贴的及时性要求

本条第1款规定,法律援助机构应当依照有关规定及时向法律援助人员支付法律援助补贴。该款与《法律援助条例》中相关规定的区别在于,不再是法律援助案件结案后,法律援助机构才向法律援助人员支付补贴。作出这样的规定出于以下考虑,即维持法律援助人员提供法律援助工作的积极性,保护法律援助人员的正当权益,提高法律援助制度发展的持久性。法律援助是由国家建立、政府支持的制度,它受司法行政部门指导,经过法律援助机构落实、最后由法律援助人员具体展开工作,可以说,法律援助人员的积极性、能动性,决定着法律援助制度的活力。保证法律援助人员及时获得补贴,是对法律服务的尊重,也是对社会公平正义的客观维护,以促进法律援助事业的健康发展。

3. 法律援助补贴标准

本条第2款规定,法律援助补贴的标准,由省、自治区、直辖市人民政府司法行政部门会同同级财政部门,根据当地经济发展水平和法律援助的服务类型、承办成本、基本劳务费用等确定,并实行动态调整。该款规定有以下两种考量:一是避免法律援助补贴"一刀切"的情况。和《法律援助条例》相比,除了考虑到不同地域经济发展水平的差异之外,还将法律援助的服务类型、承办成本、基本劳务费用等作为了考察因素。在2019年发布的《司法部、财政部关于完善法律援助补贴标准的指导意见》中,对服务类型、承办成本、基本劳务费用等进行了明细化,并且特别提出:"基本劳务费用根据日平均工资、服务天数等因素确定。其中,日平均工资参照上一年度本地在岗职工年平均工资除以年工作日所得或其一定系数。"二是确立了法律援助补贴的动态调整机制。法律援助工作中的费用支出,不仅同区域经济发展有一定关联,还和案件办理的进度与阶段有关。《司法部、财政部关于完善法律援助补贴标准的指导意见》还规定"民事、刑事、行政法律援助案件以一件代理或者辩护事项为一件案件,根据承办同类法律援助案件平均耗费的天数,按件计算。同一事项处于不同法律程序阶段的,每一阶段按一件案件计算。同一案件有2个以上受援人的，以相应案件补贴标准为基数，适当增加补贴。”通过建立法律援助补贴的动态调整机制，增进法律援助制度发展的科学性和持久性。

4. 法律援助补贴的税收规定

本条第3款规定，法律援助补贴免征增值税和个人所得税。法律援助工作具有一定的社会公益性，同样的法律服务事项，法律援助补贴的金额一般要比市场化的法律服务费用低。对法律援助补贴免征增值税和个人所得税，是对法律援助人员服务的积极性保护，也是对法律援助工作公益性的尊重。

适用要点

本条对法律援助补贴进行了规定，对法律援助机构发放补贴的及时性提供了要求，也提出了建立法律援助补贴的区域化、差别化、动态化调整机制，同时明确了法律援助补贴的税收优惠。在适用本条时，需要注意以下两点：第一，司法行政部门要加强对法律援助补贴的监督管理工作，确保法律援助经费保障政策措施落到实处，督促法律援助机构严格按照规定标准及时、足额支付，不得截留。2009年发布的《司法部关于进一步加强法律援助经费使用管理监督工作的通知》提到要严格法律援助的经费管理，不得将法律援助办案专款用于弥补县（区）司法局和法律援助机构人员经费和公用经费的不足。“要提高法律援助经费中办案费用的支出比例，尽力满足办案需要。”第二，司法行政部门要和财政部门进行良好沟通，结合当地实际情况，明确地方法律援助补贴标准，提高法律援助补贴的适用效益。要合理安排资金，专款专用，《司法部关于进一步加强法律援助经费使用管理监督工作的通知》同样提到，要“将有限的资金管好用好，努力发挥经费使用的最大效益，为更多困难群众提供优质高效的法律援助服务”。

关联法规

《个人所得税法》第 4 条;《司法部、财政部关于完善法律援助补贴标准的指导意见》;《人力资源社会保障部、司法部、财政部关于进一步加强劳动人事争议调解仲裁法律援助工作的意见》;《司法部关于进一步加强法律援助经费使用管理监督工作的通知》;《司法部办公厅关于加紧落实公民经济困难标准、法律援助办案补贴标准和法律援助事项补充范围的通知》

典型案例

王某某贪污案[1]

案例要点:法律援助补贴需要及时发放到位,以保护法律援助人员的积极性,对法律援助补贴的发放与适用,司法行政机关要加强经费的管理与监督,避免法律援助经费克扣等情况。本案中,某司法所所有民事调解和法律援助补贴由王某某保管。被告人王某某身为行政机关司法所工作人员,采用虚构事实的方法,骗取国有资金,数额巨大,其行为已触犯了《刑法》,构成贪污罪,依法应予惩处。白银市平川区人民检察院指控被告人王某某犯贪污罪,事实清楚,证据确实、充分,罪名成立,应予支持。案发后,被告人王某某能如实供述其犯罪事实,认罪态度较好,依法从轻处罚。并且,被告人王某某积极退缴赃款,依法酌予从轻处罚。

〔1〕 甘肃省白银市平川区人民法院(2014)平刑初字第 241 号。

第五十三条　【对受援人和法律援助人员减免费用】人民法院应当根据情况对受援人缓收、减收或者免收诉讼费用；对法律援助人员复制相关材料等费用予以免收或者减收。

公证机构、司法鉴定机构应当对受援人减收或者免收公证费、鉴定费。

条文解读

本条是关于对受援人和法律援助人员减免费用的规定。

1. 法律援助中可减免受援人和法律援助人员的费用

法律援助工作是国家建立的保障经济困难公民和特殊案件当事人辩护权的无偿法律服务，具有保障民生的重要职能，因此在法律援助案件中，人民法院根据情况缓收、减收或者免收法律援助受援人的诉讼费用。考虑到法律援助工作的社会公益性，人民法院对法律援助人员复制相关材料等费用，同样应该予以免收或者减收。在法律援助的具体过程中，经常会涉及公证、鉴定等行为，对此，公证机构、司法鉴定机构也应当对受援人减收或者免收公证费、鉴定费。和《法律援助条例》相比，本条是新增的规定，作此安排是出于以下的考虑：第一，在法律援助中注重以人为本。切实维护好人民群众的合法权益，积极回应民生诉求，努力为困难群众提供便利。第二，完善法律援助便民服务机制的客观要求。有关部门应当在法律服务过程中，根据实际情况，健全便民利民措施，减免实际费用。第三，法律援助制度是需要多方参与、支持的系统工程，不单需要司法行政部门的努力，同样需要人民法院、公证机构、司法鉴定机构等多个部门的支持。此次将减收或者免收相关规定作为单独一条，彰显了法律援助保障民生的重要性和必要性。

2. 具体要求

本条第1款规定，人民法院应当根据情况对受援人缓收、减收或者免收诉讼费用;对法律援助人员复制相关材料等费用予以免收或者减收。在该款规定当中,减收、免收费用的对象既包括法律援助受援人,也包括法律援助人员。特别地,对法律援助受援人的诉讼费用,还可以缓收。事实上,十余年来,在减收或者免收费用的事项上,一直都有相关规定。2003年发布的《最高人民法院、最高人民检察院、公安部、司法部关于刑事诉讼法律援助工作的规定(试点稿)》第22条中提出:“人民法院应当支持法律援助律师行使辩护职责所开展的法律援助工作,为其提供查阅、摘抄、复制案件所指控犯罪事实的材料及同在押的被告人会见和通信等方面的便利条件,并减免收取相关费用。”2004年发布的《司法部、民政部、财政部、劳动和社会保障部、国土资源部、建设部、卫生部、国家工商行政管理总局、国家档案局关于贯彻落实〈法律援助条例〉切实解决困难群众打官司难问题的意见》中谈到,“相关部门对法律援助案件办理中查阅档案资料所涉及的相关费用应当予以减免,共同降低法律援助成本,减轻经费短缺给法律援助工作造成的压力。对档案资料查询费、咨询服务费、调阅档案(资料)保护费、证明费(包括学历、工龄证明、机构设置证明、房产地产证明、财产证明)予以免收;对相关材料复制费,包括原件复印、缩微胶片复印、翻拍、扫描费给予减、免,减收的标准按复制档案资料所需的原材料成本费计算。”《最高人民法院、司法部关于民事诉讼法律援助工作的规定》第10条规定:“人民法院应当支持法律援助机构指派或者安排的承办法律援助案件的人员在民事诉讼中实施法律援助,在查阅、摘抄、复制案件材料等方面提供便利条件,对承办法律援助案件的人员复制必要的相关材料的费用应当予以免收或者减收,减收的标准按复制材料所必须的工本费用计算。”《最高人民法院、最高人民检察院、公安部、司法部关于刑事诉讼法律援助工作的规定》第20条规定:“人民检察院、人民法院应当对承办律师复制案卷材料的费用予以免收或者减收。”但是在以上规定中,更多侧重对法律援助人员的费用减免,并没有过多谈及对法律援助受援人的费用减免问题,此次规定对法律援助受援人的诉讼费用明确提出了缓收、减收和免收,加强了对法律援助受援人的支持和帮助力度。

本条第2款规定，公证机构、司法鉴定机构应当对受援人减收或者免收公证费、鉴定费。之所以要求公证机构、司法鉴定机构为受援人提供减免费用的便利，一方面在于公证、鉴定行为是法律援助过程中的常见行为；另一方面在于法律援助工作需要多部门、多机构的协同配合，进而协力保障困难群众的合法权益，为受援人提供切实可行的帮助。

适用要点

本条对法律援助中减收或者免收相关费用的规定，是以更好地为困难群众提供必要的帮助为出发点。在适用本条时，有以下几点需要注意：第一，本条规定对受援人和法律援助人员减免费用，但是，如果遇到经济困难但又达不到法律援助条件的群体，可以根据实际，酌情减免费用，然而需要对此建立合理的申请减免费用审核机制。《司法部办公厅关于进一步做好预防和解决企业工资拖欠法律服务和法律援助工作的通知》中规定："对经济确有困难又达不到法律援助条件的农民工，要酌情减收或免收服务费用。"第二，如果本条规定的"缓收""减收""免收"的程度需要根据实际情况综合认定，不同地区需要因地制宜，并且结合受援人的情况，来全面判定。第三，"缓收""减收""免收"的具体标准，需要结合《最高人民法院、司法部关于民事诉讼法律援助工作的规定》《最高人民法院、最高人民检察院、公安部、司法部关于刑事诉讼法律援助工作的规定》等有关文件来实施。第四，加强公证、司法鉴定与法律援助工作的衔接，完善公证、司法鉴定工作减免法律援助受援人费用的程序机制，在减收、免收公证费、鉴定费的过程中，需要受援人提供必要的材料，并且及时缴纳必要的费用。不能按时提供申请材料的，或者是不能预缴相关费用的，可以视为鉴定申请撤销。2020年司法部公共法律服务管理局出台了《司法鉴定与法律援助工作衔接管理办法（试行）》，规定了受援人申请减免司法鉴定费用的具体要求，其中第4条就提到因材料提交不齐全，受援人又未按要求补充或者说明的，视为撤销鉴定。

关联法规

《公证法》第34条;《老年人权益保障法》第56条;《司法鉴定与法律援助工作衔接管理办法》第8条;《最高人民法院、司法部关于民事诉讼法律援助工作的规定》;《最高人民法院、最高人民检察院、公安部、司法部关于刑事诉讼法律援助工作的规定》;《司法鉴定与法律援助工作衔接管理办法(试行)》

典型案例

张某某与南京市人力资源和社会保障局行政批准案[1]

案例要点:本条是关于人民法院、公证机构、司法鉴定机构对受援人和法律援助人员减免费用的规定。人民法院应当根据实际情况,对受援人缓收、减收或者免收诉讼费用。在减免费用的过程中,需要对受援人的经济状况、现实条件等方面进行综合认定。在本案中,上诉人张某某是60周岁以上的公民,并且符合法律援助申请的条件,接受了南京市法律援助中心提供的法律服务。本案的二审案件受理费50元,予以免收。

第五十四条 【法律援助人员培训制度】县级以上人民政府司法行政部门应当有计划地对法律援助人员进行培训,提高法律援助人员的专业素质和服务能力。

[1] 江苏省南京市中级人民法院(2018)苏01行终711号。

条文解读

本条是关于法律援助人员培训制度的规定。

1. 建立法律援助人员培训制度的意义

本条是新增条文。《法律援助条例》未对法律援助人员培训予以专门规定,《法律援助法》增加该项规定,凸显出培训体系对法律援助人员队伍建设的关键作用。具体来说,建立法律援助人员培训制度具有以下三个方面的意义:

第一,夯实法律援助人才队伍建设的基础工程。做好新时期的法律援助工作,人才队伍建设是关键。一个可持续的法律援助制度,离不开一支较为稳定的高素质法律援助办案队伍。而建设一支这样的法律援助人才队伍,培训和教育又是关键。因此,实现法律援助工作"应援尽援""应援必援""应援优援"目标,就必须通过常态化培训机制来不断推进法律援助人员队伍革命化、正规化、专业化和职业化。

第二,提高法律援助人员政治素质和业务素质的有效途径。法律援助是一项兼具政治性和专业性的社会实践工作,要求法律援助人员既要具有应有的政治素质和社会情怀,也要具有过硬的法律专业素养和实践能力。这种人才既不可能从司法实践中自发产生,也不可能从高校课堂直接培养出来,而需要通过"按需施教、学以致用"的培训教育来实现,进而打通理论与实践的"最后一公里"。

第三,规范法律援助人员服务行为的必要措施。从整体上讲,我国法律援助人才队伍的素质和作风是不错的,但难免也存在一些问题,个别法律援助人员责任心不强,有的专业知识不过硬。我国的法律援助已经发展到一定的规模,正在走向数量和质量平衡发展的阶段,在这个发展过程中,法律援助人员队伍专业素质和服务能力已成为结构性制约因素,国家也正在着力加强法律援助服务标准、质量管控、考核评价"三个体系"建设。不难发现,教育培训也是其中不可或缺的环节。通过教育培训,规范法律援助人员服务行为,形成培训与监管、考核"三位一体"的有效运行机制。

2. 建立法律援助人员培训制度的具体要求

（1）义务性。“县级以上人民政府司法行政部门应当有计划地对法律援助人员进行培训”，意味着建立一套切合实际的法律援助人员培训体系是县级以上人民政府司法行政部门的法定职责。从我国法律援助历史来看，这项义务是逐步上升为法律规定的层面。早期散见于特定群体合法权益保障的政策文件中，如《司法部、全国总工会关于保障职工合法权益加强职工法律援助工作的通知》指出应当“组织经常性的培训、交流和研讨，不断提高工会法律援助人员的业务素质”。随着《法律援助条例》的颁布出台，《司法部关于贯彻落实〈法律援助条例〉促进和规范法律援助工作的意见》指出，需要“加强培训工作，提高法律援助工作人员的政治素质和业务素质”，从制度层面上明确了法律援助人才队伍培训制度的重要性。《关于完善法律援助制度的意见》提出应当“加强教育培训工作，加大培训教材、师资、经费等投入，完善培训体系和工作机制”，以提高法律援助人员专业素质和服务能力。

（2）计划性。法律援助人才培训制度安排不仅具有一定的规范基础，而且应当具有一定的规划性。《司法部办公厅关于“十一五”时期健全完善法律援助规章制度体系的实施意见》曾明确要求“逐步建立法律援助人员定期培训制度”，“定期”即强调法律援助人员培训制度应当是有规划、有计划、有安排的。《司法部关于加强和改进法律援助工作的意见》指出，“制定法律援助教育培训规划”，同时强调应当加强法律援助人员培训的“培训教材、师资、经费等基础建设”，以“提升培训效果，不断提高法律援助队伍服务水平”。可见，法律援助人才培训的计划性不仅体现在培训教材、师资上，也体现在经费上。《司法部关于加强法律援助经费使用监督管理工作的意见》也指出，应当充分考虑人员培训对经费的需求来科学合理编制年度法律援助经费预算。

（3）专业性。法律援助人员培训制度与法律援助服务质量密切相关，法律援助人员的思想政治、业务能力、工作作风等已成为影响或者制约法律援助服务质量高低程度的重要因素。《司法部关于进一步推进法律援助工作的意见》指出,通过"加大培训力度,建立健全学习、实践和交流机制",以不断"加强法律援助队伍思想政治、业务能力和工作作风建设"和"提高广大法律援助人员群众工作能力、维护社会公平正义能力、新媒体时代舆论引导能力、科技信息化应用能力和拒腐防变能力"。可见,注重教育培训工作中正规性、专业性和职业性三者之间的有机结合,法律援助人员培训制度需要全面关注"运用法律政策能力、群众工作能力、信息化应用能力、突发事件处置能力",才能提升法律援助服务质量水平和人民群众满意度。

适用要点

本条在适用过程中,需要注意以下三点:第一,建立常态化的法律援助人员队伍教育培训制度的义务主体是"县级以上人民政府司法行政机关",即司法行政机关应当指导、监督和检查本地区教育培训工作的落实情况;第二,同时需要满足"有计划"的规范要求,即应当根据本地区的实际情况来制定法律援助人才队伍教育培训的中长期计划和年度计划;第三,最终的目的是提高法律援助人才队伍的专业素质和服务能力,打造一支忠诚履职尽责、勇于担当作为、锐意改革创新的法律援助人才队伍,为新时代法律援助事业的进一步发展提供强有力的保障。

关联法规

《未成年人保护法》第 104 条;《法律援助值班律师工作办法》第 31 条;《军人军属法律援助工作实施办法》第 3 条;《司法行政干部教育培训工作实施办法》;《中央专项彩票公益金法律援助项目实施与管理办法》第 10 条

第五十五条　【受援人知情权、投诉权和请求变更权】受援人有权向法律援助机构、法律援助人员了解法律援助事项办理情况；法律援助机构、法律援助人员未依法履行职责的，受援人可以向司法行政部门投诉，并可以请求法律援助机构更换法律援助人员。

条文解读

本条是关于受援人知情权、投诉权和请求变更权的规定。

法律援助机构和法律援助人员是组织实施法律援助和承担法律援助职责的重要主体。为实现法律援助的透明度和确保法律援助的有效性，受援人不仅享有了解法律援助事项办理具体情况的知情权，而且享有对法律援助机构、法律援助人员未依法履行职责情况进行投诉的权利。基于“权利—责任”的相互关系，为保障受援人的知情权和投诉权，司法行政机关应当采取多种方式、建立必要渠道以确保受援人能够及时获悉法律援助事项办理情况，构建法律援助服务行政公开透明的制度环境。与此同时，司法行政机关需要建立健全法律援助投诉处理制度，畅通投诉监督渠道，进一步规范投诉事项范围、程序和处理反馈工作，以提高投诉处理工作水平。受援人在投诉的同时，可以依法请求更换法律援助人员，以切实维护自身合法权益。本条规定保障受援人知情权、投诉权和请求变更权，一方面是其获得公平公正法律援助的内在需要；另一方面是督促法律援助机构、法律援助人员忠诚援助、依法援助的外在要求。

1. 受援人了解法律援助事项办理情况的知情权

让人民群众在每一件法律援助案件中感受到公平正义，受援人的知情权就必不可少。“阳光是最好的防腐剂”，不仅高权性的管理性、审批性事项需要通过政府信息予以公开，服务性事项的给付过程也应当是透明的，让法律援助的公平正义是可触及的，并能够被受援人所真切感知到。相较于《法律援助条例》，本条从立法层面赋予了受援人知情权，这对于受援人获悉了解法律援助案件的进展情况和督促法律援助机构、法律援助人员积极依法履行援助职责具有重要意义。具体来说,在法律援助事项开展过程中,其一,享有知情权的主体原则上应当限定为申请和接受援助的公民个人,是一种狭隘意义上的知情权,然而,如果是未成年、残疾人等特殊类型的受援人,其法定监护人也应当享有知情权;其二,知情权的权利客体包括了法律援助机构、法律援助人在提供法律援助过程中所掌握的基本信息本身以及承载基本信息的各种形式;其三,通常将国家秘密、商业秘密、个人隐私等视作知情权行使的边界。需要明确的是,受援人知情权的顺利行使需要法律援助机构和法律援助人员依法积极履行相应的告知义务。在法律援助事项进行过程中,告知义务是实现受援人知情权的重要保障,对于援助事项的处理情况,法律援助机构和法律援助人员应当以"书面告知为主、口头告知为辅"的方式告知受援人,及时解答受援人疑问,并制作告知情况记录附卷。可见,本条明确赋予了受援人知情权,也意味着法律援助人员的告知义务,在相互作用下实现法律援助过程中的信息透明,让法律援助机构、法律援助人员与受援人之间始终处于一种交流协作的互动状态。

2. 受援人对法律援助机构、法律援助人员未履行职责情况的投诉权

《法律援助法》第 19 条规定:"法律援助人员应当依法履行职责,及时为受援人提供符合标准的法律援助服务,维护受援人的合法权益。"同时,第 20 条规定:"法律援助人员应当恪守职业道德和执业纪律,不得向受援人收取任何财物。"第 21 条规定:"法律援助人员对提供法律援助过程中知悉的国家秘密、商业秘密和个人隐私应当予以保密。"这三条对法律援助人员履行职责制定了标准,对履职行为予以规范约束。所以,结合本条规定中的"法律援助机构、法律援助人员不依法履行职责的"规范表达,应对"不依法履行职责"进行体系解释:在办理法律援助事项的过程中,法律援助机构、法律援助人员的违法违规行为,不仅可以表现为法律援助机构、法律援助人员在提供法律援助的过程中存在违反法律法规的相关规定的行为,还可以体现为在这一过程中法律援助人员违反职业道德与执

业纪律的行为。针对这一情形，受援人可以依法行使投诉权，一是使受援人自身的合法权益免于受损；二是对法律援助机构、法律援助人员的违法违规行为依法予以监督和纠正。进一步来说，关键在于需要对“不依法履行职责”的内涵予以明确：其一，未对受援人提供符合标准的法律服务，并突破无偿要求违法收取费用；其二，违反职业道德和执业纪律，未从受援人的立场出发，尽职尽责地维护其合法权益；其三，利用法律援助事项谋取不正当利益，并且导致受援人合法权益受损；其四，未依法履行法律援助保密义务，导致法律援助过程中所获得的国家秘密、商业秘密和个人隐私泄露。

3.受援人行使“请求法律援助机构更换法律援助人员”的权利

针对上述情形，受援人不仅可以向司法行政机关投诉，而且可以请求法律援助机构更换法律援助人员。受援人行使“请求法律援助机构更换法律援助人员”的权利，并非没有条件约束。根据《办理法律援助案件程序规定》的相关规定，行使该项权利的条件约束主要体现在以下三个方面：一是受援人需要有相应证据证明法律援助人员不依法履行职责的违法事实，而且要求更换法律援助人员的根本出发点是为了维护受援人自身合法权益，即不更换则会导致其权益受损；二是法律援助机构应当自受援人申请更换之日起5个工作日内决定是否更换；三是法律援助机构决定更换的，应当及时另行指派或者安排人员承办。对犯罪嫌疑人、被告人具有应当指定辩护的情形，人民法院、人民检察院、公安机关决定为其另行指定辩护人的，法律援助机构应当另行指派或者安排人员承办。

适用要点

本条旨在从立法层面建立健全受援人行使知情权、投诉权和请求变更权的制度机制。本条在适用过程中，需要进一步明确的是：第一，法律援助机构应当根据《政府信息公开条例》《法律援助法》等相关的规定主动向受援人通报法律援助事项办理的情况，并告知其相应的权利义务。此外，受援人也可以基于自身权益维护而向法律援助机构、法律援助人申请了解法律援助事项的处理情况。司法行政机关应当积极主动地履行告知义务，并且需要对法律援助事项中涉及不同类别信息予以分类管理，建立健全业务档案管理、信息统计等内部管理制度，以保护国家秘密、个人隐私和商业秘密等。第二，在投诉处理过程中，为解决如何判断法律援助服务是否符合相应标准的问题，《司法部关于进一步推进法律援助工作的意见》强调应当"健全完善组织实施各环节的业务规范和服务标准，制定刑事、民事、行政法律援助案件办理指南"。司法部已制定《全国刑事法律援助服务规范（SF/T 0032－2019）》和《全国民事行政法律援助服务规范（SF/T 0058－2019）》两个行业标准，同时，全国多地根据本地法律援助实际情况制定了地方性的标准规范文件，如《浙江省法律援助案件质量标准化管理规定》《重庆市法律援助服务质量标准（试行）》《吉林省法律援助业务工作标准》等。综合来看，法律援助人员提供符合标准的法律援助，一是在主观评价上应当得到受援人的认可和满意；二是在制度层面上应当确保法律援助人员能够查阅案卷材料、会见犯罪嫌疑人（被告人）、进行调查取证等。

关联法规

《法律援助投诉处理办法》第5条；《律师和基层法律服务工作者开展法律援助工作暂行管理办法》第16条；《办理法律援助案件程序规定》第32条；《中央专项彩票公益金法律援助项目实施与管理办法》第42条；《最高人民法院、最高人民检察院、公安部、司法部关于刑事诉讼法律援助工作的规定》第15条；《未成年人法律援助服务指引（试行）》第6、14条

典型案例

秦某某与上海市徐汇区司法局、上海市司法局不服法律援助投诉处理答复及行政复议决定案[1]

案例要点：司法行政机关依法具有监督管理本辖区法律援助工作的职责。其在收到受援人投诉后，依法进行调查，并依据调查结果对受援人出具《法律援助投诉处理答复书》，认定事实清楚，适用法律正确、程序合法，答复并无不当。

第五十六条　【法律援助工作投诉查处和结果告知】司法行政部门应当建立法律援助工作投诉查处制度；接到投诉后，应当依照有关规定受理和调查处理，并及时向投诉人告知处理结果。

条文解读

本条是关于法律援助工作投诉查处和结果告知的规定。

法律援助是政府为经济困难公民和符合法定条件的其他当事人无偿提供法律咨询、代理、刑事辩护等法律服务的制度，显现出明显的公益性。中共中央办公厅、国务院办公厅印发的《关于完善法律援助制度的意见》指出："法律援助工作是一项重要的民生工程。"法律援助工作一方面需要始终将"维护人民群众合法权益"作为出发点和落脚点，并紧紧围绕"人民群众实际需要"，通过司法行政机关监督实现对法律援助服务质量的监管；另一方面需要接受广大人民群众的监督，努力让"人民群众在每一个案件中都感受到公平正义"。本条从加强案件质量监管和保障当事人合

[1] 上海市徐汇区人民法院(2017)沪0104行初84号。

法权益层面出发,提出建立投诉查处制度的法定职责要求。

1. 建立健全法律援助工作投诉查处制度的意义

(1)法律援助工作投诉查处制度的宪法和法律规范价值。建立法律援助工作投诉查处制度除了具有《法律援助法》《法律援助投诉处理办法》的规范基础,还具有宪法的规范基础。进一步来说,法律援助工作投诉查处制度的宪法规范力来源于《宪法》第 2 条第 3 款规定中的“参与管理权”和《宪法》第 41 条规定中的“公民监督权”。可见,司法行政机关需要根据《宪法》《法律援助法》《法律援助投诉处理办法》等法律法规的要求以建立健全投诉受理、异议调查、处理结果等环节的规定,实现各个环节之间的畅通与协作,形成科学化、规范化和制度化的投诉查处制度,以便公众参与到法律援助工作的质量管理工作中,并有效行使其监督行政的权利。

(2)构建“监督参与”型的法律援助服务质量监管模式。“以人民为中心”和“群众路线”是新时期法律援助工作投诉查处制度的立足点,意味着在法律援助工作投诉查处中需要融入共建、共享、共治思维,形成党委领导、政府负责、社会参与的监督机制。法律援助工作投诉查处制度经历了从“监督对抗”到“监督参与”,强调投诉查处不仅是司法行政机关与公众的对抗制约,而且是听取公众意见、引导公众参与问题解决、密切联系公众的过程,是一种“监督参与”型的法律援助服务质量监管。

(3)保障受援人合法权益的监督机制。法律援助工作投诉查处制度需要明确投诉人的权利义务,通过畅通投诉渠道和规范投诉行为来为投诉人充分行使各种投诉性权利提供制度环境,以更好地维护投诉人的权益。

(4)实现投诉处理结果和责任追究的有机衔接。在建立投诉查处制度的基础上,司法行政机关继而构建违法违纪记录和责任追究制度,实现投诉处理结果与违法责任追究的有机衔接,即“作出处理决定的司法行政机关应当对被投诉人执行处理决定的情况进行监督和纠正”,这有利于规范法律援助服务行为和提高法律援助案件质量。

2. 本条规定法律援助工作投诉查处制度的具体内容

需要明确的是,法律援助工作投诉查处制度的实施是一个过程性行政行为,需要基于行政过程论对投诉查处活动进行整体性、全面性和动态性的考察,关注制度实施过程中的不同阶段行为的关联性。也就是说,需要从行政活动的过程性视角来分析法律援助工作投诉查处制度运行过程中的各个阶段性内容构造。

(1)投诉受理阶段的记录行为。根据《法律援助投诉处理办法》第6条的规定,投诉人原则上应当以书面形式提出投诉,确有困难的可以口头提出。在提出投诉后,司法行政机关应当当场记录投诉人的基本情况、投诉请求、主要事实、理由和时间,并由投诉人签字或者捺印。司法行政机关对投诉内容进行初步形式审查有利于后面有针对性地进行处理,以提高投诉处理效率。

(2)投诉分流阶段的审核行为。根据《法律援助投诉处理办法》第8条的规定,司法行政机关需要对投诉进行实质性的审核,包括了主体资格、被投诉人、投诉请求、管辖权限等。对于不符合规定的投诉,司法行政机关应当发送《法律援助投诉不予受理通知书》以告知投诉举报人。此外,司法行政机关还需要审核投诉事项是否属于违反《法律援助法》,对于不属于法律援助投诉,实质是行政复议、政府信息公开等内容的事项,应当分流至法律法规规定的其他渠道予以处理。

(3)投诉处理阶段的调查行为。根据《法律援助投诉处理办法》的相关规定,司法行政机关应当对受理的投诉事项进行全面、客观、公正的调查核实。同时,在调查过程中发现被投诉人违法违规行为仍处在连续或者继续状态,司法行政机关可以责令停止。同时对调查时间予以规范,原则上是45日,若需要延长办理期限的,应当书面告知投诉人并说明理由。

(4)投诉答复阶段的告知行为。正当程序的价值内涵是,正式的行政行为应当通过充分告知以确保最低限度的公正。告知行为在不同的投诉处理阶段都不同程度地有所体现。尤其是在投诉答复阶段,告知行为凸显出程序正义的重要性。根据《法律援助投诉处理办法》第16条的规定，司法行政机关应当自作出处理决定之日起5个工作日内，通过发送《法律援助投诉处理答复书》的方式告知投诉人处理结果。

适用要点

法律援助工作是否办得满意，当事人最有发言权。投诉查处是人民群众对法律援助工作进行监督的重要方式，能够及时纠正法律援助案件中被投诉人的违法违规行为和有效维护投诉人合法权益。本条在适用过程中，需要关注：(1)投诉主体的宽泛性。根据《法律援助法》和《法律援助投诉处理办法》的相关规定，投诉主体不仅仅局限于与“自身权益相关”的法律援助申请人、受援人，而是拓宽至与“违法违规行为相关”的利害关系人。(2)投诉对象的“具体指向性”。从《法律援助投诉处理办法》第2条的规定来看，法律援助投诉对象主要包括机构和人员两大类，基本上涵盖目前法律援助的实施主体，包括法律援助机构、律师事务所、基层法律服务所、其他社会组织及接受指派执行任务的法律援助人员等。上述被投诉对象具体执行法律援助任务，其一言一行影响法律援助质量和受援人感受，因此，法律援助的具体实施主体在与投诉人的接触中，必须做到行为合法、合规、合理，增强受援人的可接受性，提高法律援助的满意度。(3)投诉内容的“对事性”。投诉人提出的投诉请求应当是与“违法违规行为”相关的行为事实，包括了“违反规定办理法律援助受理、审查事项，或者违反规定指派、安排法律援助人员的”“法律援助人员接受指派或安排后，懈怠履行或者擅自停止履行法律援助职责的”“办理法律援助案件收取财物的”，等等。(4)投诉处理的“程序性”。程序正义是投诉查处制度的关键所在，即“调查应当由两名以上工作人员进行，并制作笔录。调查笔录应当由被调查人签字或者捺印。”“一般应当在45日内办结”“延长办理期限的，应当书面告知投诉人并说明理由”“自作出处理决定之日起5个工作日内，向投诉人发送《法律援助投诉处理答复书》”等。

关联法规

《律师法》第52条;《法律援助投诉处理办法》;《基层法律服务所管理办法》第21、41条;《基层法律服务工作者管理办法》第50条;《律师事务所管理办法》第64条

典型案例

吴某与深圳市宝安区法律援助处行政确认案[1]

案例要点:当事人采用网上投诉的形式实质是对被告不予法律援助的决定提出异议,目的是希望区司法局责令法律援助机构对其提供法律援助。司法行政机关针对该异议,经审查核实后以不符合管辖条件为由,建议当事人向所属辖区的法律援助机构申请法律援助,并作出《关于吴某网上投诉宝安区法律援助处对于符合援助的劳动者违法不予援助的回复》。对此,法院认为当事人填写了法律援助申请表,并提交了起诉书、经济困难证明、申请人身份证明、保密协议、深圳市宝安区人民法院案件受理通知书等材料,已经充分证明是因维护自身合法权益需要法律援助,符合《深圳市法律援助条例》第12条的规定,且不存在2006年《广东省法律援助条例》第12条第1款规定的不予法律援助的情形。司法行政机关作出的援拒字(2014)第6号《不予法律援助决定书》不符合上述规定。因此,对当事人要求确认司法行政机关作出援拒字(2014)第6号《不予法律援助决定书》行为违法的诉讼请求,法院予以支持。

[1] 深圳市宝安区人民法院(2015)深宝法行初字第215号。

第五十七条 【法律援助服务的监督、服务质量标准和质量考核】司法行政部门应当加强对法律援助服务的监督，制定法律援助服务质量标准，通过第三方评估等方式定期进行质量考核。

条文解读

本条是关于法律援助服务的监督、服务质量标准和质量考核的规定。

《司法部关于进一步推进法律援助工作的意见》明确提出，需要“落实各级司法行政机关监督管理职责”“开展法律援助机构和工作人员执业情况考评，规范法律援助机构运行”“建立健全律师协会等行业协会、法律服务机构对律师等人员提供法律援助的考核机制”以及“健全完善组织实施各环节的业务规范和服务标准”。在此基础上，《关于完善法律援助制度的意见》进一步指出，应当“加强对法律援助机构执行法律法规和政策情况的监督，完善责任追究制度，确保法律援助机构和人员依法履行职责”“制定刑事、民事、行政法律援助案件质量标准”“建立健全律师事务所等法律服务机构和人员开展法律援助的考核评价机制”。有鉴于此，《法律援助法》第5条对“法律援助应当接受监督”进行宣示性规定，本条继而对原则性规定予以细化，明确了法律援助服务的监督、服务标准和质量考核。

1. 法律援助服务监督的具体内容

法律援助服务监督是法治监督体系的重要组成部分。进言之，在法律援助领域，法律援助服务的监督是指司法行政机关依据法律法规授权，将为人民提供均等化、标准化、一体化和规范化的法律援助作为目的，采取检查、评估、考核等多种方式对法律援助工作进行监督和管理，其本质是对法律援助的实施过程进行全方位的跟踪监督。基于此，各级司法行政机关应当设置法律援助服务监督岗位，配备相应的监督管理人员全程监督法律援助案件的办理情况。同时，法律援助服务监督实行分工负责、相互配合的原则,即司法行政机关法律援助管理部门负责和指导本辖区法律援助服务的监督工作;法律援助机构负责法律援助个案服务的监督;律师协会、公证协会、司法鉴定协会等行业协会则应当对法律援助服务的监督工作予以配合。

2. 法律援助服务质量标准的具体内容

加快推进法律援助服务质量的标准化建设,需要建立健全法律援助组织实施各环节的业务规范、职责范围和工作程序等。就概念而言,法律援助服务质量标准,是指法律援助工作的服务内容、服务程序、服务结果的质量标准体系。为规范刑事法律援助和民事行政法律援助服务的质量,司法部分别制定了《全国刑事法律援助服务规范(SF/T 0032 - 2019)》和《全国民事行政法律援助服务规范(SF/T 0058 - 2019)》,这两个《规范》不仅是法律援助人员提供符合标准法律服务的基本指南,而且也是司法行政机关监管服务质量的重要依据。在援助刑事法律领域,《全国刑事法律援助服务规范(SF/T 0032 - 2019)》对刑事法律援助服务原则、服务类型、法律咨询、值班律师法律帮助、刑事法律援助和服务质量控制提出了基本要求,为刑事法律援助制定了"全面了解、充分会见、有效辩护、及时报告、遵规守纪"等基本服务标准。在民事行政法律援助服务领域,《全国民事行政法律援助服务规范(SF/T 0058 - 2019)》规定了民事行政法律援助的服务原则、服务类型以及法律咨询、诉讼案件代理、非诉讼案件代理和服务质量控制等基本要求,对法律咨询、诉讼案件代理、非诉讼案件代理等设定实体标准和程序标准。

3. 法律援助服务质量考核的具体内容

司法行政机关或者法律援助机构应当按照法律援助服务的质量标准设定考核指标,制定考核程序,定期对法律援助服务质量进行量化评估,进而根据考核评估结果对法律援助服务中存在的质量问题予以督促改进。司法部已制定《刑事法律援助案件质量同行评估规则(SF/T 0086 - 2020)》和《民事行政法律援助案件质量同行评估规则(SF/T 0085 - 2020)》,以指导法律援助服务质量考核工作的具体开展。法律援助服务质量考核涉及评估主体、评估客体、评估指标、评估程序等要素。第一,评估主体包括司法行政机关、第三方机构等。质量考核的方式可分为行政评估和同行评估,行政评估是由司法行政机关为主体的内部评估体系;而同行评估是由评估专家组成的第三方评估体系。第二,评估客体是已经办结归档的法律援助案件,尤其重点关注接到受援人投诉的援助案件、增长速度较快的某一类援助案件、重大疑难的援助案件和社会影响较大的援助案件等。第三,根据不同的评估项目确定评估指标,进而制定不同类型的法律服务质量评估指标体系。第四,评估程序则包括了成立评估工作领导小组和同行评估专家小组、确定评估客体、评估方式和评估指标等、开展评估、形成评估报告以及公布评估结果。

适用要点

本条旨在指导各级司法行政机关积极开展对法律援助服务的监督管理,制定法律援助服务质量标准,并对服务质量定期进行质量考核。由此可见,监督管理、服务标准和质量考核是促进和保障法律援助工作规范化、制度化、法治化的重要举措,是实现“公平正义”和“以人为本”法律援助的制度安排。在实践落实本条规定的过程中,需要注意以下三点:(1)明确监督内容和监督方式。全国各省、市司法行政机关根据法律援助监督管理工作的自身需要制定了法律援助案件质量监督办法,以明确监督内容和监督方式。例如,根据《山东省法律援助案件质量监督管理办法》的规定,监督内容包括“各级法律援助机构在作出给予申请人法律援助决定之前,是否以书面形式告知其权利和义务”“法律服务机构是否在24小时内安排承办案件的法律援助服务人员;法律援助服务人员无特殊原因,是否在3日内接待案件当事人,制作谈话笔录,办妥委托代理手续”等十项,监督方式则包括“参与重大疑难案件讨论研究或参加审理旁听”“向法律援助服务人员了解案情及进度情况,听取法律援助服务人员办理法律援助案件汇报或有关情况的说明”等八项。(2)因地制宜制定法律援助服务质量标准。目前，司法部制定的《全国刑事法律援助服务规范(SF/T 0032－2019)》和《全国民事行政法律援助服务规范(SF/T 0058－2019)》从宏观上明确了法律援助服务的基本标准。然而，各地的法律援助服务质量是存在差异的，需要因地制宜制定法律援助服务质量标准，例如，《浙江省法律援助案件质量标准化管理规定》《重庆市法律援助服务质量标准(试行)》《杭州市法律援助服务标准(DB 3301/0168－2015)》，等等。(3)完善法律援助服务质量考核。具体来说，各级司法行政机关应当制定法律援助案件评估标准和规范，明确"以业务规范、服务效果和社会评价为主要内容，以基础设施、人员配备、组织保障为重点"的服务质量评价指标体系、建立常态化的同行专家评估组织、设立法律援助服务质量考核的专项经费和规范化法律援助服务质量考核的评估程序等，例如，《苏州市法律援助案件质量评估规则指引》《江西省法律援助案件质量评估标准》，等等。

关联法规

《刑事法律援助案件质量同行评估规则(SF/T 0086－2020)》；《民事行政法律援助案件质量同行评估规则(SF/T 0085－2020)》；《办理法律援助案件程序规定》第1、6条；《法律援助值班律师工作办法》第31条

典型案例

孙某某与蚌埠市司法局、蚌埠市法律援助中心不履行法定职责及行政赔偿案[1]

案例要点：法律援助中心及其所指派律师已经依法履行了应尽职责，受援人所涉案件被人民法院裁定按撤诉处理，并非法律援助中心及其所

〔1〕安徽省高级人民法院(2017)皖行申141号。

指派律师所致。司法局对受援人的投诉进行了调查，因法律援助中心及其所指派律师并无违法事实，故不予处理，亦不违反法律规定。受援人提起诉讼，请求确认市司法局、法律援助中心不作为、乱作为违法并赔偿其经济损失，缺乏事实根据和法律依据。

第五十八条　【法律援助信息公开制度】司法行政部门、法律援助机构应当建立法律援助信息公开制度，定期向社会公布法律援助资金使用、案件办理、质量考核结果等情况，接受社会监督。

条文解读

本条是关于法律援助信息公开制度的规定。

政府信息公开是建设法治政府、实现依法行政的制度保障，也是推进国家治理体系和治理能力现代化的关键一环。为进一步推动法律援助向着公开化、公平化和公正化发展，必须建立健全法律援助信息公开制度，让法律援助工作在阳光下开展，不断提高法律援助工作的透明度，最终构建"让人民监督权力，让权力在阳光下运行"的法律援助新格局。有鉴于此，本条在总结实践经验和政策意见的基础上，从立法层面建立和推行法律援助信息公开，并作为司法行政机关和法律援助机构的法定职责，旨在深化打造新时期下"公平正义、优质高效"的阳光法律援助。

1. 建立法律援助信息公开制度的历史发展

法律援助信息公开制度经历了从萌芽、探索到发展等阶段，从相应的政策、法规演变进程中可以明晰其脉络。具体来说，第一，法律援助信息公开制度的萌芽阶段。《司法部办公厅关于"十一五"时期健全完善法律援助规章制度体系的实施意见》提出"全面推行法律援助便民公示制度"的要求，应当将法律援助相关内容和程序、受援人权利和义务、投诉及异议处理等向受援人公开。在刑事法律援助方面,《司法部关于法律援助工作贯彻实施修改后刑事诉讼法的意见》指出需要采取多种形式公开刑事法律援助条件、程序和法律援助机构联系方式等,使公众了解知晓刑事法律援助知识并在必要时寻求帮助。这一阶段的"法律援助便民公示制度"更多地侧重于受援人的知情权保障,体现"执法为民"的服务行政理念。第二,法律援助信息公开制度的探索阶段。法律援助信息公开不仅仅局限于"便民""服务"等功能定位,而是朝着"参与行政""监督行政"等方向发展。《司法部关于深化"法律援助便民服务"主题活动积极推进三项重点工作的意见》指出应当通过多种形式向社会公开法律援助申请条件、范围、程序等有关事项,进一步推行援务公开,同时需要充分发挥网络公开、便捷、高效的优势,以公开促公正,以透明保廉明。第三,法律援助信息公开制度的发展阶段。新时期法律援助信息公开制度强调"以人民为中心",进一步保障人民能够参与到法律援助工作中来并依法行使知情权、参与权、表达权、监督权。《司法部关于进一步推进法律援助工作的意见》指出要通过推行援务公开,以构建法律援助民意沟通机制,主动接受社会监督。可见,推行法律援助信息公开,是司法行政服务于人民、依靠于人民的本质要求,也是塑造"对人民负责、接受人民监督"的阳光法律援助的目标所向。

2. 法律援助信息公开制度的基本原则

本条所规定的法律援助信息公开制度需要遵循《政府信息公开条例》所设定的基本原则,并根据法律援助工作的特殊性对《政府信息公开条例》基本原则的内涵予以适当调适。法律援助信息公开制度的基本原则,是指司法行政机关、法律援助机构在落实援务公开中所必须遵循的基本准则,贯穿于法律援助信息公开的立法、执法和监督救济等环节中。法律援助信息公开制度的基本原则发挥着实现公民权利保护、提升法律援助科学性和透明度、落实法律援助有效性等方面的作用。进言之,包括:第一,公正原则。法律援助信息公开制度是将公众知情权作为制度设计的出发点和落脚点。司法行政机关、法律援助机构通过"主动公开"和"依申请公开”的方式保障公民的知情权，使其获悉法律援助工作开展的情况，参与到法律援助的实践中来，并积极表达意见和监督援助，最终实现法律援助工作的公平正义。第二，公开原则。政府信息公开源自行政公开的制度要求，公开原则要求法律援助信息公开，应当“坚持以公开为常态、不公开为例外的原则，推进决策公开、执行公开、管理公开、服务公开、结果公开”。第三，便民原则。便民原则强调司法行政机关、法律援助机构应当以顾客为导向，采取各种措施优化信息公开，以便于公众获取援务信息，即重视援务信息公开质量的优质性、援务信息公开方式的灵活性和援务信息公开范围的广泛性。

3. 法律援助信息公开制度的具体内容

根据本条的规定，司法行政机关、法律援助机构应当定期向社会公布法律援助资金使用、案件办理等情况，促进公众对法律援助工作的有序参与，同时主动接受社会的监督，形成“意见—反馈”的沟通模式，以提高法律援助公信力。在本条基础上，结合《政府信息公开条例》的相关规定，法律援助信息公开制度的具体内容由以下三方面组成：第一，法律援助信息公开的主体。在法律援助信息公开法律关系中，存在权利主体、义务主体和监督主体，权利主体不仅有接受法律援助的个人，还包括了普通的社会大众；义务主体则是提供援务信息的司法行政机关、法律援助机构；监督主体是社会、上级主管部门、人民法院等。第二，法律援助信息公开的范围。司法行政机关、法律援助机构应当在法律援助便民服务窗口、法律援助工作站、公共法律服务实体平台、政府网上办事大厅、法律援助网络平台等公开法律援助条件、程序、格式文书、申请材料目录和申请示范文本以及办公地址、法律援助机构人员、通讯方式、工作程序、法律援助补贴标准、法律援助资金使用情况、案件办理情况、质量考核结果和监督电话等信息。第三，法律援助信息公开的程序。对于主动公开的援务信息，司法行政机关、法律援助机构应当经过行政内部的初审、审核、审批、发布等程序。对于依申请公开的援务信息，公民个人原则上采用书面方式提出申请，确有困难的也可以采取口头形式提出申请，司法行政机关、法律援助机构在接到申请后应在法定时间内尽快进行答复。

适用要点

法律援助信息公开作为广义上政府信息公开中的重要类型，是评价司法行政工作法治化和规范化的重要标尺。习近平总书记强调："政务公开是法治政府建设的一项重要制度，要以制度安排把政务公开贯穿政务运行全过程，权力运行到哪里，公开和监督就延伸到哪里。"从本条规定的意蕴来看，法律援助信息公开制度是新时代司法行政管理方式、管理模式的重大改革，其运行过程中必然涉及不同利益之间的衡量，因而需要明确以下两点：(1)援务信息公开范围的利益衡量理念。在援务信息公开的利益衡量中，不仅要考虑公开信息范围扩大带来的公益增进，还需要对援务信息中涉及个人隐私、商业秘密和国家秘密的作出例外限制。在公开优先主导下的法律援助信息公开制度，不得割裂公益增进和例外限制之间的关系，需要形成对抗利益的平衡状态。(2)援务信息公开实践的利益衡量步骤。建立法律援助信息公开制度是为了在援助主体和社会大众之间搭建起民意沟通机制，塑造一种橱窗式的法律援助活动。其中，"公开什么"和"如何公开"均是基于利益衡量来规范，具体步骤则是：首先，需要对信息中存在的公共利益、私人利益、国家利益等进行全方位解构；其次，对于解构的不同类型利益进行衡量排序；再次，对所欲公开的法律援助信息进行相关性分析，排除与利益维护无关的因素；最后，在法律援助信息公开阶段，需要采取必要的匿名措施来最大限度地保护个人隐私。

关联法规

《政府信息公开条例》第3～7条；《中央专项彩票公益金法律援助项目实施与管理办法》第3、50条；《未成年人法律援助服务指引（试行）》第7条

典型案例

杨某某、肥城市司法局司法行政管理（司法行政）再审案[1]

案例要点：《最高人民法院关于审理政府信息公开行政案件若干问题的规定》第1条第1款规定："公民、法人或者其他组织认为下列政府信息公开工作中的具体行政行为侵犯其合法权益，依法提起行政诉讼的，人民法院应当受理：（一）向行政机关申请获取政府信息，行政机关拒绝提供或者逾期不予答复的……"本案中，申请人向法律援助中心提出书面申请，要求其提供刘某某等8人符合申请法律援助条件的信息资料，一、二审法院查明，法律援助中心收到申请人的政府公开信息申请后未作任何答复。根据上述规定，向行政机关申请获取政府信息，行政机关拒绝提供或者逾期不予答复的，申请人向人民法院提起行政诉讼的，人民法院应当受理。

第五十九条　【法律援助服务质量监督措施】法律援助机构应当综合运用庭审旁听、案卷检查、征询司法机关意见和回访受援人等措施，督促法律援助人员提升服务质量。

条文解读

本条是关于法律援助服务质量监督措施的规定。

服务质量是法律援助工作的生命线，是法律援助取信于民的根本。《关于完善法律援助制度的意见》指出："完善服务质量监管机制，综合运用质量评估、庭审旁听、案卷检查、征询司法机关意见和受援人回访等措

〔1〕 山东省高级人民法院(2017)鲁行再13号。

施强化案件质量管理”。对于法律援助服务质量标准的问题,《法律援助法》第19条进行了宣示性规定,即“法律援助人员应当依法履行职责,及时为受援人提供符合标准的法律援助服务,维护受援人的合法权益。”那么,如何督促提升法律援助服务质量成为达成“符合标准的法律服务”目标的关键所在。有鉴于此,本条在《法律援助法》第19条原则性要求的基础上,并结合本法第57条提出的实现法律援助服务标准化的目标性规定,进一步细化了法律援助服务质量监督的具体措施。

1. 法律援助服务质量监督的规范性、有效性和合需性

需要明确的是,法律援助服务质量监督具有以下三个层面的含义:第一,符合规范要求的法律援助服务质量。“规范性”是法律援助服务质量的规范性标准,即提供的法律援助服务应当符合法律法规、行业标准的实体性和程序性要求,是满足法规范意义上的“规格”的服务。第二,具有“有效性”的法律援助服务质量。法律援助服务质量的有效性判断,则需要通过“成本—效益”方法来厘清法律援助资源和法律援助需求之间的供给关系,进而评估法律援助服务质量有效性的程度。第三,需求为导向的法律援助服务质量。合需性是法律援助服务质量融入“顾客满意”思维的本质体现,即从受援人对法律援助服务满意的视角来分析法律援助服务质量的主观感受。不难发现,法律援助服务质量不仅是具有规范意义上的客观性标准,而且具有认知层面上的主观性标准。所以,从法律援助服务质量的主客观性标准出发,本条规定有“庭审旁听、案卷检查”的客观措施和“征询司法机关意见、回访受援人”的主观措施,通过对多种措施的综合运用,形成对法律援助服务质量的规范性、有效性和合需性的全面监督,以不断提高法律援助服务的质量。

2. 法律援助服务质量监督的内容展开

规范性、有效性和合需性是法律援助服务质量监督的价值导向,在价值导向的指引下,规定相应的措施。需要指出的是,在实践运行中,应当进一步明确法律援助服务质量监督所指向的内容,旨在对规范性、有效性和合需性予以具体化。进言之,法律援助服务质量控制主要面向以下两

方面的内容:第一,法律援助服务的有形内容。有形内容主要指的是法律援助实施所需要的基础设施和服务人员。对于基础设施的质量监督,包括法律援助服务便民大厅等功能区域的布局是否合理、硬件设施配套是否齐全。对于服务人员的质量监督,则需关注法律援助人才队伍的建设情况。第二,法律援助服务的运作内容。法律援助运行过程涉及"依法维权"和"公平正义",前者需要关注机构设置和人员配置的完整性和独立性以及制度支撑维护权益的可行性,后者则是关于法律援助的范围、标准、内容、方式、程序、经费保障等。

适用要点

本条是对本法第57条规定中的法律援助服务质量标准体系中的监督措施予以明确,一方面凸显出法律援助服务质量标准化建设的重要性,另一方面表明了质量控制措施是促进法律援助服务质量标准化实现的制度保障。具体来说,本条在适用过程中,需要结合《全国刑事法律援助服务规范(SF/T 0032-2019)》和《全国民事行政法律援助服务规范(SF/T 0058-2019)》中的要求对服务质量监督机制进行建构。目前,全国已有部分省、市对法律援助质量监督制定了规范性文件,以合理建立法律援助服务质量监督机制,如《山东省法律援助案件质量监督管理办法》《贵州省法律援助案件质量监督管理办法》《安徽省法律援助案件质量监督管理办法(试行)》等。总而言之,本条的适用需要明确以下几点:(1)各级法律援助机构应当设置法律援助案件质量监督岗位,配备具有专业素质的质量监督员,全程监督法律援助案件办理情况。(2)质量监督主要方式包括但不限于监督督导、旁听庭审、征询意见、质量评估、集体讨论、案件回访及满意度测评,对于不同类型的措施适用,应当明确措施的实施内容。(3)形成优秀、合格、不合格的法律援助服务质量评判等级,并制定不同等级的评判标准。(4)建立法律援助服务质量监督结果异议处理制度。(5)形成不同等级所对应的奖惩措施,明确法律援助服务质量监督结果作为督促整改和相应处罚的重要依据，并与法律援助办案补贴发放制度挂钩。

关联法规

《工会法律援助办法》第16条；《办理法律援助案件程序规定》第6条；《法律援助值班律师工作办法》第32、34条；《军人军属法律援助工作实施办法》第16条；《最高人民法院、最高人民检察院、公安部、司法部关于刑事诉讼法律援助工作的规定》第26条；《最高人民法院、司法部关于民事诉讼法律援助工作的规定》第13条

第六十条　【律师事务所、律师履行法律援助义务情况年度考核】律师协会应当将律师事务所、律师履行法律援助义务的情况纳入年度考核内容，对拒不履行或者怠于履行法律援助义务的律师事务所、律师，依照有关规定进行惩戒。

条文解读

本条是关于律师事务所、律师履行法律援助义务情况年度考核和惩戒拒不履行或者怠于履行的规定。

律师事务所、律师是我国法律援助事业的主体力量。法律援助是律师事务所、律师在推进法治国家建设和实现依法治国过程中所应积极承担的法律义务。这种义务性要求，一方面是源自人民对优质和高效法律援助服务的时代需求，另一方面是律师队伍忠诚履行社会主义法律工作者忠诚职责的使命要求。根据本条的规定，律师协会作为由律师、律师事务所组成的社会团体法人，是律师自律组织，应当依法对律师事务所、律师提供法律援助的行为活动进行年度考核，并依照相关规定对拒不履行或者怠于履行法律援助义务的律师事务所、律师进行惩戒。

1. 将律师事务所、律师履行法律援助义务情况纳入年度考核的规范分析

《司法部关于促进律师参与公益法律服务的意见》明确指出:"律师协会组织开展律师执业年度考核和律师事务所年度检查考核时,应当按照《律师事务所年度检查考核办法》等行政规章和行业规范要求,把公益法律服务情况作为重要考核内容。"不难发现,律师提供法律援助是"公益法律服务情况"的重要组成部分,意味着其是律师协会开展年度考核所应着重关注的内容。同时,《关于完善法律援助制度的意见》也指出,需要建立健全律师事务所等法律服务机构和人员开展法律援助的考核评价机制。《司法部关于进一步推进法律援助工作的意见》则在此基础上明确了律师协会是考核律师事务所、律师提供法律援助的主体。《司法部、财政部关于律师开展法律援助工作的意见》更是明确"律师协会应当在律师事务所检查考核及律师执业年度考核中将律师履行法律援助义务情况作为重要考核依据。"可以发现,我国通过政策性文件的制定逐渐明确"律师事务所、律师履行法律援助义务情况纳入年度考核"的重要性和必要性,切实增强法律援助工作的责任性。在一系列政策文件的指引下,我国在立法层面进一步赋予"律师事务所、律师履行法律援助义务情况纳入年度考核"的规范力,例如,《法律援助值班律师工作办法》第 34 条。

2. 律师协会应当惩戒拒不履行或者怠于履行法律援助义务的规范分析

《司法部关于促进律师参与公益法律服务的意见》明确律师提供法律援助服务的要求,即"每名律师每年参与不少于 50 个小时的公益法律服务或者至少办理 2 件法律援助案件"。为了确保律师能够积极履行法律援助义务,《关于完善法律援助制度的意见》和《司法部关于进一步推进法律援助工作的意见》也共同指出,律师应当积极履行法律援助义务和承办一定数量的法律援助案件,律师协会应当督促其积极履行法律援助义务。因而,法律援助作为律师应尽义务具有政策上的规范效力。根据《法律援助法》第 16 条规定:"律师事务所、基层法律服务所、律师、基层法律

服务工作者负有依法提供法律援助的义务。”同时,根据《律师法》第42条规定:“律师、律师事务所应当按照国家规定履行法律援助义务,为受援人提供符合标准的法律服务,维护受援人的合法权益。”可见,法律援助也是律师所应承担的法定义务,具有法律层面上的规范约束力。有义务而不为,则被称为不作为。本条是在义务性规定的基础上对法律援助不作为予以规制,一方面,法律援助不作为分为积极不作为和消极不作为,前者表现为“拒不履行”而后者表现为“怠于履行”;另一方面,律师协会可以依据《律师协会会员违规行为处分规则(试行)》等有关规定对法律援助不作为进行惩戒。

适用要点

本条充分体现出律师协会在监督律师事务所、律师履行法律援助义务的重要性,其作用表现为年度考核与依规惩戒。在条文的适用过程中,需要明确以下几点:(1)律师事务所、律师履行法律援助义务的情况是律师协会开展年度考核的重要且必要的内容。根据《律师执业年度考核规则》第8条和第10条的规定,“律师履行法律援助义务”是年度考核的主要内容,同时,律师是否积极履行法律援助义务是年度考核结果判定为“称职”的标准之一。可见,律师事务所、律师履行法律援助义务的情况,不仅是律师协会开展年度考核的必不可少的内容,而且是判定“称职”或者“合格”的重要标准。(2)律师协会应当切实履行对律师、律师事务所实施惩戒的职责。对于律师事务所、律师拒不履行或者怠于履行法律援助义务的行为,律师协会应当根据不作为的具体情况给予相应惩戒。根据《律师协会会员违规行为处分规则(试行)》第22条的规定,律师存在“无正当理由拒绝接受律师事务所或者法律援助机构指派的法律援助案件的;或者接受指派后,拖延、懈怠履行或者擅自停止履行法律援助职责的;或者接受指派后,未经律师事务所或者法律援助机构同意,擅自将法律援助案件转交其他人员办理的”情形之一的,律师协会应当给予训诫、警告或者通报批评的纪律处分；情节严重的，给予公开谴责、中止会员权利3个月以上1年以下或者取消会员资格的纪律处分。同时，根据该规则第39条的规定，律师事务所存在“无正当理由拒绝接受法律援助机构指派的法律援助案件；或者接受指派后，不按规定及时安排本所律师承办法律援助案件或者拒绝为法律援助案件的办理提供条件和便利的”情形之一的，律师协会应当给予警告、通报批评或者公开谴责的纪律处分；情节严重的，给予中止会员权利1个月以上6个月以下的纪律处分；情节特别严重的，给予取消会员资格的纪律处分。

关联法规

《律师法》第23、42、46、47、50条；《法律援助值班律师工作办法》第34条；《最高人民法院、最高人民检察院、公安部、司法部关于刑事诉讼法律援助工作的规定》第26条；《中华全国律师协会律师执业年度考核规则》第2、9、15、22、23条；《律师事务所年度检查考核办法》第16、18、19条；《中华全国律师协会章程》第6条

典型案例

广州市司法局、广州市人民政府与关某某司法行政管理（司法行政）案[1]

案例要点：市司法局于2018年8月23日受理关某某的投诉，投诉事项主要有两项：一是不服广州市法律援助处作出的穗法援函〔2018〕41号《法律援助投诉处理答复书》，认为广州市法律援助处不作为，导致关某某在法律援

〔1〕 广州铁路运输中级法院（2019）粤71行终4642号。

助案件中合法权益受损;二是宋某某、郑某某两位律师作假,要求对该两位法律援助律师进行处理。针对第一项,市司法局在被诉答复书中载明"广州市法律援助处违规行为情节轻微,没有造成危害后果,已责令广州市法律援助处限期整改,将拟对宋某某、郑某某的投诉向广州市律师协会反映并提出处理建议",处理决定符合《法律援助投诉处理办法》第14条第1款第2项规定,并无不当;针对第二项,市司法局在被诉答复书中仅载明"你向我局投诉宋某某、郑某某的材料一并转由广州市律师协会受理及调查处理,由广州市律师协会将调查结果函复你",既未对该投诉事项进行调查核实,亦未对该投诉事项作出符合《法律援助投诉处理办法》第14条第1款规定的处理决定,意即并未依法办结投诉事项便向投诉人发送《法律援助投诉处理答复书》,即使广州市律师协会基于行业规范对被投诉的两位法律援助律师进行了相应惩戒或纪律处分,亦不能替代市司法局基于司法行政管理职权对该两位法律援助律师可能给予的行政处罚等处理,故市司法局未充分履行法律援助投诉查处职责,其作出的被诉答复书明显不当,依法应予撤销。市政府作出被诉行政复议决定,对市司法局作出的该答复书予以维持,未对上述问题予以纠正,依法亦应撤销。原审法院判决撤销市司法局作出的穗司函〔2018〕928号《法律援助投诉处理答复书》并责令其限期重新处理,及撤销市政府作出的穗府行复〔2019〕145号《行政复议决定书》,并无不当。

第六章 法律责任

第六十一条 【法律援助机构及其工作人员法律责任】法律援助机构及其工作人员有下列情形之一的，由设立该法律援助机构的司法行政部门责令限期改正；有违法所得的，责令退还或者没收违法所得；对直接负责的主管人员和其他直接责任人员，依法给予处分：

（一）拒绝为符合法律援助条件的人员提供法律援助，或者故意为不符合法律援助条件的人员提供法律援助；

（二）指派不符合本法规定的人员提供法律援助；

（三）收取受援人财物；

（四）从事有偿法律服务；

（五）侵占、私分、挪用法律援助经费；

（六）泄露法律援助过程中知悉的国家秘密、商业秘密和个人隐私；

（七）法律法规规定的其他情形。

条文解读

本条是关于法律援助机构及其工作人员法律责任的规定。

1. 法律援助中法律援助机构及其工作人员违法行为所应承担责任的情形

(1)拒绝为符合法律援助条件的人员提供法律援助，或者故意为不符合法律援助条件的人员提供法律援助。法律援助是为经济困难和符合法定条件的人无偿提供的法律服务，是我国坚持以人民为中心，尊重和保护人权的体现，符合条件的人有权获得法律援助，法律援助机构及其工作人员有义务为其提供法律援助。除本法外，我国其他相关法律对此也有体现，《刑事诉讼法》第35条规定"犯罪嫌疑人、被告人因经济困难或者其他原因没有委托辩护人的，本人及其近亲属可以向法律援助机构提出申请。对符合法律援助条件的，法律援助机构应当指派律师为其提供辩护。"《刑事诉讼法司法解释》第44条也规定，"被告人属于应当提供法律援助情形的，应当告知其将依法通知法律援助机构指派律师为其提供辩护。"由此可知，法律援助机构及其工作人员为经济困难和符合法定条件的人提供法律援助是法定义务，不得拒绝。同时，获得法律援助需要符合本法规定的条件，因此对于不符合条件的对象，法律援助机构及其工作人员在明知的情形下为其提供法律援助服务，也属于应当承担责任的情形。所谓符合"法律援助条件"，是依据本法第24～32条规定，属于可获得法律援助的情形。

（2）指派不符合本法规定的人员提供法律援助。按照本法规定能够提供法律援助服务的主要是律师、基层法律服务工作者、法律援助志愿者等。提供法律援助服务的律师和基层法律服务工作者应当分别符合《律师法》和《基层法律服务工作者管理办法》规定，且无《律师法》或《基层法律服务工作者管理办法》规定的限制执业情形。本法对法律援助志愿者需要符合的条件，按照国务院有关部门规定，其范围主要包括高等院校、科研机构从事法学教育、研究工作的人员和法学专业学生。提供法律援助除受援人需要满足条件外，提供方也需要满足相应条件，如果法律援助机构指派的具体工作人员不符合条件的，也需承担相应的法律责任。

（3）收取受援人财物。本法第20条规定，法律援助人员应当恪守职业道德和执业纪律，不得向受援人收取任何财物。法律援助是为经济困难公民和符合法定条件的其他当事人提供无偿法律服务的制度，因此禁止任何机构和工作人员借法律援助事项收取受援人财物，否则有违法律援助的本意。

(4)从事有偿法律服务。本项所指与第3项均为法律援助机构及其工作人员通过法律援助获益,但区别在于前者是直接收取当事人给予的财物,而本项规定的是不得在整个法律援助或某个阶段,某个事项中从事有偿法律服务。即法律援助机构及其工作人员在法律援助全过程中均不得从事有偿服务。

(5)侵占、私分、挪用法律援助经费。法律援助经费纳入政府预算,由政府财政支出,法律援助机构支付法律援助补贴,法律援助经费专款专用,因此禁止任何侵占、私分、挪用法律援助经费的行为。防止及查处侵占、截留和挪用法律援助经费的行为,确保专款专用,确保资金使用安全,要实现提高经费使用过程中的过程管理以及强化监督问责的可操作性。这就需要进一步细化法律援助经费的使用流程,明确各环节的责任人及具体职责,梳理责任追究机制,使之形成一条可追溯的透明的逻辑闭环。

(6)泄露法律援助过程中知悉的国家秘密、商业秘密和个人隐私。本法第21条规定,法律援助人员对提供法律援助过程中知悉的国家秘密、商业秘密和个人隐私应当予以保密。法律援助虽然是无偿的,但是仍然对其在工作中所掌握的国家秘密,商业秘密和个人隐私负有不得泄露的义务。

(7)法律、法规规定的其他情形。此为兜底条款,其他法律法规有规定的,从其规定。

2. 责任承担形式

违反本条规定的七种情形应当承担的法律责任分为三个层次:一是责令其限期改正;二是如果有违法所得的,主要指有本条第3项、第4项、第5项及其他法律、法规规定情形的,应当退还或没收;三是对直接负责的主管人员和其他直接责任人员,依法给予处分。追究法律责任的主体为设立法律援助机构的司法行政部门。

3. 规定法律援助机构及其工作人员法律责任的意义

本法规定法律援助机构由县级以上人民政府司法行政部门设立,其主要职责是负责组织实施法律援助工作,受理、审查法律援助申请,指派律师、基层法律服务工作者、法律援助志愿者等法律援助人员提供法律援助,支付法律援助补贴。经济困难和符合法定条件的人及其近亲属申请法律援助时面对的是法律援助机构,因此法律援助机构及其工作人员是受援人面对的“第一”及“直接”责任人,对法律援助机构及其工作人员行为进行规范,确立其法律责任是确保法律援助制度全面合法实现的重要保障。《法律援助条例》第 26 条对法律援助机构及其工作人员的法律责任作了规定,本法沿用了该体例,但与该条有所区别:第一,适用条件发生变化。该条第 1 款第 1 项中规定“为不符合法律援助条件的人员提供法律援助”,本条增加了“故意”一词,表述为“故意为不符合法律援助条件的人员提供法律援助”,即仅在明知当事人不具备法律援助的情况下提供援助的一方承担法律责任。第二,增加了需要追究法律责任的情形。与《法律援助条例》相比,本条增加了三种违法情形:一是指派不符合本法规定的人员提供法律援助;二是泄露法律援助过程中知悉的国家秘密、商业秘密和个人隐私;三是法律法规规定的其他情形。第三,法律责任承担方式不同。《法律援助条例》责任承担方式为责令退还、予以没收、责令追回,对直接负责的主管人员及其他责任人员依法给予纪律处分。本法的法律责任承担方式改为责令限期改正、责令退还或没收,对直接负责的主管人员和其他直接责任人员依法给予处分。本法删除了《法律援助条例》第 26 条第 3 款中的“情节严重,构成犯罪的,依法追究刑事责任”,而是将该条款内容在第 67 条中统一规定。第四,明确追责部门。《法律援助条例》中仅规定了“司法行政部门”追究相关人员的法律责任,本法进一步明确了追责部门是“设立该法律援助机构的司法行政部门”。

适用要点

在适用该条时需要注意以下要点:

1. 本条仅适用于“法律援助机构及其工作人员”的违法情形,其他主体违法情形需要追究法律责任的适用其他条款。

2. 对于“符合法律援助条件”的理解。本法对何为“符合法律援助条件”以两种形式明确：一是概括式规定，即本法第 2 条在对“法律援助”进行解释时，同时明确了获得法律援助的对象为“经济困难公民和符合法定条件的其他当事人”。二是具体列举，说明哪些属于“符合法定条件”，第一类为刑事案件中的犯罪嫌疑人、被告人，其获得法律援助的情形有两种：一种情形是经济困难或其他原因没有委托辩护人的；另一种情形是虽然不属于经济困难，但未委托辩护人，且属于未成年人，视力听力言语残疾人，不能完全辨认自己行为的成年人，可能被判处无期徒刑、死刑的人，死刑复核案件、缺席审判案件的被告人，法律法规规定的其他人员之一的。第二类为强制医疗案件的被申请人或被告人没有委托诉讼代理人的。第三类为刑事公诉案件的被害人及其法定代理人或近亲属，自诉案件的自诉人及其法定代理人，刑事附带民事诉讼案件的原告人及其代理人，经济困难未委托代理人的。第四类为请求本法规定的赔偿、救助、抚恤金，因经济困难未委托代理人的当事人。第五类为特别规定不受经济困难条件限制的几类当事人，如英雄烈士近亲属为维护英雄烈士的人格权益，见义勇为主张相关民事权益等。第六类为提起申诉或申请再审，法院裁定再审或检察院决定抗诉，因经济困难未委托辩护人或诉讼代理人的。如不属于以上六种情形，且未有法律法规规章规定的兜底条款的，将认定为不满足获得法律援助的条件。

3. 对于“不符合本法规定的人员”的认定。提供法律援助的人员依照本法规定，主要是三类人员：律师、基层法律服务工作者、法律援助志愿者。对于律师需符合《律师法》要求，即拥护宪法，通过国家统一法律职业资格考试取得法律职业资格，在律师事务所实习满 1 年，品行良好，且未受过刑事处罚（过失犯罪除外），未被开除公职或吊销律师证书，不属于无民事行为能力或限制民事行为能力者。基层法律服务者需拥护宪法，高等学校法律专业本科毕业，参加省、自治区、直辖市司法行政机关组织的考试合格，品行良好，身体健康，在基层法律服务所实习满 1 年等，同时不得因故意犯罪受过刑事处罚，不得被开除公职，不属于无民事行为能力或限制民事行为能力者。

4. 法律援助机构及其工作人员在本条列举情形之外的其他违法行为的责任追究不适用本条规定。

关联法规

《刑法》第382、384、385条；《最高人民法院关于适用〈中华人民共和国刑事诉讼法〉的解释》第44条

典型案例

梁某某诉阿城区司法局、阿城区法律援助中心不作为案[1]

案例要点：法律援助机构对符合规定条件的公民有提供法律援助的职责。法律援助机构收到法律援助申请后，认为申请人提交的证件、证明材料需要查证的，由法律援助机构向有关机关、单位查证。《办理法律援助案件程序规定》第14条第1款规定，法律援助机构认为申请人提交的申请材料需要查证的，应当向有关机关、单位调查核实。法律援助中心接受当事人的法律援助申请后，在法律援助人员未按其提供的证据线索向法院办案人员调查取证的情况下，即作出《不予法律援助决定书》，该行政决定违反了《法律援助条例》和《办理法律援助案件程序规定》的有关规定。司法局作出的确认该《不予法律援助决定书》合法的《复核意见》，属于未履行法定职责。

〔1〕 哈尔滨市阿城区人民法院(2016)黑0112行初46号。

第六十二条 【律师事务所、基层法律服务所法律责任】律师事务所、基层法律服务所有下列情形之一的,由司法行政部门依法给予处罚:

(一)无正当理由拒绝接受法律援助机构指派;

(二)接受指派后,不及时安排本所律师、基层法律服务工作者办理法律援助事项或者拒绝为本所律师、基层法律服务工作者办理法律援助事项提供支持和保障;

(三)纵容或者放任本所律师、基层法律服务工作者怠于履行法律援助义务或者擅自终止提供法律援助;

(四)法律法规规定的其他情形。

条文解读

本条是关于律师事务所、基层法律服务所不履行本法规定的义务应当承担行政法律责任的规定。

1. 本条规定的是律师事务所、基层法律服务所应受行政处罚的违法行为

(1)无正当理由拒绝接受法律援助机构指派。我国法律援助机构由县级以上人民政府司法行政部门设立,法律援助机构的职责之一是指派律师、基层法律服务工作者等法律援助人员提供法律服务。而律师事务所、基层法律服务所负有依法提供法律援助的义务,因此在无正当理由的情形下不得拒绝接受指派。

(2)接受指派后,不及时安排本所律师、基层法律服务工作者办理法律援助事项或者拒绝为本所律师、基层法律服务工作者办理法律援助事项提供支持和保障。此规定为律师事务所、基层法律服务所在接受指派后,不积极履行义务的情形。律师事务所、基层法律服务所在接受法律援助机构指派后,如果不及时为当事人提供法律服务可能会因此损害受援人的权益,故需要承担相应的责任。此外,律师事务所、基层法律服务所

有义务为本所律师、基层法律服务工作者提供支持和保障，律师事务所、基层法律服务所不得违反该义务性规定。

（3）纵容或者放任本所律师、基层法律服务工作者怠于履行法律援助义务或者擅自终止提供法律援助。法律援助人员在接受委派后应当依法履行职责，及时为受援人提供符合标准的法律援助服务，维护受援人合法权益。律师事务所、基层法律服务所负有监督本所律师或基层法律服务工作者积极认真履行职责的义务，对其怠于履行或擅自终止提供法律援助的行为，不仅其律师或基层法律服务工作者需承担相应的责任，其所在律师事务所，基层法律服务所同时也要接受相应的处罚。

（4）法律法规规定的其他情形。其他法律法规规定，律师事务所、基层法律服务所违反相应规定的，也适用本条处罚。

值得注意的是，本条规定的律师事务所的法律责任与《法律援助条例》第 27 条规定相比有较大变化。第一，从责任主体上看，《法律援助条例》仅列举了律师事务所，而没有基层法律服务所。第二，应予处罚的行为仅包括拒绝法律援助机构指派或不安排本所律师办理法律援助案件，而对拒绝为本所律师、基层法律服务工作者办理法律援助事项提供支持和保障；纵容或者放任本所律师、基层法律服务工作者怠于履行法律援助义务或者擅自终止提供法律援助的违法情形未加以规定。此外，也缺乏法律法规规定其他情形的兜底条款。第三，本法对应予处罚中的“拒绝”或“不安排”附加条件，即“拒绝”应为“无正当理由”拒绝，如果有正当理由，律师事务所、基层法律服务所可以拒绝指派；“不安排”的要求更加严格，不仅不安排需要承担责任，“不及时”安排同样需要承担不利后果。第四，本法对给予何种处罚仅作概括规定，即“由司法行政部门依法给予处罚”，《法律援助条例》则具体规定了警告、责令改正、停业整顿的处罚方式。

2. 法律规定律师事务所、基层法律服务所行政法律责任的意义

在法律援助中，指派具体的工作人员进行法律援助的主体是律师事务所和基层法律服务所，为确保法律援助的有效进行，对指派机构的行政法律责任加以规定，能够更好地保障受援人相关权益的实现。但是也应

当看到这一规定仍有改进的空间，以惩罚性的方式，只能确保义务的实施，却很难保证义务在何种程度上被完成。换言之，对以追逐经济效益为主要目标的民营律师事务所而言，代理法律援助的案件意味着其不仅需要提供免费的法律服务，并且很有可能承担费用，故很难期待律师能够像对待其他案件那样，确保会见、证据调查和出庭辩护的质量。普遍存在的情况是，律师事务所为完成指标，通常指定刚刚入所不久的年轻律师代理此类案件，且没有严格的专业分工，一个律师往往代理各种类型的案件。当然，也存在个别例外，比如案件具有高度的社会影响力，代理该案件能给律师事务所以及律师个人带来一定的声誉；该律师事务所或者律师本人对道德情操及职业操守的坚守，已经超越了对物质利益的追求。因此，法律规定不仅需要保障受援人得到援助，更需要通过制度设计实现受援人得到高质量或者与其他律师代理案件同等效果的援助。

适用要点

本条在适用中需要注意以下几点：第一，本条所针对的对象是律师事务所及基层法律服务所，其他对象的违法行为不适用本条规定。第二，律师或基层法律服务工作者的违法行为，不但要追究其本人的责任，同时在满足相应规定的情况下也要追究其所在律师事务所或基层法律服务所的责任。根据本法规定，主要指律师、基层法律服务工作者怠于履行法律援助义务或擅自终止提供法律援助时，律师事务所、基层法律服务所有纵容或放任情形的，需要追究其法律责任。第三，对于律师事务所、基层法律服务所违反本条规定的行为进行处罚，处罚主体是司法行政部门，处罚依据是相关法律规定。如根据《律师法》第50条的规定，律师事务所拒绝履行法律援助义务的，由设区的市级或者直辖市的区人民政府司法行政部门视其情节给予警告、停业整顿1个月以上6个月以下的处罚，可以处10万元以下的罚款；有违法所得的，没收违法所得；情节特别严重的，由省、自治区、直辖市人民政府司法行政部门吊销律师事务所执业证书。

关联法规

《律师法》第28、42、50条;《律师事务所管理办法》第40、42、48条;《律师和律师事务所违法行为处罚办法》第28、31、33条

典型案例

黄某某与刘某某民间借贷纠纷案[1]

案例要点:律师应当依照《律师法》和《法律援助条例》的规定履行法律援助义务,为受援人提供符合标准的法律服务,依法维护受援人的合法权益,接受律师协会和司法行政部门的监督。办理法律援助案件的人员,应当遵守职业道德和执业纪律,提供法律援助不得收取任何财物。

第六十三条　【律师、基层法律服务工作者责任】律师、基层法律服务工作者有下列情形之一的,由司法行政部门依法给予处罚:

(一)无正当理由拒绝履行法律援助义务或者怠于履行法律援助义务;

(二)擅自终止提供法律援助;

(三)收取受援人财物;

(四)泄露法律援助过程中知悉的国家秘密、商业秘密和个人隐私;

(五)法律法规规定的其他情形。

[1] 吉林省高级人民法院(2018)吉民申872号。

条文解读

本条是关于律师或者基层法律服务工作者违反法定义务应当承担的行政法律责任的规定。

本法与《法律援助条例》有以下不同:第一,《法律援助条例》第28条、第29条对律师在进行法律援助时应承担的责任加以规定,第28条为列举式规定,第29条为概括式规定,且适用《律师法》;本法将《法律援助条例》这两条所涉及内容合并为一条。第二,《法律援助条例》列举的律师违法行为有四类,分别为无正当理由拒绝、擅自终止法律援助、收取财物、违反律师法职业道德和执业纪律;本法增加了两类应承担责任的情形:一是怠于履行法律援助义务;二是泄露援助过程中知悉的国家秘密、商业秘密和个人隐私,而对于违反《律师法》的情形,以“法律法规规定的其他情形”作为兜底规定。第三,处罚方式不同。《法律援助条例》明确了处罚的类型为警告、责令改正、暂停执业、退还违法所得、罚款及适用《律师法》处罚规定;本法概括规定为“司法行政部门依法给予处罚”。

1. 律师、基层法律服务工作者应承担行政法律责任的情形

(1)无正当理由拒绝履行法律援助义务或者怠于履行法律援助义务。《律师法》规定,律师从事的业务中包括依法接受法律援助机构的指派,担任辩护人,律师应当按照国家规定履行法律义务,为受援人提供符合标准的法律服务,维护受援人的合法权益。《律师法》第47条明确将“拒绝履行法律援助义务”列为需承担法律责任的情形之一,《律师和律师事务所违法行为处罚办法》第9条列举了属于“拒绝”的两种违法行为:一是无正当理由拒绝接受律师事务所或者法律援助机构指派的法律援助案件的;二是接受指派后,懈怠履行或擅自停止履行法律援助职责的。律师如果拒绝履行法律援助义务,司法行政部门可以给予警告、罚款的处罚,情节严重的还可给予停止执业3个月以下的处罚。律师协会将律师履行法律援助的情况纳入年度考核,对不履行或怠于履行义务的律师将依照有关规定进行惩戒。《基层法律服务工作者管理办法》第34条规定,基层法律

服务工作者应当按照有关规定履行法律援助义务。如果违反该义务,将由其所在地县级或区司法机关予以警告、罚款等处罚。

能够提供法律援助服务的主体需要满足一定的条件,这是律师、基层法律服务工作者运用专业知识为社会提供服务的特有价值的体现,同时更为重要的是,本条规定将法律援助服务界定为律师、基层法律服务工作者应尽的义务,被指派的律师或者基层法律服务工作者无正当理由均不得拒绝或拖延履行。

(2)擅自终止提供法律援助。本法第 16 条、第 19 条规定,律师、基层法律服务工作者负有依法提供法律援助的义务。法律援助人员应当依法履行职责,及时为受援人提供符合标准的法律援助服务,维护受援人的合法权益。第 46 条明确要求,法律援助人员接受指派后,无正当理由不得拒绝、拖延或者终止提供法律援助服务。第 55 条规定,法律援助人员未依法履行职责的,受援人可以向司法行政部门投诉,并可以请求法律援助机构更换法律援助人员。《律师法》第 32 条第 2 款也有类似规定,即律师在接受委托后,无正当理由的,不得拒绝辩护或代理。

律师或者基层法律服务工作者一旦接受指派,无特殊情况需对受援人提供法律援助服务,直至法律援助事项结束,在此过程中擅自终止提供法律援助的,不但违背法定义务,还会损害受援人的合法权益,并可能会给受授人造成损失。对其造成的损失,依照《律师法》第 54 条的规定,先由其所在律师事务所承担赔偿责任,此后律师事务所可向有故意或重大过失行为的律师追偿。

(3)收取受援人财物。法律援助是为经济困难和符合法定条件的当事人无偿提供法律服务的制度,是公共法律服务体系的组成部分。法律援助所需经费纳入了地方政府财政预算,由国家财政支付。律师或者基层法律服务工作者在进行法律援助时,禁止其收取受援人财物符合法律援助制度设置的本意。《律师法》第 48 条将“私自接受委托、收取费用,接受委托人财物或者其他利益的”行为作为应受处罚的行为之一,《律师和律师事务所违法行为处罚办法》明确将“向法律援助受援人索要费用或者接受受援人的财物或者其他利益的”行为界定为违法行为。

（4）泄露法律援助过程中知悉的国家秘密、商业秘密和个人隐私。虽然法律援助对受援人提供的是无偿法律服务，但是在服务的过程中，律师及其基层法律服务工作者对在工作过程中知晓的国家秘密、商业秘密和个人隐私依然负有保密的义务。按照法律规定保守秘密是律师职业道德要求之一，根据《律师法》第 38 条规定，律师应当保守在执业活动中知悉的国家秘密、商业秘密，不得泄露当事人的隐私，这是一般性规定。但是对于委托人或者其他人准备或正在实施的危害国家安全、公共安全及严重危害他人人身安全的犯罪事实和信息，律师无义务予以保密。该规定同样适用于法律援助。

（5）法律法规规定的其他情形。此为兜底条款，律师、基层法律服务工作者违反其他法律法规规定义务的，也适用本条承担责任。我国律师、基层法律服务工作者的主要义务规定在《律师法》和《基层法律服务工作者管理办法》中。

2. 规定律师、基层法律服务工作者法律责任的意义

在法律援助中，受援人直接面对的是律师事务所、基层法律服务所指派的律师、基层法律服务工作者，本条规定中的部分规范内容与律师事务所、基层法律服务所的法定义务重复，但是律师事务所、基层法律服务所仅从监督角度对律师、基层法律服务工作者的行为进行规范，如纵容或放纵本所律师、基层法律服务工作者怠于履行法律援助义务或者擅自终止提供法律援助，而直接怠于履行或擅自终止提供法律援助的是律师、基层法律服务工作者，他们是违法行为的直接责任主体，因此有必要对其法律责任加以规定。可以说，本条与第 60 条构成了规范法律援助提供者行为的双重屏障。

适用要点

（1）律师、基层法律服务工作者须在无正当理由的情况下，拒绝履行

法律援助义务的才适用本条规定。“正当理由”可以结合有关法律法规进行认定。如依照本法第2条要求，受援人属于非经济困难或者没有达到法定条件，或者具有本法第48条的情形而被法律援助机构作出终止法律援助决定情形的，属于“正当理由”。依照《律师法》第32条第2款的规定，委托事项违法、委托人利用律师提供的服务从事违法活动或者委托人故意隐瞒与案件有关的重要事实的，律师有权拒绝辩护或者代理。《基层法律服务工作者管理办法》第29条明确规定，基层法律服务工作者对坚持非法要求、故意隐瞒重大事实、提供虚假证据或者严重违反委托合同约定义务的当事人，可以拒绝为其代理或解除委托关系。

(2)终止法律援助接受处罚的前提为“擅自”。受援人有本法第48条规定的情形之一的，如受援人以欺骗或者其他不正当手段获得法律援助，故意隐瞒与案件有关的重要事实或者提供虚假证据，利用法律援助从事违法活动，经济情况发生变化，不再符合法律援助条件，案件终止审理或者已经被撤销，自行委托律师或者其他代理人，有正当理由要求终止法律援助，法律法规规定的其他情形，法律援助机构作出终止法律援助决定的，律师、基层法律服务工作者可终止法律援助。

(3)法律援助中泄露知悉的国家秘密与泄露商业秘密、个人隐私的法律责任承担方式有所区别。律师、基层法律服务工作者泄露国家秘密，司法行政部门可以给予罚款、没收违法所得、吊销执业证书的处罚，构成犯罪的，追究刑事责任；律师、基层法律服务工作者泄露商业秘密或者个人隐私的，由司法行政部门给予警告、罚款、没收违法所得、暂停执业的处罚。《基层法律服务工作者管理办法》第37条对基层法律服务工作者的保密义务加以规定，并将其列入年度考核事项，违反保密义务的，由司法行政机关予以警告、没收违法所得和罚款。

关联法规

《行政处罚法》第28条；《律师法》第2~4、32、38、42、47~49条；《基

层法律服务工作者管理办法》第5、20、22、25、29、34、37、46条;《律师和律师事务所违法行为处罚办法》第2、9条

典型案例

申某某与桂林市法律援助中心侵权责任纠纷案[1]

案例要点:如果受援人认为法律援助人员没有及时为其提供符合标准的法律援助服务,损害其合法权益,向法院提起民事诉讼时应当承担相应的举证责任。原告作为委托人与被告作为受托人之间形成法律服务合同关系。原告要求被告赔偿其工伤待遇损失,应当对受托人在提供无偿法律服务过程中存在故意或者重大过失给委托人造成损失承担举证责任。但从查明的事实及原告提交的证据看,原告所提供的证据不能证明被告在为其提供法律服务时存在故意或重大过失,同时也不能证明其经济利益受到损失的事实。因此,原告以被告侵权、越权以及未尽责而要求赔偿损失的诉讼主张,缺乏事实及法律依据,法院不予支持。

第六十四条 【受援人法律责任】受援人以欺骗或者其他不正当手段获得法律援助的,由司法行政部门责令其支付已实施法律援助的费用,并处三千元以下罚款。

条文解读

本条是关于受援人法律责任的规定。

[1] 桂林市秀峰区人民法院(2018)桂0302民初907号。

1. 应受处罚的受援人违法行为

我国的法律援助是对特殊群体提供的无偿法律服务，根据本法规定，受援人获得法律援助需要满足一定的条件，因此不满足条件的当事人无权获得援助，否则将承担相应的法律责任。对受援人法律责任的规定，以受援人主观过错或行为手段为判断依据，即以“欺骗”或“不正当手段”获得法律援助的应当承担法律责任。

2. 受援人以欺骗或者其他不正当手段获得法律援助应承担的法律责任

如果受援人不满足法定条件，以欺骗或不正当手段获得援助的，应承担相应法律责任。按照本条规定，其承担法律责任的形式为两类：一是支付已实施法律援助的费用，二是并处 3000 元以下罚款。同时，依照本法相关规定，法律援助机构还会作出终止法律援助的决定。

3. 规定受援人法律责任的意义

法律援助是对经济困难和符合法定条件的当事人无偿提供法律服务的制度，体现了我国法律对基本人权的尊重和保障，但是获得法律援助需要满足一定的条件，这不仅是对提供者能否提供法律援助的限制，更是对获得者得到法律服务的诚信要求。受援人如果以欺骗或其他不正当手段获得援助，不仅浪费国家有限的司法资源，也违背法律援助的本意，助长社会不诚信风气，损害应获得法律援助者的利益，因此除对提供者行为进行规范外，对获得援助者的行为也应进行规定。

适用要点

在适用本条时应注意，受援人以欺骗或者其他不正当手段获得法律援助的，法律援助人员发现有该情形的，应当及时向法律援助机构报告。基层法律服务工作者如果明知委托人的要求是非法的、欺诈性的，仍为其提供帮助，也将受到相应的处罚。欺骗是指未达到获得援助的法定条件，通过伪造材料等方式申请获得法律援助，其他不正当手段是指如通过贿赂工作人员等方式获得法律援助。

关于获得法律援助法定条件的认定规定在本法第 2 条、第 22 ~ 29 条。第 2 条为获得法律援助条件的概括式规定，主要满足两个条件：经济困难公民和符合法定条件的其他当事人。第 22 ~ 29 条规定了获得法律援助的具体条件，其中第 25 条和第 28 条具体规定了“应当”指派律师提供法律援助的两种情形：一是刑事案件的犯罪嫌疑人、被告人没有委托辩护人的七种情形；二是强制医疗案件的被申请人或者被告人没有委托诉讼代理人的。第 24 条、第 29 条规定了可以申请法律援助的几种情况，分别是刑事案件的犯罪嫌疑人、被告人因经济困难或者其他原因没有委托辩护人，本人及其近亲属可以申请；刑事公诉案件的被害人及其法定代理人或者近亲属，刑事自诉案件的自诉人及其法定代理人，刑事附带民事诉讼案件的原告人及其法定代埋人，因经济困难没有委托诉讼代理人，可以申请。第 31 条列举了其他案件中因经济困难没有委托代理人可以申请援助的八种情形，第 32 条特别规定了不受经济困难条件限制可以申请法律援助的五种情况。

本条是行政处罚的分则，应遵守《行政处罚法》的原则和精神，在实施处罚时要遵守《行政处罚法》的实体及程序规定，并保障被处罚人的各项法定权利。

关联法规

《办理法律援助案件程序规定》第 33 条；《基层法律服务工作者管理办法》第 46 条；《最高人民法院、最高人民检察院、公安部、司法部关于在部分地区就加强和规范刑事诉讼法律援助工作进行试点的通知》第 25 条

典型案例

窦某与漯河市召陵区民政局、漯河市召陵区人民政府民政行政管理案[1]

案例要点：对欺骗或者以其他手段骗取法律援助的，受援人应当支付法律援助费用并被处以罚款。法律援助的对象是特定困难群体，是国家通过财政支出对困难群众的帮扶，如果受援人本身不符合法律援助条件而获得法律援助，实际上是对国家帮扶的非法取得，理应支付相应代价。在本案中，被告利用低保证获得法律援助，但其本身并不符合低保条件，属于以欺骗手段获得法律援助情形。最终民政局撤销被告低保证，停止了被告低保金的领取。

第六十五条 【冒用法律援助名义并谋利的法律责任】违反本法规定，冒用法律援助名义提供法律服务并谋取利益的，由司法行政部门责令改正，没收违法所得，并处违法所得一倍以上三倍以下罚款。

条文解读

本条是关于冒用法律援助名义并谋取利益的法律责任的规定。

依据本法的立法精神以及相关规定，目前我国有资格提供法律援助的主体主要有以下三类：(1)法律援助机构指派的律师、基层法律服务工作者、法律援助志愿者，或者该机构中具有律师资格或者法律职业资格的工作人员，可依法提供法律援助。(2)工会、共青团、妇联、残联等群团组

〔1〕 漯河市源汇区人民法院(2018)豫1102行初55号。

织参照本法规定可依法提供法律援助服务。(3)法律援助志愿服务者依法可以提供法律援助服务。该类主体主要是由高等院校、科研机构中从事法学教育、研究工作的人员和法学专业学生,以及其他符合条件的个人组成。通过上述主体范围可以看出,《法律援助法》改变了既往律师孤军奋战提供法律援助服务的境遇,进一步壮大了可以提供法律援助服务的队伍。

本条是对法定主体以外的人员冒用法律援助名义并谋取利益的违法行为处罚的规定。首先,法律援助质量的好坏关系到国家、政府作为公共利益代表人的公共声誉,法定主体以外的人员冒用法律援助名义并谋取利益会对法律援助秩序产生负面影响。其次,法律援助作为一项国家义务,本身应当是无偿的、免费的、可获得的,法定主体以外的人员冒用法律援助之名谋取利益,与法律援助制度的公益服务目的相背离。

法定主体以外的人员违反本法,冒用法律援助名义提供法律援助并谋取利益的,应当承担法律责任。本条的法律责任规定形成了"责令改正+没收违法所得+行政罚款"的责任梯度。责令改正是一种行政强制措施,是行政主体责令违法行为人停止和纠正违法行为,以恢复原状,维持法定的秩序或者状态。没收违法所得,是指行政机关或司法机关将违法行为人取得的违法所得财物,运用国家法律法规所赋予的强制措施,对其违法所得财物予以强制性剥夺的处罚方式。行政罚款是指法律授权的国家行政机关依照法定程序,强制违反法律规定尚不构成犯罪者缴纳一定数额金钱的处罚。没收违法所得和行政罚款均是行政处罚的种类之一。根据本条规定,法定主体以外的人员冒用法律援助名义提供法律服务,并谋取利益的,司法行政部门应当责令其改正,没收违法所得,并处违法所得1倍以上3倍以下罚款。

适用要点

司法行政部门作出没收违法所得，并处违法所得1倍以上3倍以下罚款处罚时，需要遵守《行政处罚法》的规定，尤其是程序性规定。比如，根据《行政处罚法》第44～51条、第54条、第63条等的规定可知，司法行政部门作出没收违法所得，并处违法所得1倍以上3倍以下罚款之前，必须全面、客观、公正地调查，收集有关证据；应当告知当事人拟作出的行政处罚内容及事实、理由、依据，当事人有权进行陈述和申辩；没收较大数额违法所得、较大数额罚款时，应当告知当事人有要求听证的权利，当事人要求听证的，司法行政机关应当组织听证；具有一定社会影响的行政处罚决定应当依法公开等。

关联法规

《行政处罚法》第9、44～51、54、63条

第六十六条　【国家机关及其工作人员渎职的处分】国家机关及其工作人员在法律援助工作中滥用职权、玩忽职守、徇私舞弊的，对直接负责的主管人员和其他直接责任人员，依法给予处分。

条文解读

本条是关于国家机关及其工作人员在法律援助工作中滥用职权、玩忽职守、徇私舞弊的行政责任的规定。

2003年《法律援助条例》第26条规定“法律援助机构及其工作人员”违反规定时应当承担的法律责任，第30条规定“司法行政部门工作人员”滥用职权、玩忽职守应当承担的法律责任。《法律援助法》从责任主体、违法情形、责任形态三方面对《法律援助条例》的相关规定进行了整合。主

要体现在:(1)责任主体增多。《法律援助条例》侧重于狭义的政府责任,本法则将政府责任拓展为国家义务,规定“国家机关及其工作人员”违反有关规定时需要承担相应的法律责任。(2)违法情形增加。本法在滥用职权、玩忽职守违法行为的基础上,增加了“徇私舞弊”的行为,进一步拓宽了需要承担法律责任的违法情形。(3)责任形态调整。本条明确规定国家机关及其工作人员在开展法律援助工作中存在滥用职权、玩忽职守、徇私舞弊行为的,对直接负责的主管人员和其他直接责任人员,依法给予处分,将责任落实到具体个人。另外,《法律援助条例》第 30 条有关刑事责任的规定,本法通过第 67 条单独予以呈现。

1. 对“国家机关及其工作人员在法律援助工作中滥用职权、玩忽职守、徇私舞弊”的理解

从主体角度看,本法所称“国家机关及其工作人员”主要是指与法律援助工作相关的国家机关及其工作人员。主要包括各级人民政府及其司法行政部门、财政部门,人民法院、人民检察院、公安机关(看守所)等机关及其工作人员。本法第 6 章以 7 个法条规定了法律责任内容,法条逻辑依据不同责任主体展开,分别为法律援助机构及其工作人员法律责任,律师事务所、基层法律服务所法律责任,律师、基层法律服务工作者法律责任,受援人法律责任,冒用法律援助名义实施法律援助者法律责任,国家机关及其工作人员法律责任,最后为构成犯罪追究刑事责任的规定。结合本法第 12 条、第 61 条的规定,根据体系解释可知,法律援助机构及其工作人员存在违法行为的,依照本法第 61 条等规定处理即可。

从客观方面看,国家机关及其工作人员开展法律援助工作时,滥用职权、玩忽职守、徇私舞弊这三种违法情形都属于典型的官僚主义,应当依法给予处分。一般而言,滥用职权是指国家机关工作人员基于非正当目的,在明知行为违反法律规定的职责、权限和程序的情况下,依然以不当目的或者以不法方法实施违反职务行为宗旨的活动。比如,人民法院明知当事人不属于强制医疗案件中依法通知辩护情形的,还通知法律援助机构指派律师为其提供辩护。玩忽职守一般是指国家工作人员不履行法

律所赋予的职权,构成违法失职的行为。比如,司法行政部门不履行对法律援助服务的监督职权,使不符合资质的人员冒用法律援助名义为申请人提供法律援助并谋取利益的。徇私舞弊是指为了个人私利或亲友私情,不按照法律法规规定办事。比如人民法院、人民检察院、公安机关基于私利为不符合通知辩护情形的犯罪嫌疑人、被告人通知辩护。国家机关及其工作人员实施前述三种行为的,依照本条规定处理。

2. 对“直接负责的主管人员和其他直接责任人员,依法给予处分”的理解

根据本条规定,国家机关及其工作人员在法律援助工作中,存在滥用职权、玩忽职守、徇私舞弊行为的,处分的对象分为两类:一类是直接负责的主管人员;另一类是其他直接责任人员。监察体制改革以后,根据《公务员法》第 61 条,《监察法》第 11 条、第 45 条的规定,我国对公职人员采取的是政务处分和公职人员任免机关、单位的处分双轨并行的二元惩戒机制。政务处分的对象范围大于公职人员任免机关、单位的处分范围。《公职人员政务处分法》第 7 条规定了警告、记过、记大过、降级、撤职、开除六种政务处分类型;《公务员法》第 62 条也规定了警告、记过、记大过、降级、撤职、开除六种处分类型。

适用要点

适用本条时,主要注意以下要点:(1)本法并未对“直接负责的主管人员和其他直接责任人员”的范围界定作专门解释,可以参考司法解释的相关规定。比如,2001 年《全国法院审理金融犯罪案件工作座谈会纪要》规定:“直接负责的主管人员,是在单位实施的犯罪中起决定、批准、授意、纵容、指挥等作用的人员,一般是单位的主管负责人,包括法定代理人。其他直接责任人员,是在单位犯罪中具体实施犯罪并起较大作用的人员,既可以是单位的经营管理人员,也可以是单位的职工,包括聘任、雇佣的人员。”参考上述界定,可以认为,本法所规定的“直接负责的主管人员”

是指在违反本法规定的行为中，起决定、批准、授意、纵容、指挥等作用的人员。“其他直接责任人员”则是指在违反本法规定的行为中，具体实施违法行为并起较大作用的人员。（2）根据《公务员法》第61条、《公职人员政务处分法》第16条的规定可知，对直接负责的主管人员和其他直接责任人员的同一违法行为，监察机关和公职人员任免机关、单位不得重复给予政务处分和处分，即需遵循一事不二罚的原则。

关联法规

《公职人员政务处分法》第7、16条；《公务员法》第61条；《监察法》第11、45条

典型案例

张某某诉北京市丰台区司法局、北京市丰台区法律援助中心行政赔偿案〔1〕

案例要点：本案较为完整地展现了司法行政部门、法律援助机构及其工作人员依法履职的过程。在本案中，申请人向法律援助机构提出法律援助申请，法律援助机构经过审查，认定申请人不符合法律援助法定条件，出具《不予法律援助决定书》。申请人对法律援助机构《不予法律援助决定书》通知不服，向设立该法律援助机构的司法行政部门提出异议。司法行政部门依法受理和审查后，认为法律援助机构通知合法，作出《法律援助复查决定书（维持）》的通知。申请人继而向法院提起了司法行政部门不履行法律援助法定职责和违反程序滥用职权的行政诉讼，且一并提出了行政赔偿请求。法院经审查认为原告的证据不能证明被告存在侵犯原告合法权益

〔1〕 北京市丰台区人民法院2015年丰行初字第00232号。

的情形，不能证明其应当获得国家赔偿的因果关系。被告作出的具体行政行为适用法律法规正确，程序合法，依法驳回原告诉讼请求。

第六十七条 【刑事责任】违反本法规定，构成犯罪的，依法追究刑事责任。

条文解读

本条是关于构成犯罪追究刑事责任的规定。

该条主要立法目的是打击犯罪，保障法律援助工作顺利进行，维护法律的权威性，满足人民群众法律援助的需求。违反本法规定，可能构成犯罪应依法追究刑事责任的，主要包括以下四种情形：

1. 法律援助机构及其工作人员违反本法第 61 条规定，构成犯罪的，依法追究刑事责任

法律援助机构及其工作人员是司法行政部门确定的专门机构，代表的是政府行为，其工作人员代表国家机关行使职权时，有渎职、贪污贿赂等行为，构成犯罪的，依照刑法有关规定追究刑事责任。具体可分为以下几种情况：(1)违反本法第 61 条第 1 项、第 2 项规定，拒绝为符合法律援助条件的人员提供法律援助，或者故意为不符合法律援助条件的人员提供法律援助的；指派不符合本法规定的人员提供法律援助的，依据《刑法》第 397 条的规定，国家机关工作人员滥用职权或者玩忽职守，致使公共财产、国家和人民利益遭受重大损失的，构成滥用职权罪或者玩忽职守罪。(2)违反本法第 61 条第 3 项规定，法律援助机构工作人员收取受援人财物，情节严重的，依据《刑法》第 385 条的规定，国家工作人员利用职务上的便利，索取他人财物的，或者非法收受他人财物，为他人谋取利益的，构成受贿罪。如果法律援助机构收受受援人财物，依据《刑法》第 387 条的规定，国家机关、国有公司、企业、事业单位、人民团体，索取、非法收受他

人财物，为他人谋取利益，情节严重的，构成单位受贿罪。(3)违反本法第61条第4项规定，从事有偿法律服务，将不属于法律援助范围的案件申请法律援助经费，进而收取双份法律服务费的，属于骗取法律援助款的行为，依据《刑法》第382条的规定，国家工作人员利用职务上的便利，侵吞、窃取、骗取或者以其他手段非法占有公共财物的，构成贪污罪。(4)违反本法第61条第5项规定，侵占、私分法律援助经费的，可能涉嫌违反《刑法》第382条的规定，构成贪污罪。挪用法律援助经费的，依据《刑法》第384条的规定，国家工作人员利用职务上的便利，挪用公款归个人使用，进行非法活动的，或者挪用公款数额较大、进行营利活动的，或者挪用公款数额较大、超过3个月未还的，构成挪用公款罪。(5)违反本法第61条第6项规定，泄露法律援助过程中知悉的国家秘密、商业秘密和个人隐私，依据《刑法》第398条的规定，国家机关工作人员违反保守国家秘密法的规定，故意或者过失泄露国家秘密，情节严重的，构成故意泄露国家秘密罪、过失泄露国家秘密罪；《刑法》第219条规定，侵犯商业秘密行为，情节严重的，构成侵犯商业秘密罪；《刑法》第253条之一规定，违反国家有关规定，向他人出售或者提供公民个人信息，情节严重的，构成侵犯公民个人信息罪。

2. 律师、基层法律服务工作者违反本法第63条规定，构成犯罪的，依法追究刑事责任

律师、基层法律服务工作者在从事法律援助活动的过程中，可能构成如下犯罪：(1)违反本法第63条第3项规定，收取受援人财物的，如果数额较大，依据《刑法》第163条的规定，公司、企业或者其他单位的工作人员，利用职务上的便利，索取他人财物或者非法收受他人财物，为他人谋取利益，数额较大的，构成非国家工作人员受贿罪。(2)违反本法第63条第4项规定，泄露法律援助过程中知悉的国家秘密、商业秘密和个人隐私，依据《刑法》第219条、第253条之一、第398条的规定，可能分别构成故意泄露国家秘密罪或过失泄露国家秘密罪、侵犯商业秘密罪、侵犯公民个人信息罪。

3. 受援人违反本法第 64 条规定,构成犯罪的,依法追究刑事责任

依据本法第 64 条的规定,受援人以欺骗或者其他不正当手段获得法律援助的,由司法行政部门责令其支付已实施法律援助的费用,并处 3000 元以下罚款。可见,对受援人骗取法律援助的违法行为,《法律援助法》规定以行政处罚的手段进行惩治,并不构成诈骗罪。但是,受援人骗取法律援助过程中的手段行为可能构成犯罪。受援人申请法律援助需要提交申请人所在单位或乡镇政府、居委会出具经济状况的证明或民政、劳动部门颁发的最低生活保障金领取证明。如果受援人以提交虚假证明、证件等方式获取法律援助,依据《刑法》第 280 条的规定,可能构成伪造、变造、买卖国家机关公文、证件、印章罪,伪造公司、企业、事业单位、人民团体印章罪,伪造、变造、买卖身份证件罪。

4. 国家机关及其工作人员违反本法第 66 条规定,构成犯罪的,依法追究刑事责任

国家机关及其工作人员在法律援助工作中滥用职权、玩忽职守、徇私舞弊的,依据《刑法》第 397 条的规定,国家机关工作人员滥用职权或者玩忽职守,致使公共财产、国家和人民利益遭受重大损失的,构成滥用职权罪或者玩忽职守罪。国家机关工作人员徇私舞弊,犯前款罪的,处 5 年以下有期徒刑或者拘役;情节特别严重的,处 5 年以上 10 年以下有期徒刑。

适用要点

与《法律援助条例》第 26 条、第 30 条的刑事责任规定相比较,本条的变化主要体现在:(1)该条实现了本法法律责任章节的周延性和体系性,在最后一条为法律援助机构及其工作人员、受援人、法律援助人员、国家机关及其工作人员统一设定了兜底的刑事责任,减少了法律条款重复规定追究刑事责任的问题。(2)明确了兜底条款的依据,针对法律援助机构及其工作人员、国家机关及其工作人员的刑事责任无疑是《法律援助法》发挥合力和实效的重中之重,充分体现了法律援助体系“一个不能少,一

个不能缺”的整体建设要求。在刑事责任的适用上，首先，要坚持罪刑法定原则，坚持法律的明确性，对待本法的一些特殊主体如律师、基层法律服务者在从事无偿法律服务过程中的违法违规行为，不能随意适用刑罚，打击其参与法律援助的积极性；其次，要坚持刑法谦抑性原则，在追究刑事责任前，应当尽量穷尽其他处分、处罚手段；最后，应遵循责罚相当原则，严格依照犯罪行为造成的后果与量刑情节对被告人处以刑罚，重罪重罚、轻罪轻罚。

关联法规

《刑法》第163、219、253、280、382、384、385、387、397、398条；《律师法》第49、56条；《法官法》第46条；《检察官法》第47条；《人民警察法》第48条

第七章　附　　则

第六十八条　【群团组织开展法律援助的法律适用】工会、共产主义青年团、妇女联合会、残疾人联合会等群团组织开展法律援助工作,参照适用本法的相关规定。

条文解读

本条是关于群团组织开展法律援助的法律适用的规定。

群团组织的法律援助活动是政府法律援助活动的有力补充和合理延伸。工会、共青团、妇联、残联等群团组织在国家治理中举足轻重,具有"顶天立地"的地位,《法律援助条例》就曾明确在政府主导法律援助活动的情况下,社会组织应当作为法律援助的提供者。2015 年《中共中央关于加强和改进党的群团工作的意见》指出:"哪里的群众合法权益受到侵害,哪里的群团组织就要帮助群众通过合法渠道、正常途径,合理伸张利益诉求,促进社会公平正义。"2015 年中央办公厅、国务院办公厅印发的《关于完善法律援助制度的意见》进一步强调,社会力量是法律援助工作的参与者。本法第 8 条也对此作出了有关规定:"国家鼓励和支持群团组织、事业单位、社会组织在司法行政部门指导下,依法提供法律援助。"

群团组织法律援助活动之所以能够成为政府法律援助活动的补充与延伸,主要有以下几点理由:首先,法律援助属于"群众所急、党政所需、群团所能的领域”;维护成员的合法利益是群团组织的基本职责,群团组织所致力维护的行业弱势群体与政府法律援助对象具有共通性。可以说,群团组织开展法律援助活动,是对其基本工作职责的适当延展。其次,群团组织在法律服务方面较为丰富的人力、财力资源,在体制方面较为明显的垂直领导特性,以及对行业成员利益诉求的了解和广泛的社会影响力,均为其法律援助活动的开展提供了坚实的基础。[1] 最后,群团组织开展法律援助活动,体现的是社会力量的积极参与,能有效缓解政府法律援助长期以来面临的供给侧人力、物力不足的问题。

在机构设置上,群团组织一般依托自身的维权部门的人力、财力、物力开展法律援助活动,往往是“一套人马,两块牌子”,缺乏专职法律援助人员;在活动方式上,群团组织既可以主动开展法律援助工作,也可以按照政府法律援助机构的指派参与法律援助;在对象与范围问题上,群团组织一般仅对特定群体即成员就劳动争议、婚姻家庭权益方面的业务提供简单的法务处理,如法律咨询、代拟法律文书、调解等。

《法律援助条例》虽然规定“国家支持和鼓励社会团体、事业单位等社会组织利用自身资源为经济困难的公民提供法律援助”,但是该条例并未提及群团组织开展法律援助的法律适用问题,群团组织法律援助机构和人员、适用对象、适用范围、适用条件、适用程序、法律责任等具体内容语焉不详。2008 年《工会法律援助办法》规范了工会法律援助工作,但是该规定仅为规范性法律文件,效力位阶低,而有关共青团、妇联、残联等群团组织法律援助的具体规范则散见于共青团、妇联、残联出台的具体文件。群团组织法律援助活动整体上呈现出适用对象、适用范围、适用条件不确定,适用方式随意,法律责任不清等特点。基于此,本条以参照适用的方式对群团组织法律援助活动的法律适用作出了规定。

全国人大常委会法律委员会制定的《立法技术规范(试行)(一)》第 18 条规定,“‘参照’一般用于没有直接纳入法律调整范围,但是又属于该

---

〔1〕 杨晓光、王爱芹:《我国社会组织参与法律援助研究》,载《河北法学》2020 年第 7 期。

范围逻辑内涵自然延伸的事项”。参照适用体现的是“同类事物作相同处理”的逻辑，意味着当参照对象与被参照对象具有相似性情况下的原则性适用，不具有相似性情况下的不予适用。由于参照对象与被参照对象的构成要件事实大同小异，在参照适用的过程中，被引用的法条有可能被限制或者修正。

本条规定群团组织开展法律援助活动参照适用本法具有以下重要意义：第一，理顺了群团组织法律援助活动和政府法律援助活动的关系。本条通过明确群团组织开展法律援助时参照适用本法，实际上肯定了群团组织法律援助活动与政府法律援助活动之间的大同小异，并进一步肯定了群团组织开展的法律援助活动是政府法律援助的有效补充和合理延伸。第二，解决了群团组织开展法律援助活动的法律适用问题。长期以来，规范群团组织开展法律援助活动主要依靠各类规范性文件，且各地差异较大。本条以法律规范的形式明确群团组织开展法律援助活动的法律适用，使群团组织法律援助活动于法有据，有利于群团组织提供更多合乎质量的优质法律援助，确保司法公正目标的有效实现。

适用要点

群团组织开展法律援助活动，也应当同政府法律援助一样，以保证援助对象获得符合标准、合乎质量的法律服务，因此必须遵循法律援助的基本要求和一般规定。具体到如何参照适用本法的问题：(1)第1章总则的内容明确我国法律援助的基本原则与制度框架，群团组织开展法律援助活动时应参照适用。(2)对于本法其他章节也应有不同程度的参照适用。例如，参照本法第19～21条的规定，明确群团组织工作人员的工作纪律；参照第23条的规定，明确开展援助活动的方式；参照第4～6章的规定，明确开展法律援助活动的流程、如何进行有效监督以及规定相应人员的法律责任。

关联法规

《工会法》第6条;《妇女权益保障法》第7、52条;《未成年人保护法》第10、104条;《工会法律援助办法》;《关于完善法律援助制度的意见》;《中华全国总工会办公厅关于认真学习宣传贯彻〈关于完善法律援助制度的意见〉的通知》

典型案例

赵某某与南京市玄武区总工会、李某某诉讼代理合同纠纷案[1]

案例要点:根据《民事诉讼法》第124条第3项的规定,依照法律规定,应当由其他机关处理的争议,人民法院告知原告向有关机关申请解决。《律师法》第47条规定,律师有拒绝履行法律援助义务行为的,由设区的市级或者直辖市的区人民政府司法行政部门给予警告,可以处5000元以下的罚款;有违法所得的,没收违法所得;情节严重的,给予停止执业3个月以下的处罚。上诉人赵某某以法律援助律师开庭未发表代理意见及拒绝复印庭审笔录为由提起本案诉讼,其诉讼请求涉及律师拒绝履行法律援助义务的问题。根据上述法律规定,涉案事项应由相关司法行政部门进行处理,依法不属于人民法院民事案件受案范围。原审法院以涉案民事代理关系非基于有偿代理合同为由,认定本案不属于民事案件受案范围,属法律适用不当,依法应予纠正,但原审法院裁判结果正确,依法予以维持。

---

〔1〕 江苏省南京市中级人民法院(2016)苏01民终4116号。

第六十九条 【对外国人和无国籍人提供法律援助的法律适用】对外国人和无国籍人提供法律援助，我国法律有规定的，适用法律规定；我国法律没有规定的，可以根据我国缔结或者参加的国际条约，或者按照互惠原则，参照适用本法的相关规定。

条文解读

本条是关于对外国人和无国籍人提供法律援助的法律适用的规定。

1. 对外国人和无国籍人提供法律援助

《法律援助条例》中将受援人规定为"公民"，此概念是否包含外国人、无国籍人存有争议，是否应当向外国人、无国籍人提供法律援助的争论一直存在。本法尚未出台前，我国关于对外国人、无国籍人提供法律援助的具体规定散见于部门法、司法解释、我国缔结或者参加的国际条约等规范性法律文件中。

首先，《刑事诉讼法》第17条第1款规定："对于外国人犯罪应当追究刑事责任的，适用本法的规定。"按法律逻辑，该法第35条中关于法律援助的规定，也应当适用于外国人。《最高人民法院关于适用〈中华人民共和国刑事诉讼法〉的解释》第478条对此也作出了相应规定："在刑事诉讼中，外国籍当事人享有我国法律规定的诉讼权利并承担相应义务。"由此可见，我国学界对在刑事诉讼中给予外国人、无国籍人法律援助的问题认识统一，究其原因，在于刑事司法活动具有严厉性，即刑事司法活动将不同程度地限制或者剥夺犯罪嫌疑人和被告人的一定权利。事实上，为了充分体现主权国对外国人司法人权的保障和司法程序的公正，在刑事诉讼中给予外国人、无国籍人法律援助已经形成了一项国际惯例。[1] 早在1966年，《公民权利和政治权利国际公约》第14条第3款就规定，被告知

〔1〕 宫晓冰主编：《中国法律援助立法研究》，中国方正出版社2001年版，第78页。

和获得法律援助的权利是任何受到刑事指控的人所应完全平等地有权获得的一项最低限度的人权保障措施。

其次,《民事诉讼法》第5条规定:"外国人、无国籍人、外国企业和组织在人民法院起诉、应诉,同中华人民共和国公民、法人和其他组织有同等的诉讼权利义务。外国法院对中华人民共和国公民、法人和其他组织的民事诉讼权利加以限制的,中华人民共和国人民法院对该国公民、企业和组织的民事诉讼权利,实行对等原则。"在对等原则的前提下,确立了外国人、无国籍人的国民待遇原则。此外,我国已经缔结了若干关于外国人、无国籍人在民事诉讼中的法律援助问题的国际条约,对诉讼费用的减免和法律援助问题作出了明确规定。但在本法出台前,我国学界对于是否可以向民事诉讼领域的外国当事人、无国籍当事人提供法律援助的争论一直没有停止。持否定观点的学者认为:(1)按照民事诉讼的原则,在民事诉讼中当事人的地位是平等的,外国人如系经济困难无力支付法律服务费用,应当由其国籍所属国提供法律援助费用;[1](2)各国经济发展不平衡,在"经济困难"的确认标准问题上存在困难。因此《民事诉讼法》第5条所提及的"诉讼权利"不包含法律援助权利,相关的国际条约也难以适用。而持肯定观点的学者则认为:(1)对外国人、无国籍人提供法律援助是国际发展趋势。目前世界大多数国家均采用互惠原则,即一国愿意对其他国家的公民提供法律援助的前提是他国对外国公民同样实施法律援助;(2)赋予外国人、无国籍人法律援助对象资格有利于改善我国整体法律文化环境,提升我国文化软实力。[2]

2. 本条对外国人和无国籍人提供法律援助的法律适用规定

本条以法律规范的形式对是否可以向外国人、无国籍人提供法律援助,以及确定提供法律援助情况时如何适用法律的问题作出了原则性的规定。

---

〔1〕 宫晓冰主编:《中国法律援助立法研究》,中国方正出版社2001年版,第81页。

〔2〕 冯祥武:《论赋予外国人、无国籍人同等的法律援助对象资格》,载《人权》2010年第6期。

（1）我国法律有规定的，适用法律规定。

该规定意味着我国确认外国人、无国籍人获得法律援助的法律渊源形式之一是法律。目前我国涉及外国人、无国籍人法律援助问题的法律为《刑事诉讼法》、《民事诉讼法》以及《法律援助法》。对《法律援助法》相关规定与其他特别法规定的冲突与衔接问题，遵循“特别法优于一般法”原则予以处理。

（2）我国法律没有规定的，可以根据我国缔结或者参加的国际条约，或者按照互惠原则，参照适用本法的相关规定。

首先，此规定意味着我国确认了外国人、无国籍人获得法律援助的法律渊源形式，除了法律之外，还有我国缔结或者参加的国际条约、互惠原则。将国际条约纳入确认权利来源之体系，体现了我国对“条约必守原则”的遵循。而根据互惠原则，只要外国法院或者组织在法律援助问题上不对我国公民加以限制，我国也应对该国公民提供法律援助。将互惠原则纳入我国确认该两类特殊主体的权利来源体系中，符合国际法发展趋势。

其次，该规定同时确定了对外国人、无国籍人开展法律援助时的法律适用问题：若法律规定了对外国人和无国籍人提供法律援助的可操作性内容的，则直接适用该法律的规定；在法律没有规定的情况下，则根据国际条约与互惠原则，参照适用本法的相关规定。其中，“根据我国缔结或者参加的国际条约”“参照适用本法的相关规定”，体现的是原则上应该通过有关向外国人、无国籍人提供法律援助的专门性立法对国际条约进行细化与补充，但是由于外国人、无国籍人与我国公民在法律层面，除国籍不同之外，存在若干相似性，因此出于节约立法资源之考虑，本条规定参照适用本法，而不再另行制定专门条款。

3. 本条规定对外国人和无国籍人提供法律援助的法律适用问题的意义

其一，明确外国人、无国籍人在我国属于合法的法律援助受援对象，既满足了我国在国际交往中的需要，也体现了主权国家司法人权保障的精神；其二，明确了对外国人、无国籍人提供法律援助时的法律适用问题，有利于统一法律援助秩序，保障外国人、无国籍人可以接受符合标准的法律援助，从实质上实现司法公正。

适用要点

根据本条的规定，外国人、无国籍人在我国并非当然可以获得法律援助，只有当我国国内法、我国缔结或者参照的国际条约有规定时，或者依据互惠原则，才能对其提供法律援助。由于我国目前存在与外国人、无国籍人法律援助相关的《刑事诉讼法》《民事诉讼法》，并缔结了刑事诉讼、民事领域的有关国际条约，因此在刑事诉讼和民事诉讼中存在对外国人、无国籍人提供法律援助之可能。至于在其他范围中外国人、无国籍人是否可以获得法律援助，则应根据国际条约、互惠原则进行确认。另外，《刑事诉讼法》中只规定了适用条件、《民事诉讼法》中只规定了基本原则，因此，具体适用问题仍应当根据国际条约、互惠原则的规定，参照适用本法。

关联法规

《刑事诉讼法》第 17 条;《最高人民法院关于适用〈中华人民共和国刑事诉讼法〉的解释》第 478 条;《民事诉讼法》第 5 条

典型案例

姆某某盗窃案[1]

案例要点：外籍人员在我国境内涉嫌刑事犯罪时，依法可以获得法律援助。实践中，因外籍人员身处异国、语言不通，因此还可以为其提供专门的翻译人员。被告人姆某某以非法占有为目的，秘密窃取他人财物，数

[1] 上海市黄浦区人民法院(2020)沪 0101 刑初 575 号。

额较大，其行为已构成盗窃罪，应依法予以刑事处罚。公诉机关指控的事实清楚，证据确实、充分，指控的罪名成立，法院予以确认。姆某某到案后能如实供述自己的罪行，依法可从轻处罚。鉴于其能当庭自愿认罪，并已在家属的帮助下退赔了部分违法所得，取得被害人的谅解，可酌情从轻处罚。

第七十条 【军人军属法律援助办法的制定】对军人军属提供法律援助的具体办法，由国务院和中央军事委员会有关部门制定。

条文解读

本条是关于授权国务院和中央军事委员会有关部门制定对军人军属提供法律援助具体办法的规定。

1. 制定军人军属法律援助办法的重要性与特殊性

《国务院、中央军委关于进一步加强军人军属法律援助工作的意见》指出，军人军属法律援助事关广大官兵切身利益，事关国防和军队建设，事关社会和谐稳定。做好军人军属法律援助工作，是司法行政机关和部队有关部门的重要任务，对完善法律援助制度，促进社会公平正义，推动军民融合深度发展，实现党在新形势下的强军目标，增强部队凝聚力战斗力，都有重要意义。

与对普通公民提供法律援助问题相比，军人军属法律援助问题存在一定的特殊性，这主要体现在以下两大方面：

首先，军人群体具有特殊性：(1)军人肩负捍卫国家主权、安全、发展利益和保卫人民和平劳动的神圣职责和崇高使命，其作为中国共产党领导的国家武装力量的基本成员、人民子弟兵、捍卫国家主权的坚强力量，以及中国特色社会主义现代化建设的重要力量，始终为国防利益奋斗在第一线。(2)国家和社会尊重军人、军属为国防和军队建设做出的奉献和牺牲，在《宪法》《国防法》《兵役法》《军人地位和权益保障法》《军人抚恤优待条例》等法律法规都明确规定国家和社会应优待军人军属。在公共法律服务中，也应当贯彻落实这一原则。（3）军人群体工作任务重，平时对法律知识的关注较少，一旦出现涉法问题也没有时间和精力处理；军人工作条件艰苦，军队驻扎地与公检法等机关相距较远，出现涉法问题时维权不便。

其次，军人军属法律援助活动受到双重领导：法律援助活动由政府主导，而军人军属群体不同于普通公民，还进一步受到中央军委管理。因此，对军人军属提供法律援助的具体规则应当由国务院、中央军委有关部门制定。总之，为了充分保障军人军属的权益，以维护国防安全与社会稳定，军人军属法律援助办法应当充分体现其特殊性。

2. 现有关于军人军属法律援助问题的规定

2014 年 9 月印发了《国务院、中央军委关于进一步加强军人军属法律援助工作的意见》。2016 年 9 月，司法部和中央军委政法委员会为贯彻该意见，联合制定了《军人军属法律援助工作实施办法》，于 2016 年 9 月 14 日起施行。

该实施办法共 23 条，主要内容包括：（1）军人军属法律援助问题实行军地协同工作机制，由县级以上司法行政机关和军队团级以上单位负责司法行政工作的部门密切协作、相互配合，通过建立军地联席会议、法律援助人员培训、工作考评通报等机制，共同做好军人军属法律援助工作。（2）明确军人军属的概念。“军人”仅指现役军（警）官、文职干部、士兵以及具有军籍的学员。军队中的文职人员、非现役公勤人员、在编职工，由军队管理的离退休人员，以及执行军事任务的预备役人员和其他人员，按军人对待。“军属”是指军人的配偶、父母、子女和其他具有法定抚养关系的近亲属。烈士、因公牺牲军人、病故军人的遗属按军属对待。（3）将民生领域与军人权益密切相关的事项纳入了范围。这些事项主要为：请求给予优抚待遇的；涉及军人婚姻家庭纠纷的；因医疗、交通、工伤事故以及其他人身伤害案件造成人身损害或者财产损失请求赔偿的；涉及农资产品质量纠纷、土地承包纠纷、宅基地纠纷以及保险赔付的。(4)规定以下几类主体无须提供经济困难证明:义务兵、供给制学员及军属;执行作战、重大非战争军事行动任务的军人及军属;烈士、因公牺牲军人、病故军人的遗属。(5)规定对军人军属申请法律援助的,法律援助机构应当为其开通绿色通道,优先受理、优先审批、优先指派;对于情况紧急的,可以先行受理,事后补充材料、补交资料。法律援助机构对军人军属的法律援助申请作出给予法律援助的决定后,应当及时告知军队有关部门。(6)规定了建立军人军属法律援助工作站的必要条件,明确军人军属法律援助工作站的职责范围,并对军人军属法律援助工作站提出了具体工作要求。

3. 国务院和中央军事委员会有关部门制定对军人军属提供法律援助的具体办法

本条之所以授权国务院和中央军事委员会有关部门制定对军人军属提供法律援助的具体办法,主要基于两个方面的考量:(1)依据宪法和法律,国务院和中央军委负有制定对军人军属提供法律援助的具体办法的权限和职责;(2)授权国务院和中央军事委员会有关部门制定军人军属法律援助问题的法律规范,对于促进法律实施、保障军人军属合法权益以及维护国防安全与社会稳定均具有重要的现实意义。

关联法规

《军人地位和权益保障法》第 61 条;《军人军属法律援助工作实施办法》

第七十一条 【施行日期】本法自 2022 年 1 月 1 日起施行。

条文解读

本条是关于本法施行日期的规定。

一般而言,法律的生效时间要依据法律的具体性质和实际情况来决定,主要有颁布之日起生效、该法规定生效时间、法律颁布后符合一定条件时开始生效等形式。本法于2021年8月20日公布,自2022年1月1日起开始正式施行。如此规定,为《法律援助法》正式施行留下了较为充分的准备期,有助于《法律援助法》宣传工作的进一步开展,有助于社会各界有更为充足的时间对本法进行理解学习,也有助于通过法定程序对与本法立法精神及具体条文存在冲突的法规、规章以及规范性文件进行相应的修改或废止。

附录一　法律法规

中华人民共和国法律援助法

（2021年8月20日第十三届全国人民代表大会常务委员会第三十次会议通过　2021年8月20日中华人民共和国主席令第93号公布　自2022年1月1日起施行）

目　　录

第一章　总　　则
第二章　机构和人员
第三章　形式和范围
第四章　程序和实施
第五章　保障和监督
第六章　法律责任
第七章　附　　则

第一章　总　　则

第一条　为了规范和促进法律援助工作，保障公民和有关当事人的合法权益，保障法律正确实施，维护社会公平正义，制定本法。

第二条　本法所称法律援助，是国家建立的为经济困难公民和符合法定条件的其他当事人无偿提供法律咨询、代理、刑事辩护等法律服务的制度，是公共法律服务体系的组成部分。

第三条　法律援助工作坚持中国共产党领导，坚持以人民为中心，尊重和保障人权，遵循公开、公平、公正的原则，实行国家保障与社会参与相结合。

第四条 县级以上人民政府应当将法律援助工作纳入国民经济和社会发展规划、基本公共服务体系,保障法律援助事业与经济社会协调发展。

县级以上人民政府应当健全法律援助保障体系,将法律援助相关经费列入本级政府预算,建立动态调整机制,保障法律援助工作需要,促进法律援助均衡发展。

第五条 国务院司法行政部门指导、监督全国的法律援助工作。县级以上地方人民政府司法行政部门指导、监督本行政区域的法律援助工作。

县级以上人民政府其他有关部门依照各自职责,为法律援助工作提供支持和保障。

第六条 人民法院、人民检察院、公安机关应当在各自职责范围内保障当事人依法获得法律援助,为法律援助人员开展工作提供便利。

第七条 律师协会应当指导和支持律师事务所、律师参与法律援助工作。

第八条 国家鼓励和支持群团组织、事业单位、社会组织在司法行政部门指导下,依法提供法律援助。

第九条 国家鼓励和支持企业事业单位、社会组织和个人等社会力量,依法通过捐赠等方式为法律援助事业提供支持;对符合条件的,给予税收优惠。

第十条 司法行政部门应当开展经常性的法律援助宣传教育,普及法律援助知识。

新闻媒体应当积极开展法律援助公益宣传,并加强舆论监督。

第十一条 国家对在法律援助工作中做出突出贡献的组织和个人,按照有关规定给予表彰、奖励。

第二章　机构和人员

第十二条 县级以上人民政府司法行政部门应当设立法律援助机

构。法律援助机构负责组织实施法律援助工作，受理、审查法律援助申请，指派律师、基层法律服务工作者、法律援助志愿者等法律援助人员提供法律援助，支付法律援助补贴。

第十三条　法律援助机构根据工作需要，可以安排本机构具有律师资格或者法律职业资格的工作人员提供法律援助；可以设置法律援助工作站或者联络点，就近受理法律援助申请。

第十四条　法律援助机构可以在人民法院、人民检察院和看守所等场所派驻值班律师，依法为没有辩护人的犯罪嫌疑人、被告人提供法律援助。

第十五条　司法行政部门可以通过政府采购等方式，择优选择律师事务所等法律服务机构为受援人提供法律援助。

第十六条　律师事务所、基层法律服务所、律师、基层法律服务工作者负有依法提供法律援助的义务。

律师事务所、基层法律服务所应当支持和保障本所律师、基层法律服务工作者履行法律援助义务。

第十七条　国家鼓励和规范法律援助志愿服务；支持符合条件的个人作为法律援助志愿者，依法提供法律援助。

高等院校、科研机构可以组织从事法学教育、研究工作的人员和法学专业学生作为法律援助志愿者，在司法行政部门指导下，为当事人提供法律咨询、代拟法律文书等法律援助。

法律援助志愿者具体管理办法由国务院有关部门规定。

第十八条　国家建立健全法律服务资源依法跨区域流动机制，鼓励和支持律师事务所、律师、法律援助志愿者等在法律服务资源相对短缺地区提供法律援助。

第十九条　法律援助人员应当依法履行职责，及时为受援人提供符合标准的法律援助服务，维护受援人的合法权益。

第二十条　法律援助人员应当恪守职业道德和执业纪律，不得向受援人收取任何财物。

第二十一条 法律援助机构、法律援助人员对提供法律援助过程中知悉的国家秘密、商业秘密和个人隐私应当予以保密。

第三章 形式和范围

第二十二条 法律援助机构可以组织法律援助人员依法提供下列形式的法律援助服务：

（一）法律咨询；

（二）代拟法律文书；

（三）刑事辩护与代理；

（四）民事案件、行政案件、国家赔偿案件的诉讼代理及非诉讼代理；

（五）值班律师法律帮助；

（六）劳动争议调解与仲裁代理；

（七）法律、法规、规章规定的其他形式。

第二十三条 法律援助机构应当通过服务窗口、电话、网络等多种方式提供法律咨询服务；提示当事人享有依法申请法律援助的权利，并告知申请法律援助的条件和程序。

第二十四条 刑事案件的犯罪嫌疑人、被告人因经济困难或者其他原因没有委托辩护人的，本人及其近亲属可以向法律援助机构申请法律援助。

第二十五条 刑事案件的犯罪嫌疑人、被告人属于下列人员之一，没有委托辩护人的，人民法院、人民检察院、公安机关应当通知法律援助机构指派律师担任辩护人：

（一）未成年人；

（二）视力、听力、言语残疾人；

（三）不能完全辨认自己行为的成年人；

（四）可能被判处无期徒刑、死刑的人；

（五）申请法律援助的死刑复核案件被告人；

（六）缺席审判案件的被告人；

（七）法律法规规定的其他人员。

其他适用普通程序审理的刑事案件，被告人没有委托辩护人的，人民法院可以通知法律援助机构指派律师担任辩护人。

第二十六条 对可能被判处无期徒刑、死刑的人，以及死刑复核案件的被告人，法律援助机构收到人民法院、人民检察院、公安机关通知后，应当指派具有三年以上相关执业经历的律师担任辩护人。

第二十七条 人民法院、人民检察院、公安机关通知法律援助机构指派律师担任辩护人时，不得限制或者损害犯罪嫌疑人、被告人委托辩护人的权利。

第二十八条 强制医疗案件的被申请人或者被告人没有委托诉讼代理人的，人民法院应当通知法律援助机构指派律师为其提供法律援助。

第二十九条 刑事公诉案件的被害人及其法定代理人或者近亲属，刑事自诉案件的自诉人及其法定代理人，刑事附带民事诉讼案件的原告人及其法定代理人，因经济困难没有委托诉讼代理人的，可以向法律援助机构申请法律援助。

第三十条 值班律师应当依法为没有辩护人的犯罪嫌疑人、被告人提供法律咨询、程序选择建议、申请变更强制措施、对案件处理提出意见等法律帮助。

第三十一条 下列事项的当事人，因经济困难没有委托代理人的，可以向法律援助机构申请法律援助：

（一）依法请求国家赔偿；

（二）请求给予社会保险待遇或者社会救助；

（三）请求发给抚恤金；

（四）请求给付赡养费、抚养费、扶养费；

（五）请求确认劳动关系或者支付劳动报酬；

（六）请求认定公民无民事行为能力或者限制民事行为能力；

（七）请求工伤事故、交通事故、食品药品安全事故、医疗事故人身损害赔偿；

（八）请求环境污染、生态破坏损害赔偿；

（九）法律、法规、规章规定的其他情形。

第三十二条 有下列情形之一，当事人申请法律援助的，不受经济困难条件的限制：

（一）英雄烈士近亲属为维护英雄烈士的人格权益；

（二）因见义勇为行为主张相关民事权益；

（三）再审改判无罪请求国家赔偿；

（四）遭受虐待、遗弃或者家庭暴力的受害人主张相关权益；

（五）法律、法规、规章规定的其他情形。

第三十三条 当事人不服司法机关生效裁判或者决定提出申诉或者申请再审，人民法院决定、裁定再审或者人民检察院提出抗诉，因经济困难没有委托辩护人或者诉讼代理人的，本人及其近亲属可以向法律援助机构申请法律援助。

第三十四条 经济困难的标准，由省、自治区、直辖市人民政府根据本行政区域经济发展状况和法律援助工作需要确定，并实行动态调整。

第四章 程序和实施

第三十五条 人民法院、人民检察院、公安机关和有关部门在办理案件或者相关事务中，应当及时告知有关当事人有权依法申请法律援助。

第三十六条 人民法院、人民检察院、公安机关办理刑事案件，发现有本法第二十五条第一款、第二十八条规定情形的，应当在三日内通知法律援助机构指派律师。法律援助机构收到通知后，应当在三日内指派律师并通知人民法院、人民检察院、公安机关。

第三十七条 人民法院、人民检察院、公安机关应当保障值班律师依法提供法律帮助，告知没有辩护人的犯罪嫌疑人、被告人有权约见值班律师，并依法为值班律师了解案件有关情况、阅卷、会见等提供便利。

第三十八条 对诉讼事项的法律援助，由申请人向办案机关所在地的法律援助机构提出申请；对非诉讼事项的法律援助，由申请人向争议处理机关所在地或者事由发生地的法律援助机构提出申请。

第三十九条 被羁押的犯罪嫌疑人、被告人、服刑人员，以及强制隔离戒毒人员等提出法律援助申请的，办案机关、监管场所应当在二十四小时内将申请转交法律援助机构。

犯罪嫌疑人、被告人通过值班律师提出代理、刑事辩护等法律援助申请的，值班律师应当在二十四小时内将申请转交法律援助机构。

第四十条 无民事行为能力人或者限制民事行为能力人需要法律援助的，可以由其法定代理人代为提出申请。法定代理人侵犯无民事行为能力人、限制民事行为能力人合法权益的，其他法定代理人或者近亲属可以代为提出法律援助申请。

被羁押的犯罪嫌疑人、被告人、服刑人员，以及强制隔离戒毒人员，可以由其法定代理人或者近亲属代为提出法律援助申请。

第四十一条 因经济困难申请法律援助的，申请人应当如实说明经济困难状况。

法律援助机构核查申请人的经济困难状况，可以通过信息共享查询，或者由申请人进行个人诚信承诺。

法律援助机构开展核查工作，有关部门、单位、村民委员会、居民委员会和个人应当予以配合。

第四十二条 法律援助申请人有材料证明属于下列人员之一的，免予核查经济困难状况：

（一）无固定生活来源的未成年人、老年人、残疾人等特定群体；

（二）社会救助、司法救助或者优抚对象；

（三）申请支付劳动报酬或者请求工伤事故人身损害赔偿的进城务工人员；

（四）法律、法规、规章规定的其他人员。

第四十三条 法律援助机构应当自收到法律援助申请之日起七日内进行审查，作出是否给予法律援助的决定。决定给予法律援助的，应当自作出决定之日起三日内指派法律援助人员为受援人提供法律援助；决定不给予法律援助的，应当书面告知申请人，并说明理由。

申请人提交的申请材料不齐全的，法律援助机构应当一次性告知申请人需要补充的材料或者要求申请人作出说明。申请人未按要求补充材料或者作出说明的，视为撤回申请。

第四十四条 法律援助机构收到法律援助申请后，发现有下列情形之一的，可以决定先行提供法律援助：

（一）距法定时效或者期限届满不足七日，需要及时提起诉讼或者申请仲裁、行政复议；

（二）需要立即申请财产保全、证据保全或者先予执行；

（三）法律、法规、规章规定的其他情形。

法律援助机构先行提供法律援助的，受援人应当及时补办有关手续，补充有关材料。

第四十五条 法律援助机构为老年人、残疾人提供法律援助服务的，应当根据实际情况提供无障碍设施设备和服务。

法律法规对向特定群体提供法律援助有其他特别规定的，依照其规定。

第四十六条 法律援助人员接受指派后，无正当理由不得拒绝、拖延或者终止提供法律援助服务。

法律援助人员应当按照规定向受援人通报法律援助事项办理情况，不得损害受援人合法权益。

第四十七条 受援人应当向法律援助人员如实陈述与法律援助事项有关的情况，及时提供证据材料，协助、配合办理法律援助事项。

第四十八条 有下列情形之一的，法律援助机构应当作出终止法律援助的决定：

（一）受援人以欺骗或者其他不正当手段获得法律援助；

（二）受援人故意隐瞒与案件有关的重要事实或者提供虚假证据；

（三）受援人利用法律援助从事违法活动；

（四）受援人的经济状况发生变化，不再符合法律援助条件；

（五）案件终止审理或者已经被撤销；

（六）受援人自行委托律师或者其他代理人；

（七）受援人有正当理由要求终止法律援助；

（八）法律法规规定的其他情形。

法律援助人员发现有前款规定情形的，应当及时向法律援助机构报告。

第四十九条　申请人、受援人对法律援助机构不予法律援助、终止法律援助的决定有异议的，可以向设立该法律援助机构的司法行政部门提出。

司法行政部门应当自收到异议之日起五日内进行审查，作出维持法律援助机构决定或者责令法律援助机构改正的决定。

申请人、受援人对司法行政部门维持法律援助机构决定不服的，可以依法申请行政复议或者提起行政诉讼。

第五十条　法律援助事项办理结束后，法律援助人员应当及时向法律援助机构报告，提交有关法律文书的副本或者复印件、办理情况报告等材料。

第五章　保障和监督

第五十一条　国家加强法律援助信息化建设，促进司法行政部门与司法机关及其他有关部门实现信息共享和工作协同。

第五十二条　法律援助机构应当依照有关规定及时向法律援助人员支付法律援助补贴。

法律援助补贴的标准，由省、自治区、直辖市人民政府司法行政部门会同同级财政部门，根据当地经济发展水平和法律援助的服务类型、承办成本、基本劳务费用等确定，并实行动态调整。

法律援助补贴免征增值税和个人所得税。

第五十三条　人民法院应当根据情况对受援人缓收、减收或者免收诉讼费用；对法律援助人员复制相关材料等费用予以免收或者减收。

公证机构、司法鉴定机构应当对受援人减收或者免收公证费、鉴定费。

第五十四条 县级以上人民政府司法行政部门应当有计划地对法律援助人员进行培训，提高法律援助人员的专业素质和服务能力。

第五十五条 受援人有权向法律援助机构、法律援助人员了解法律援助事项办理情况；法律援助机构、法律援助人员未依法履行职责的，受援人可以向司法行政部门投诉，并可以请求法律援助机构更换法律援助人员。

第五十六条 司法行政部门应当建立法律援助工作投诉查处制度；接到投诉后，应当依照有关规定受理和调查处理，并及时向投诉人告知处理结果。

第五十七条 司法行政部门应当加强对法律援助服务的监督，制定法律援助服务质量标准，通过第三方评估等方式定期进行质量考核。

第五十八条 司法行政部门、法律援助机构应当建立法律援助信息公开制度，定期向社会公布法律援助资金使用、案件办理、质量考核结果等情况，接受社会监督。

第五十九条 法律援助机构应当综合运用庭审旁听、案卷检查、征询司法机关意见和回访受援人等措施，督促法律援助人员提升服务质量。

第六十条 律师协会应当将律师事务所、律师履行法律援助义务的情况纳入年度考核内容，对拒不履行或者怠于履行法律援助义务的律师事务所、律师，依照有关规定进行惩戒。

第六章 法律责任

第六十一条 法律援助机构及其工作人员有下列情形之一的，由设立该法律援助机构的司法行政部门责令限期改正；有违法所得的，责令退还或者没收违法所得；对直接负责的主管人员和其他直接责任人员，依法给予处分：

（一）拒绝为符合法律援助条件的人员提供法律援助，或者故意为不符合法律援助条件的人员提供法律援助；

（二）指派不符合本法规定的人员提供法律援助；

（三）收取受援人财物；

（四）从事有偿法律服务；

（五）侵占、私分、挪用法律援助经费；

（六）泄露法律援助过程中知悉的国家秘密、商业秘密和个人隐私；

（七）法律法规规定的其他情形。

第六十二条　律师事务所、基层法律服务所有下列情形之一的，由司法行政部门依法给予处罚：

（一）无正当理由拒绝接受法律援助机构指派；

（二）接受指派后，不及时安排本所律师、基层法律服务工作者办理法律援助事项或者拒绝为本所律师、基层法律服务工作者办理法律援助事项提供支持和保障；

（三）纵容或者放任本所律师、基层法律服务工作者怠于履行法律援助义务或者擅自终止提供法律援助；

（四）法律法规规定的其他情形。

第六十三条　律师、基层法律服务工作者有下列情形之一的，由司法行政部门依法给予处罚：

（一）无正当理由拒绝履行法律援助义务或者怠于履行法律援助义务；

（二）擅自终止提供法律援助；

（三）收取受援人财物；

（四）泄露法律援助过程中知悉的国家秘密、商业秘密和个人隐私；

（五）法律法规规定的其他情形。

第六十四条　受援人以欺骗或者其他不正当手段获得法律援助的，由司法行政部门责令其支付已实施法律援助的费用，并处三千元以下罚款。

第六十五条　违反本法规定，冒用法律援助名义提供法律服务并谋取利益的，由司法行政部门责令改正，没收违法所得，并处违法所得一倍以上三倍以下罚款。

第六十六条 国家机关及其工作人员在法律援助工作中滥用职权、玩忽职守、徇私舞弊的，对直接负责的主管人员和其他直接责任人员，依法给予处分。

第六十七条 违反本法规定，构成犯罪的，依法追究刑事责任。

第七章 附 则

第六十八条 工会、共产主义青年团、妇女联合会、残疾人联合会等群团组织开展法律援助工作，参照适用本法的相关规定。

第六十九条 对外国人和无国籍人提供法律援助，我国法律有规定的，适用法律规定；我国法律没有规定的，可以根据我国缔结或者参加的国际条约，或者按照互惠原则，参照适用本法的相关规定。

第七十条 对军人军属提供法律援助的具体办法，由国务院和中央军事委员会有关部门制定。

第七十一条 本法自2022年1月1日起施行。

关于《中华人民共和国法律援助法（草案）》的说明

——2021年1月20日在第十三届全国人民代表大会常务委员会第二十五次会议上

全国人大监察和司法委员会副主任委员 张苏军

委员长、各位副委员长、秘书长、各位委员：

我受全国人大监察和司法委员会委托，就《中华人民共和国法律援助法（草案）》（以下简称法律援助法）作说明。

一、制定法律援助法的必要性

法律援助工作是体现以人民为中心的发展思想，切实维护人民群众合法权益的一项重要民生工程，有利于贯彻公民在法律面前一律平等的宪法原则，使公民不论经济条件好坏、社会地位高低都能获得必要的法律服务；有利于保障社会公平正义，保证人民群众在遇到法律问题或者权利受到侵害时获得及时有效法律帮助。党的十八届三中、四中全会明确提出，完善法律援助制度，扩大援助范围。中共中央办公厅、国务院办公厅《关于完善法律援助制度的意见》提出，推进法律援助立法工作，提高法治化水平。近年来，许多全国人大代表也提出议案和建议，希望加快法律援助立法，进一步推动法律援助工作实现高质量发展。

2003 年，国务院制定法律援助条例，为规范和促进法律援助事业发展发挥了重要作用。近年来，法律援助覆盖面逐步扩大，服务质量不断提高，制度建设积极推进，保障能力逐步增强。但随着我国经济社会不断发展，社会主要矛盾转化为人民日益增长的美好生活需要和不平衡不充分的发展之间的矛盾，人民群众在民主、法治、公平、正义、安全、环境等方面的要求日益增长。现行法律援助条例已经不能很好地适应法律援助工作需要，与人民群众特别是困难群众日益增长的法律援助需求相比，法律援助工作还存在制度不够完善、保障不够充分、援助范围亟待扩大等问题。及时制定法律援助法，是贯彻落实中央关于推进全面依法治国的重大战略部署，完善中国特色社会主义法律援助制度的必然要求，是努力让人民群众在每一个司法案件中感受到公平正义的重要举措，对于更好地维护公民合法权益、维护法律正确实施、维护社会公平正义具有十分重要的意义。

二、起草过程、立法指导思想和原则

法律援助法列入十三届全国人大常委会立法规划，由全国人大监察和司法委员会牵头组织起草，并列入 2020 年度立法工作计划初次审议项目。2018 年 10 月，我委启动立法工作，研究制定起草工作实施方案，组织成立起草工作领导小组，下设办公室和工作专班。

起草工作启动后，我委认真领会中央有关文件精神，收集整理国内外立法资料，先后赴深圳、云南、重庆、浙江、上海及澳门特别行政区等地开展调研，认真总结法律援助实践经验，梳理研究立法重点问题。2019 年 6 月，根据实施方案要求，司法部向全国人大监察和司法委员会提交草案建议稿后，我委将草案建议稿印发中央编办、全国人大常委会法工委、国务院有关部门、最高人民法院、最高人民检察院、全国律协等有关单位征求意见，结合前期立法调研、会议研究等工作成果，于 2019 年底形成了草案征求意见稿初稿，并经再次征求有关单位意见和反复研究修改，形成草案征求意见稿。此后，我委通过将草案征求意见稿印发各省(区、市)人大监察和司法委员会征求意见、召开起草工作领导小组办公室会议、召开专家学者座谈会、书面征求我委联系的部分全国人大代表意见等方式，充分听取各方面意见，进一步完善草案征求意见稿。2020 年 10 月，由全国人大常委会办公厅发函，书面征求国务院办公厅的意见。在上述工作基础上，经过反复研究修改，形成了议案、法律草案和说明。

法律援助法立法工作坚持以习近平新时代中国特色社会主义思想为指导，贯彻习近平法治思想，贯彻党的十八大、十九大和十九届二中、三中、四中、五中全会精神，落实党中央关于法律援助工作的决策部署，总结我国法律援助工作积累的实践经验，借鉴国际有益做法，坚持改革方向，坚持问题导向，从实际出发，通过立法完善法律援助制度，推动法律援助工作，促进公正司法，维护社会和谐稳定。

起草工作遵循以下原则：第一，坚持以人民为中心。始终把维护人民群众合法权益作为出发点和落脚点，努力为困难群众获得及时便利、优质高效的法律援助服务提供法治保障。第二，坚持立足基本国情。从我国国情和实际出发，适应经济社会发展，兼顾区域差异，尽力而为，量力而行，处理好法律援助需求与法律援助供给之间的关系。第三，坚持国家保障与社会参与相结合。鼓励和支持人民团体、事业单位、社会组织在司法行政部门指导下，依法参与法律援助工作。鼓励和支持组织、个人提供法律援助志愿服务，捐助法律援助事业，推动法律援助健康有序可持续发展。

三、主要内容和重点问题

草案分为7章,包括总则、法律援助机构和人员、法律援助范围、法律援助程序、保障措施、法律责任和附则,共61条。主要内容包括:

(一)明确法律援助的概念

草案将法律援助定义为:"国家为经济困难公民和符合法定条件的当事人无偿提供的法律咨询、代理、刑事辩护、值班律师法律帮助等法律服务。"明确了法律援助对象除经济困难公民外,还包括诉讼中符合法定条件的当事人(不限于公民)。考虑到我国法律援助发展现状及保障水平,对福利机构、提起公益诉讼的社会组织等非自然人,各地可组织律师提供减免费用等法律服务,根据实际情况在实践中继续探索,法律中暂不作明确规定。

(二)明确法律援助的提供主体

草案规定,法律援助的提供主体包括执业律师、法律援助机构律师、基层法律服务工作者、法律援助志愿者。考虑到当前律师资源分布不均,中西部地区仍有一些无律师县或者律师资源缺乏的地方,为了适应值班律师、刑事案件律师辩护全覆盖等刑事诉讼改革需求,草案规定法律援助机构律师为法律援助提供主体之一,并对其应当具备的条件作出专门规定。

(三)适当扩大法律援助范围

为落实党中央关于法律援助工作的决策部署,总结当前我国法律援助工作现状,草案对法律援助范围作出适当扩大。一是关于刑事法律援助。刑事法律援助事项除按照现行法律规定予以明确外,根据当前刑事诉讼改革需求,结合刑事案件律师辩护全覆盖试点工作,草案增加规定刑事案件的犯罪嫌疑人、被告人没有委托辩护人的,司法机关通知的法律援助事项包括"适用普通程序审判案件的被告人"和"死刑复核案件的被告人"。二是关于民事法律援助。草案增加规定请求工伤事故、交通事故、食品药品安全事故、医疗事故人身损害赔偿和请求固体废物污染、水污染等环境污染损害赔偿两类情形。三是根据十八届四中全会决定精神，将聘不起律师的申诉人纳入法律援助范围。同时，草案第十八条、第二十条、第二十二条设置了兜底条款“法律法规规定的其他法律援助服务”“法律法规规定的其他情形”，为今后通过立法或者制定行政法规、地方性法规等扩大法律援助范围提供了依据。

（四）明确值班律师法律帮助相关内容

刑事诉讼法规定了法律援助机构可以在人民法院、看守所等场所派驻值班律师，为没有辩护人的犯罪嫌疑人、被告人提供法律帮助。草案明确值班律师法律帮助是法律援助的一种服务形式，并对法律援助机构可以在人民法院、人民检察院和看守所等场所派驻值班律师，值班律师法律帮助的内容，保障值班律师履职，有关工作程序等作出具体规定。

（五）规定了法律援助的程序

草案第四章对法律援助程序进行了规定，明确司法机关和有关部门通知指派、权利告知等义务，对提出法律援助申请、经济困难审查、决定和指派、办理情况报告等程序作出规定，明确免于经济困难审查、先行提供法律援助等情形。同时，对法律援助人员工作规范、受援人的权利义务、终止法律援助、救济程序等也作出相应规定。考虑到法律援助工作程序的具体时限属于操作层面的问题，现行法律法规、司法解释等已有明确规定，并且法律援助事项难易程度不同、情况复杂，草案对此仅作原则性规定。

（六）明确法律援助的保障措施

草案在总则中明确法律援助属于国家责任，明确政府及各部门的职责。设置保障措施一章，对总体发展要求、经费保障、培训、监督管理和质量考核、信息化建设、宣传教育等作出规定。对于实践中一些地方提出办案补贴标准较低、刑事案件律师辩护全覆盖后经费需求增长较大、落后地方经费困难希望加大中央财政转移力度等意见，建议由国务院有关部门通过制定规范性文件研究解决。

草案和以上说明是否妥当，请审议。

中华人民共和国宪法(节录)

(1982年12月4日第五届全国人民代表大会第五次会议通过　1982年12月4日全国人民代表大会公告公布施行　根据1988年4月12日第七届全国人民代表大会第一次会议通过的《中华人民共和国宪法修正案》、1993年3月29日第八届全国人民代表大会第一次会议通过的《中华人民共和国宪法修正案》、1999年3月15日第九届全国人民代表大会第二次会议通过的《中华人民共和国宪法修正案》、2004年3月14日第十届全国人民代表大会第二次会议通过的《中华人民共和国宪法修正案》和2018年3月11日第十三届全国人民代表大会第一次会议通过的《中华人民共和国宪法修正案》修正)

第三十三条　凡具有中华人民共和国国籍的人都是中华人民共和国公民。

中华人民共和国公民在法律面前一律平等。

国家尊重和保障人权。

任何公民享有宪法和法律规定的权利,同时必须履行宪法和法律规定的义务。

中华人民共和国刑事诉讼法(节录)

(1979年7月1日第五届全国人民代表大会第二次会议通过　根据1996年3月17日第八届全国人民代表大会第四次会议《关于修改〈中华人民共和国刑事诉讼法〉的决定》第一次修正　根据2012年3月14日第十一届全国人民代表大会第五次会议《关于修改〈中华人民共和国刑事诉讼法〉的决定》第二次修正　根据2018年10月26日第十三届全国人民代表大会常务委员会第六次会议《关于修改〈中华人民共和国刑事诉讼法〉的决定》第三次修正)

第三十五条　犯罪嫌疑人、被告人因经济困难或者其他原因没有委托辩护人的,本人及其近亲属可以向法律援助机构提出申请。对符合法律援助条件的,法律援助机构应当指派律师为其提供辩护。

犯罪嫌疑人、被告人是盲、聋、哑人,或者是尚未完全丧失辨认或者控制自己行为能力的精神病人,没有委托辩护人的,人民法院、人民检察院和公安机关应当通知法律援助机构指派律师为其提供辩护。

犯罪嫌疑人、被告人可能被判处无期徒刑、死刑,没有委托辩护人的,人民法院、人民检察院和公安机关应当通知法律援助机构指派律师为其提供辩护。

第三十六条　法律援助机构可以在人民法院、看守所等场所派驻值班律师。犯罪嫌疑人、被告人没有委托辩护人,法律援助机构没有指派律师为其提供辩护的,由值班律师为犯罪嫌疑人、被告人提供法律咨询、程序选择建议、申请变更强制措施、对案件处理提出意见等法律帮助。

人民法院、人民检察院、看守所应当告知犯罪嫌疑人、被告人有权约见值班律师,并为犯罪嫌疑人、被告人约见值班律师提供便利。

第三十九条 辩护律师可以同在押的犯罪嫌疑人、被告人会见和通信。其他辩护人经人民法院、人民检察院许可，也可以同在押的犯罪嫌疑人、被告人会见和通信。

辩护律师持律师执业证书、律师事务所证明和委托书或者法律援助公函要求会见在押的犯罪嫌疑人、被告人的，看守所应当及时安排会见，至迟不得超过四十八小时。

危害国家安全犯罪、恐怖活动犯罪案件，在侦查期间辩护律师会见在押的犯罪嫌疑人，应当经侦查机关许可。上述案件，侦查机关应当事先通知看守所。

辩护律师会见在押的犯罪嫌疑人、被告人，可以了解案件有关情况，提供法律咨询等；自案件移送审查起诉之日起，可以向犯罪嫌疑人、被告人核实有关证据。辩护律师会见犯罪嫌疑人、被告人时不被监听。

辩护律师同被监视居住的犯罪嫌疑人、被告人会见、通信，适用第一款、第三款、第四款的规定。

第二百七十八条 未成年犯罪嫌疑人、被告人没有委托辩护人的，人民法院、人民检察院、公安机关应当通知法律援助机构指派律师为其提供辩护。

第二百九十三条 人民法院缺席审判案件，被告人有权委托辩护人，被告人的近亲属可以代为委托辩护人。被告人及其近亲属没有委托辩护人的，人民法院应当通知法律援助机构指派律师为其提供辩护。

第三百零四条 人民法院受理强制医疗的申请后，应当组成合议庭进行审理。

人民法院审理强制医疗案件，应当通知被申请人或者被告人的法定代理人到场。被申请人或者被告人没有委托诉讼代理人的，人民法院应当通知法律援助机构指派律师为其提供法律帮助。

中华人民共和国律师法(节录)

(1996年5月15日第八届全国人民代表大会常务委员会第十九次会议通过　根据2001年12月29日第九届全国人民代表大会常务委员会第二十五次会议《关于修改〈中华人民共和国律师法〉的决定》第一次修正　2007年10月28日第十届全国人民代表大会常务委员会第三十次会议修订　根据2012年10月26日第十一届全国人民代表大会常务委员会第二十九次会议《关于修改〈中华人民共和国律师法〉的决定》第二次修正　根据2017年9月1日第十二届全国人民代表大会常务委员会第二十九次会议《关于修改〈中华人民共和国法官法〉等八部法律的决定》第三次修正)

第二十八条　律师可以从事下列业务:

(一)接受自然人、法人或者其他组织的委托,担任法律顾问;

(二)接受民事案件、行政案件当事人的委托,担任代理人,参加诉讼;

(三)接受刑事案件犯罪嫌疑人、被告人的委托或者依法接受法律援助机构的指派,担任辩护人,接受自诉案件自诉人、公诉案件被害人或者其近亲属的委托,担任代理人,参加诉讼;

(四)接受委托,代理各类诉讼案件的申诉;

(五)接受委托,参加调解、仲裁活动;

(六)接受委托,提供非诉讼法律服务;

(七)解答有关法律的询问、代写诉讼文书和有关法律事务的其他文书。

第三十三条　律师担任辩护人的,有权持律师执业证书、律师事务所证明和委托书或者法律援助公函,依照刑事诉讼法的规定会见在押或者被监视居住的犯罪嫌疑人、被告人。辩护律师会见犯罪嫌疑人、被告人时不被监听。

第四十二条 律师、律师事务所应当按照国家规定履行法律援助义务,为受援人提供符合标准的法律服务,维护受援人的合法权益。

第四十七条 律师有下列行为之一的,由设区的市级或者直辖市的区人民政府司法行政部门给予警告,可以处五千元以下的罚款;有违法所得的,没收违法所得;情节严重的,给予停止执业三个月以下的处罚:

(一)同时在两个以上律师事务所执业的;

(二)以不正当手段承揽业务的;

(三)在同一案件中为双方当事人担任代理人,或者代理与本人及其近亲属有利益冲突的法律事务的;

(四)从人民法院、人民检察院离任后二年内担任诉讼代理人或者辩护人的;

(五)拒绝履行法律援助义务的。

第五十条 律师事务所有下列行为之一的,由设区的市级或者直辖市的区人民政府司法行政部门视其情节给予警告、停业整顿一个月以上六个月以下的处罚,可以处十万元以下的罚款;有违法所得的,没收违法所得;情节特别严重的,由省、自治区、直辖市人民政府司法行政部门吊销律师事务所执业证书:

(一)违反规定接受委托、收取费用的;

(二)违反法定程序办理变更名称、负责人、章程、合伙协议、住所、合伙人等重大事项的;

(三)从事法律服务以外的经营活动的;

(四)以诋毁其他律师事务所、律师或者支付介绍费等不正当手段承揽业务的;

(五)违反规定接受有利益冲突的案件的;

(六)拒绝履行法律援助义务的;

(七)向司法行政部门提供虚假材料或者有其他弄虚作假行为的;

（八）对本所律师疏于管理，造成严重后果的。

律师事务所因前款违法行为受到处罚的，对其负责人视情节轻重，给予警告或者处二万元以下的罚款。

中华人民共和国
老年人权益保障法（节录）

（1996年8月29日第八届全国人民代表大会常务委员会第二十一次会议通过　根据2009年8月27日第十一届全国人民代表大会常务委员会第十次会议《关于修改部分法律的决定》第一次修正　2012年12月28日第十一届全国人民代表大会常务委员会第三十次会议修订　根据2015年4月24日第十二届全国人民代表大会常务委员会第十四次会议《关于修改〈中华人民共和国电力法〉等六部法律的决定》第二次修正　根据2018年12月29日第十三届全国人民代表大会常务委员会第七次会议《关于修改〈中华人民共和国劳动法〉等七部法律的决定》第三次修正）

第五十六条　老年人因其合法权益受侵害提起诉讼交纳诉讼费确有困难的，可以缓交、减交或者免交；需要获得律师帮助，但无力支付律师费用的，可以获得法律援助。

鼓励律师事务所、公证处、基层法律服务所和其他法律服务机构为经济困难的老年人提供免费或者优惠服务。

中华人民共和国妇女权益保障法(节录)

(1992年4月3日第七届全国人民代表大会第五次会议通过　根据2005年8月28日第十届全国人民代表大会常务委员会第十七次会议《关于修改〈中华人民共和国妇女权益保障法〉的决定》第一次修正　根据2018年10月26日第十三届全国人民代表大会常务委员会第六次会议《关于修改〈中华人民共和国野生动物保护法〉等十五部法律的决定》第二次修正)

第五十二条　妇女的合法权益受到侵害的,有权要求有关部门依法处理,或者依法向仲裁机构申请仲裁,或者向人民法院起诉。

对有经济困难需要法律援助或者司法救助的妇女,当地法律援助机构或者人民法院应当给予帮助,依法为其提供法律援助或者司法救助。

中华人民共和国未成年人保护法(节录)

(1991年9月4日第七届全国人民代表大会常务委员会第二十一次会议通过　2006年12月29日第十届全国人民代表大会常务委员会第二十五次会议第一次修订　根据2012年10月26日第十一届全国人民代表大会常务委员会第二十九次会议《关于修改〈中华人民共和国未成年人保护法〉的决定》修正　2020年10月17日第十三届全国人民代表大会常务委员会第二十二次会议第二次修订)

第一百零四条　对需要法律援助或者司法救助的未成年人,法律援助机构或者公安机关、人民检察院、人民法院和司法行政部门应当给予帮助，依法为其提供法律援助或者司法救助。

法律援助机构应当指派熟悉未成年人身心特点的律师为未成年人提供法律援助服务。

法律援助机构和律师协会应当对办理未成年人法律援助案件的律师进行指导和培训。

第一百一十一条 公安机关、人民检察院、人民法院应当与其他有关政府部门、人民团体、社会组织互相配合，对遭受性侵害或者暴力伤害的未成年被害人及其家庭实施必要的心理干预、经济救助、法律援助、转学安置等保护措施。

第一百一十六条 国家鼓励和支持社会组织、社会工作者参与涉及未成年人案件中未成年人的心理干预、法律援助、社会调查、社会观护、教育矫治、社区矫正等工作。

中华人民共和国残疾人保障法（节录）

（1990年12月28日第七届全国人民代表大会常务委员会第十七次会议通过　2008年4月24日第十一届全国人民代表大会常务委员会第二次会议修订　根据2018年10月26日第十三届全国人民代表大会常务委员会第六次会议《关于修改〈中华人民共和国野生动物保护法〉等十五部法律的决定》修正）

第六十条 残疾人的合法权益受到侵害的，有权要求有关部门依法处理，或者依法向仲裁机构申请仲裁，或者依法向人民法院提起诉讼。

对有经济困难或者其他原因确需法律援助或者司法救助的残疾人，当地法律援助机构或者人民法院应当给予帮助，依法为其提供法律援助或者司法救助。

附录二　流程图表

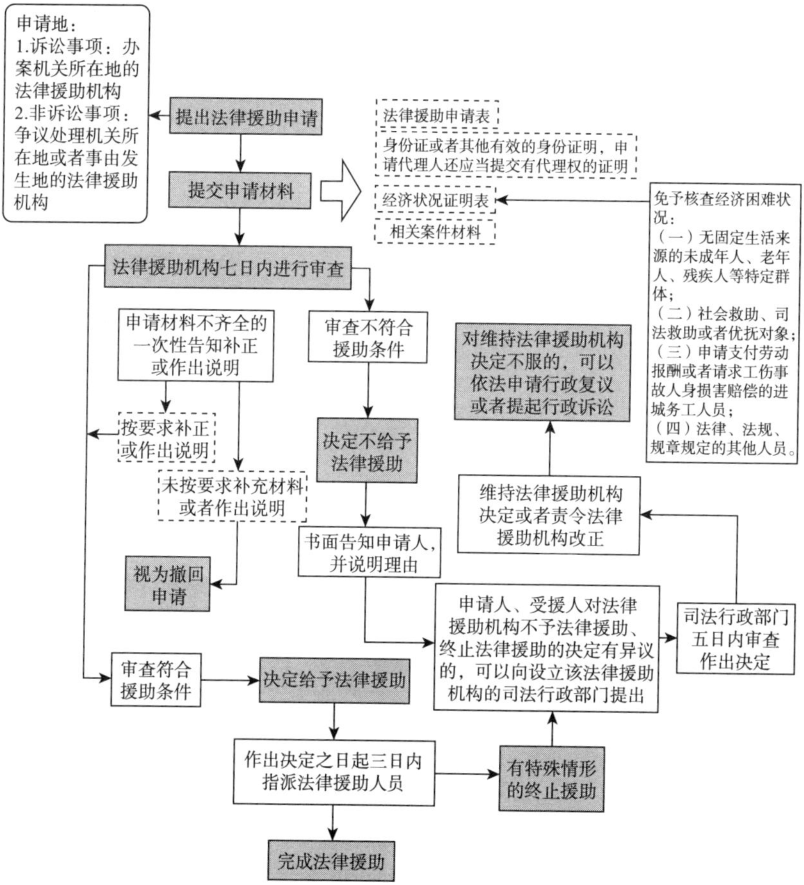

图 1　申请法律援助工作流程图

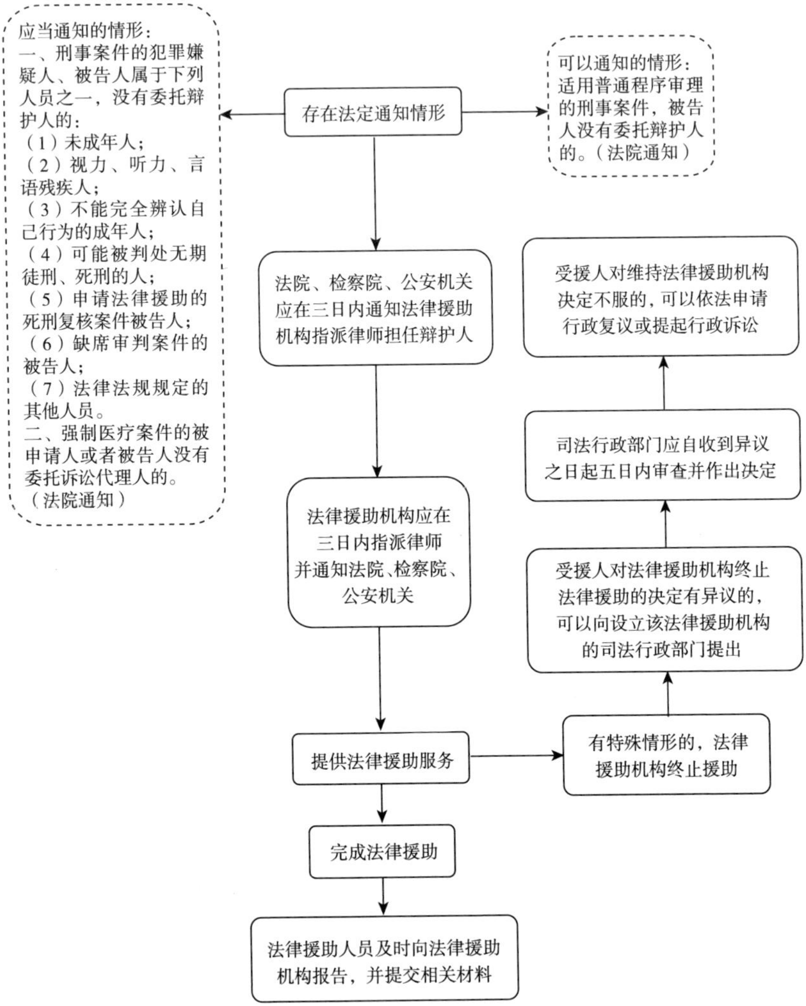

图 2　通知指派法律援助流程图

附录三　条文对照

《法律援助条例》与《法律援助法》对照表

2003 年《法律援助条例》	2021 年《法律援助法》
第一章　总　　则	第一章　总　　则
第一条　为了保障经济困难的公民获得必要的法律服务，促进和规范法律援助工作，制定本条例。	**第一条**　为了规范和促进法律援助工作，保障公民和有关当事人的合法权益，保障法律正确实施，维护社会公平正义，制定本法。
第二条　符合本条例规定的公民，可以依照本条例获得法律咨询、代理、刑事辩护等无偿法律服务。	**第二条**　本法所称法律援助，是国家建立的为经济困难公民和符合法定条件的其他当事人无偿提供法律咨询、代理、刑事辩护等法律服务的制度，是公共法律服务体系的组成部分。
	第三条　法律援助工作坚持中国共产党领导，坚持以人民为中心，尊重和保障人权，遵循公开、公平、公正的原则，实行国家保障与社会参与相结合。
第三条　法律援助是政府的责任，县级以上人民政府应当采取积极措施推动法律援助工作，为法律援助提供财政支持，保障法律援助事业与经济、社会协调发展。 法律援助经费应当专款专用，接受财政、审计部门的监督。	**第四条**　县级以上人民政府应当将法律援助工作纳入国民经济和社会发展规划、基本公共服务体系，保障法律援助事业与经济社会协调发展。 县级以上人民政府应当健全法律援助保障体系，将法律援助相关经费列入本级政府预算，建立动态调整机制，保障法律援助工作需要，促进法律援助均衡发展。

续表

2003 年《法律援助条例》	2021 年《法律援助法》
第四条第一款 国务院司法行政部门监督管理全国的法律援助工作。县级以上地方各级人民政府司法行政部门监督管理本行政区域的法律援助工作。 **第五条** 直辖市、设区的市或者县级人民政府司法行政部门根据需要确定本行政区域的法律援助机构。 法律援助机构负责受理、审查法律援助申请,指派或者安排人员为符合本条例规定的公民提供法律援助。	**第五条** 国务院司法行政部门指导、监督全国的法律援助工作。县级以上地方人民政府司法行政部门指导、监督本行政区域的法律援助工作。 县级以上人民政府其他有关部门依照各自职责,为法律援助工作提供支持和保障。
	第六条 人民法院、人民检察院、公安机关应当在各自职责范围内保障当事人依法获得法律援助,为法律援助人员开展工作提供便利。
第四条第二款 中华全国律师协会和地方律师协会应当按照律师协会章程对依据本条例实施的法律援助工作予以协助。	**第七条** 律师协会应当指导和支持律师事务所、律师参与法律援助工作。
第八条 国家支持和鼓励社会团体、事业单位等社会组织利用自身资源为经济困难的公民提供法律援助。	**第八条** 国家鼓励和支持群团组织、事业单位、社会组织在司法行政部门指导下,依法提供法律援助。
第七条 国家鼓励社会对法律援助活动提供捐助。	**第九条** 国家鼓励和支持企业事业单位、社会组织和个人等社会力量,依法通过捐赠等方式为法律援助事业提供支持;对符合条件的,给予税收优惠。

续表

2003 年《法律援助条例》	2021 年《法律援助法》
	第十条　司法行政部门应当开展经常性的法律援助宣传教育，普及法律援助知识。 新闻媒体应当积极开展法律援助公益宣传，并加强舆论监督。
第九条　对在法律援助工作中作出突出贡献的组织和个人，有关的人民政府、司法行政部门应当给予表彰、奖励。	**第十一条**　国家对在法律援助工作中做出突出贡献的组织和个人，按照有关规定给予表彰、奖励。
	第二章　机构和人员
	第十二条　县级以上人民政府司法行政部门应当设立法律援助机构。法律援助机构负责组织实施法律援助工作，受理、审查法律援助申请，指派律师、基层法律服务工作者、法律援助志愿者等法律援助人员提供法律援助，支付法律援助补贴。
	第十三条　法律援助机构根据工作需要，可以安排本机构具有律师资格或者法律职业资格的工作人员提供法律援助；可以设置法律援助工作站或者联络点，就近受理法律援助申请。
	第十四条　法律援助机构可以在人民法院、人民检察院和看守所等场所派驻值班律师，依法为没有辩护人的犯罪嫌疑人、被告人提供法律援助。

续表

2003 年《法律援助条例》	2021 年《法律援助法》
	第十五条 司法行政部门可以通过政府采购等方式,择优选择律师事务所等法律服务机构为受援人提供法律援助。
	第十六条 律师事务所、基层法律服务所、律师、基层法律服务工作者负有依法提供法律援助的义务。 律师事务所、基层法律服务所应当支持和保障本所律师、基层法律服务工作者履行法律援助义务。
	第十七条 国家鼓励和规范法律援助志愿服务;支持符合条件的个人作为法律援助志愿者,依法提供法律援助。 高等院校、科研机构可以组织从事法学教育、研究工作的人员和法学专业学生作为法律援助志愿者,在司法行政部门指导下,为当事人提供法律咨询、代拟法律文书等法律援助。 法律援助志愿者具体管理办法由国务院有关部门规定。
	第十八条 国家建立健全法律服务资源依法跨区域流动机制,鼓励和支持律师事务所、律师、法律援助志愿者等在法律服务资源相对短缺地区提供法律援助。

续表

2003 年《法律援助条例》	2021 年《法律援助法》
第六条　律师应当依照律师法和本条例的规定履行法律援助义务，为受援人提供符合标准的法律服务，依法维护受援人的合法权益，接受律师协会和司法行政部门的监督。	**第十九条**　法律援助人员应当依法履行职责，及时为受援人提供符合标准的法律援助服务，维护受援人的合法权益。
第二十二条　办理法律援助案件的人员，应当遵守职业道德和执业纪律，提供法律援助不得收取任何财物。	**第二十条**　法律援助人员应当恪守职业道德和执业纪律，不得向受援人收取任何财物。
	第二十一条　法律援助机构、法律援助人员对提供法律援助过程中知悉的国家秘密、商业秘密和个人隐私应当予以保密。
第二章　法律援助范围	**第三章　形式和范围**
	第二十二条　法律援助机构可以组织法律援助人员依法提供下列形式的法律援助服务： （一）法律咨询； （二）代拟法律文书； （三）刑事辩护与代理； （四）民事案件、行政案件、国家赔偿案件的诉讼代理及非诉讼代理； （五）值班律师法律帮助； （六）劳动争议调解与仲裁代理； （七）法律、法规、规章规定的其他形式。

续表

2003 年《法律援助条例》	2021 年《法律援助法》
	第二十三条 法律援助机构应当通过服务窗口、电话、网络等多种方式提供法律咨询服务;提示当事人享有依法申请法律援助的权利,并告知申请法律援助的条件和程序。
第十一条 刑事诉讼中有下列情形之一的,公民可以向法律援助机构申请法律援助: (一)犯罪嫌疑人在被侦查机关第一次讯问后或者采取强制措施之日起,因经济困难没有聘请律师的; (二)公诉案件中的被害人及其法定代理人或者近亲属,自案件移送审查起诉之日起,因经济困难没有委托诉讼代理人的; (三)自诉案件的自诉人及其法定代理人,自案件被人民法院受理之日起,因经济困难没有委托诉讼代理人的。	**第二十四条** 刑事案件的犯罪嫌疑人、被告人因经济困难或者其他原因没有委托辩护人的,本人及其近亲属可以向法律援助机构申请法律援助。
第十二条 公诉人出庭公诉的案件,被告人因经济困难或者其他原因没有委托辩护人,人民法院为被告人指定辩护时,法律援助机构应当提供法律援助。 被告人是盲、聋、哑人或者未成年人而没有委托辩护人的,或者被告人可能被判处死刑而没有委托辩护人的,人民法院为被告人指定辩护时,法律援助机构应当提供法律援助,无须对被告人进行经济状况的审查。	**第二十五条** 刑事案件的犯罪嫌疑人、被告人属于下列人员之一,没有委托辩护人的,人民法院、人民检察院、公安机关应当通知法律援助机构指派律师担任辩护人: (一)未成年人; (二)视力、听力、言语残疾人; (三)不能完全辨认自己行为的成年人; (四)可能被判处无期徒刑、死刑的人;

续表

2003 年《法律援助条例》	2021 年《法律援助法》
	（五）申请法律援助的死刑复核案件被告人； （六）缺席审判案件的被告人； （七）法律法规规定的其他人员。 其他适用普通程序审理的刑事案件，被告人没有委托辩护人的，人民法院可以通知法律援助机构指派律师担任辩护人。
	第二十六条　对可能被判处无期徒刑、死刑的人，以及死刑复核案件的被告人，法律援助机构收到人民法院、人民检察院、公安机关通知后，应当指派具有三年以上相关执业经历的律师担任辩护人。
	第二十七条　人民法院、人民检察院、公安机关通知法律援助机构指派律师担任辩护人时，不得限制或者损害犯罪嫌疑人、被告人委托辩护人的权利。
	第二十八条　强制医疗案件的被申请人或者被告人没有委托诉讼代理人的，人民法院应当通知法律援助机构指派律师为其提供法律援助。
	第二十九条　刑事公诉案件的被害人及其法定代理人或者近亲属，刑事自诉案件的自诉人及其法定代理人，刑事附带民事诉讼案件的原告人及其法定代理人，因经济困难没有委托诉讼代理人的，可以向法律援助机构申请法律援助。

续表

2003 年《法律援助条例》	2021 年《法律援助法》
	第三十条　值班律师应当依法为没有辩护人的犯罪嫌疑人、被告人提供法律咨询、程序选择建议、申请变更强制措施、对案件处理提出意见等法律帮助。
第十条　公民对下列需要代理的事项,因经济困难没有委托代理人的,可以向法律援助机构申请法律援助: (一)依法请求国家赔偿的; (二)请求给予社会保险待遇或者最低生活保障待遇的; (三)请求发给抚恤金、救济金的; (四)请求给付赡养费、抚养费、扶养费的; (五)请求支付劳动报酬的; (六)主张因见义勇为行为产生的民事权益的。 省、自治区、直辖市人民政府可以对前款规定以外的法律援助事项作出补充规定。 公民可以就本条第一款、第二款规定的事项向法律援助机构申请法律咨询。	**第三十一条**　下列事项的当事人,因经济困难没有委托代理人的,可以向法律援助机构申请法律援助: (一)依法请求国家赔偿; (二)请求给予社会保险待遇或者社会救助; (三)请求发给抚恤金; (四)请求给付赡养费、抚养费、扶养费; (五)请求确认劳动关系或者支付劳动报酬; (六)请求认定公民无民事行为能力或者限制民事行为能力; (七)请求工伤事故、交通事故、食品药品安全事故、医疗事故人身损害赔偿; (八)请求环境污染、生态破坏损害赔偿; (九)法律、法规、规章规定的其他情形。

续表

2003年《法律援助条例》	2021年《法律援助法》
	第三十二条 有下列情形之一，当事人申请法律援助的，不受经济困难条件的限制： （一）英雄烈士近亲属为维护英雄烈士的人格权益； （二）因见义勇为行为主张相关民事权益； （三）再审改判无罪请求国家赔偿； （四）遭受虐待、遗弃或者家庭暴力的受害人主张相关权益； （五）法律、法规、规章规定的其他情形。
	第三十三条 当事人不服司法机关生效裁判或者决定提出申诉或者申请再审，人民法院决定、裁定再审或者人民检察院提出抗诉，因经济困难没有委托辩护人或者诉讼代理人的，本人及其近亲属可以向法律援助机构申请法律援助。
第十三条 本条例所称公民经济困难的标准，由省、自治区、直辖市人民政府根据本行政区域经济发展状况和法律援助事业的需要规定。 申请人住所地的经济困难标准与受理申请的法律援助机构所在地的经济困难标准不一致的，按照受理申请的法律援助机构所在地的经济困难标准执行。	**第三十四条** 经济困难的标准，由省、自治区、直辖市人民政府根据本行政区域经济发展状况和法律援助工作需要确定，并实行动态调整。

续表

2003 年《法律援助条例》	2021 年《法律援助法》
第三章　法律援助申请和审查 **第四章　法律援助实施**	**第四章　程序和实施**
	第三十五条　人民法院、人民检察院、公安机关和有关部门在办理案件或者相关事务中，应当及时告知有关当事人有权依法申请法律援助。
第二十条　由人民法院指定辩护的案件，人民法院在开庭 10 日前将指定辩护通知书和起诉书副本或者判决书副本送交其所在地的法律援助机构；人民法院不在其所在地审判的，可以将指定辩护通知书和起诉书副本或者判决书副本送交审判地的法律援助机构。 **第二十一条**　法律援助机构可以指派律师事务所安排律师或者安排本机构的工作人员办理法律援助案件；也可以根据其他社会组织的要求，安排其所属人员办理法律援助案件。对人民法院指定辩护的案件，法律援助机构应当在开庭 3 日前将确定的承办人员名单回复作出指定的人民法院。	**第三十六条**　人民法院、人民检察院、公安机关办理刑事案件，发现有本法第二十五条第一款、第二十八条规定情形的，应当在三日内通知法律援助机构指派律师。法律援助机构收到通知后，应当在三日内指派律师并通知人民法院、人民检察院、公安机关。
	第三十七条　人民法院、人民检察院、公安机关应当保障值班律师依法提供法律帮助，告知没有辩护人的犯罪嫌疑人、被告人有权约见值班律师，并依法为值班律师了解案件有关情况、阅卷、会见等提供便利。

续表

2003 年《法律援助条例》	2021 年《法律援助法》
第十四条 公民就本条例第十条所列事项申请法律援助,应当按照下列规定提出: (一)请求国家赔偿的,向赔偿义务机关所在地的法律援助机构提出申请; (二)请求给予社会保险待遇、最低生活保障待遇或者请求发给抚恤金、救济金的,向提供社会保险待遇、最低生活保障待遇或者发给抚恤金、救济金的义务机关所在地的法律援助机构提出申请; (三)请求给付赡养费、抚养费、扶养费的,向给付赡养费、抚养费、扶养费的义务人住所地的法律援助机构提出申请; (四)请求支付劳动报酬的,向支付劳动报酬的义务人住所地的法律援助机构提出申请; (五)主张因见义勇为行为产生的民事权益的,向被请求人住所地的法律援助机构提出申请。	**第三十八条** 对诉讼事项的法律援助,由申请人向办案机关所在地的法律援助机构提出申请;对非诉讼事项的法律援助,由申请人向争议处理机关所在地或者事由发生地的法律援助机构提出申请。
第十五条 本条例第十一条所列人员申请法律援助的,应当向审理案件的人民法院所在地的法律援助机构提出申请。被羁押的犯罪嫌疑人的申请由看守所在 24 小时内转交法律援助机构,申请法律援助所需提交的有关证件、证明材料由看守所通知申请人的法定代理人或者近亲属协助提供。	**第三十九条** 被羁押的犯罪嫌疑人、被告人、服刑人员,以及强制隔离戒毒人员等提出法律援助申请的,办案机关、监管场所应当在二十四小时内将申请转交法律援助机构。 犯罪嫌疑人、被告人通过值班律师提出代理、刑事辩护等法律援助申请的,值班律师应当在二十四小时内将申请转交法律援助机构。

续表

2003 年《法律援助条例》	2021 年《法律援助法》
第十六条 申请人为无民事行为能力人或者限制民事行为能力人的，由其法定代理人代为提出申请。 无民事行为能力人或者限制民事行为能力人与其法定代理人之间发生诉讼或者因其他利益纠纷需要法律援助的，由与该争议事项无利害关系的其他法定代理人代为提出申请。	**第四十条** 无民事行为能力人或者限制民事行为能力人需要法律援助的，可以由其法定代理人代为提出申请。法定代理人侵犯无民事行为能力人、限制民事行为能力人合法权益的，其他法定代理人或者近亲属可以代为提出法律援助申请。 被羁押的犯罪嫌疑人、被告人、服刑人员，以及强制隔离戒毒人员，可以由其法定代理人或者近亲属代为提出法律援助申请。
第十七条 公民申请代理、刑事辩护的法律援助应当提交下列证件、证明材料： （一）身份证或者其他有效的身份证明，代理申请人还应当提交有代理权的证明； （二）经济困难的证明； （三）与所申请法律援助事项有关的案件材料。 申请应当采用书面形式，填写申请表；以书面形式提出申请确有困难的，可以口头申请，由法律援助机构工作人员或者代为转交申请的有关机构工作人员作书面记录。	**第四十一条** 因经济困难申请法律援助的，申请人应当如实说明经济困难状况。 法律援助机构核查申请人的经济困难状况，可以通过信息共享查询，或者由申请人进行个人诚信承诺。 法律援助机构开展核查工作，有关部门、单位、村民委员会、居民委员会和个人应当予以配合。

续表

2003 年《法律援助条例》	2021 年《法律援助法》
第十二条 公诉人出庭公诉的案件，被告人因经济困难或者其他原因没有委托辩护人，人民法院为被告人指定辩护时，法律援助机构应当提供法律援助。 被告人是盲、聋、哑人或者未成年人而没有委托辩护人的，或者被告人可能被判处死刑而没有委托辩护人的，人民法院为被告人指定辩护时，法律援助机构应当提供法律援助，无须对被告人进行经济状况的审查。	**第四十二条** 法律援助申请人有材料证明属于下列人员之一的，免予核查经济困难状况： （一）无固定生活来源的未成年人、老年人、残疾人等特定群体； （二）社会救助、司法救助或者优抚对象； （三）申请支付劳动报酬或者请求工伤事故人身损害赔偿的进城务工人员； （四）法律、法规、规章规定的其他人员。
第十八条 法律援助机构收到法律援助申请后，应当进行审查；认为申请人提交的证件、证明材料不齐全的，可以要求申请人作出必要的补充或者说明，申请人未按要求作出补充或者说明的，视为撤销申请；认为申请人提交的证件、证明材料需要查证的，由法律援助机构向有关机关、单位查证。 对符合法律援助条件的，法律援助机构应当及时决定提供法律援助；对不符合法律援助条件的，应当书面告知申请人理由。	**第四十三条** 法律援助机构应当自收到法律援助申请之日起七日内进行审查，作出是否给予法律援助的决定。决定给予法律援助的，应当自作出决定之日起三日内指派法律援助人员为受援人提供法律援助；决定不给予法律援助的，应当书面告知申请人，并说明理由。 申请人提交的申请材料不齐全的，法律援助机构应当一次性告知申请人需要补充的材料或者要求申请人作出说明。申请人未按要求补充材料或者作出说明的，视为撤回申请。

续表

2003 年《法律援助条例》	2021 年《法律援助法》
	第四十四条 法律援助机构收到法律援助申请后,发现有下列情形之一的,可以决定先行提供法律援助: (一)距法定时效或者期限届满不足七日,需要及时提起诉讼或者申请仲裁、行政复议; (二)需要立即申请财产保全、证据保全或者先予执行; (三)法律、法规、规章规定的其他情形。 法律援助机构先行提供法律援助的,受援人应当及时补办有关手续,补充有关材料。
	第四十五条 法律援助机构为老年人、残疾人提供法律援助服务的,应当根据实际情况提供无障碍设施设备和服务。 法律法规对向特定群体提供法律援助有其他特别规定的,依照其规定。
第二十八条 律师有下列情形之一的,由司法行政部门给予警告、责令改正;情节严重的,给予 1 个月以上 3 个月以下停止执业的处罚: (一)无正当理由拒绝接受、擅自终止法律援助案件的; (二)办理法律援助案件收取财物的。 有前款第(二)项违法行为的,由司法行政部门责令退还违法所得的财	**第四十六条** 法律援助人员接受指派后,无正当理由不得拒绝、拖延或者终止提供法律援助服务。 法律援助人员应当按照规定向受援人通报法律援助事项办理情况,不得损害受援人合法权益。

续表

2003 年《法律援助条例》	2021 年《法律援助法》
物，可以并处所收财物价值 1 倍以上 3 倍以下的罚款。 **第二十九条**　律师办理法律援助案件违反职业道德和执业纪律的，按照律师法的规定予以处罚。	
	第四十七条　受援人应当向法律援助人员如实陈述与法律援助事项有关的情况，及时提供证据材料，协助、配合办理法律援助事项。
第二十三条　办理法律援助案件的人员遇有下列情形之一的，应当向法律援助机构报告，法律援助机构经审查核实的，应当终止该项法律援助： （一）受援人的经济收入状况发生变化，不再符合法律援助条件的； （二）案件终止审理或者已被撤销的； （三）受援人又自行委托律师或者其他代理人的； （四）受援人要求终止法律援助的。	**第四十八条**　有下列情形之一的，法律援助机构应当作出终止法律援助的决定： （一）受援人以欺骗或者其他不正当手段获得法律援助； （二）受援人故意隐瞒与案件有关的重要事实或者提供虚假证据； （三）受援人利用法律援助从事违法活动； （四）受援人的经济状况发生变化，不再符合法律援助条件； （五）案件终止审理或者已经被撤销； （六）受援人自行委托律师或者其他代理人； （七）受援人有正当理由要求终止法律援助； （八）法律法规规定的其他情形。 法律援助人员发现有前款规定情形的，应当及时向法律援助机构报告。

续表

2003 年《法律援助条例》	2021 年《法律援助法》
第十九条 申请人对法律援助机构作出的不符合法律援助条件的通知有异议的，可以向确定该法律援助机构的司法行政部门提出，司法行政部门应当在收到异议之日起 5 个工作日内进行审查，经审查认为申请人符合法律援助条件的，应当以书面形式责令法律援助机构及时对该申请人提供法律援助。	**第四十九条** 申请人、受援人对法律援助机构不予法律援助、终止法律援助的决定有异议的，可以向设立该法律援助机构的司法行政部门提出。 司法行政部门应当自收到异议之日起五日内进行审查，作出维持法律援助机构决定或者责令法律援助机构改正的决定。 申请人、受援人对司法行政部门维持法律援助机构决定不服的，可以依法申请行政复议或者提起行政诉讼。
第二十四条第一款 受指派办理法律援助案件的律师或者接受安排办理法律援助案件的社会组织人员在案件结案时，应当向法律援助机构提交有关的法律文书副本或者复印件以及结案报告等材料。	**第五十条** 法律援助事项办理结束后，法律援助人员应当及时向法律援助机构报告，提交有关法律文书的副本或者复印件、办理情况报告等材料。
第二十五条 法律援助机构对公民申请的法律咨询服务，应当即时办理；复杂疑难的，可以预约择时办理。	
	第五章 保障和监督
	第五十一条 国家加强法律援助信息化建设，促进司法行政部门与司法机关及其他有关部门实现信息共享和工作协同。

续表

2003 年《法律援助条例》	2021 年《法律援助法》
第二十四条第二款、第三款　法律援助机构收到前款规定的结案材料后，应当向受指派办理法律援助案件的律师或者接受安排办理法律援助案件的社会组织人员支付法律援助办案补贴。 法律援助办案补贴的标准由省、自治区、直辖市人民政府司法行政部门会同同级财政部门，根据当地经济发展水平，参考法律援助机构办理各类法律援助案件的平均成本等因素核定，并可以根据需要调整。	**第五十二条**　法律援助机构应当依照有关规定及时向法律援助人员支付法律援助补贴。 法律援助补贴的标准，由省、自治区、直辖市人民政府司法行政部门会同同级财政部门，根据当地经济发展水平和法律援助的服务类型、承办成本、基本劳务费用等确定，并实行动态调整。 法律援助补贴免征增值税和个人所得税。
	第五十三条　人民法院应当根据情况对受援人缓收、减收或者免收诉讼费用；对法律援助人员复制相关材料等费用予以免收或者减收。 公证机构、司法鉴定机构应当对受援人减收或者免收公证费、鉴定费。
	第五十四条　县级以上人民政府司法行政部门应当有计划地对法律援助人员进行培训，提高法律援助人员的专业素质和服务能力。
	第五十五条　受援人有权向法律援助机构、法律援助人员了解法律援助事项办理情况；法律援助机构、法律援助人员未依法履行职责的，受援人可以向司法行政部门投诉，并可以请求法律援助机构更换法律援助人员。

续表

2003年《法律援助条例》	2021年《法律援助法》
	第五十六条 司法行政部门应当建立法律援助工作投诉查处制度;接到投诉后,应当依照有关规定受理和调查处理,并及时向投诉人告知处理结果。
	第五十七条 司法行政部门应当加强对法律援助服务的监督,制定法律援助服务质量标准,通过第三方评估等方式定期进行质量考核。
	第五十八条 司法行政部门、法律援助机构应当建立法律援助信息公开制度,定期向社会公布法律援助资金使用、案件办理、质量考核结果等情况,接受社会监督。
	第五十九条 法律援助机构应当综合运用庭审旁听、案卷检查、征询司法机关意见和回访受援人等措施,督促法律援助人员提升服务质量。
	第六十条 律师协会应当将律师事务所、律师履行法律援助义务的情况纳入年度考核内容,对拒不履行或者怠于履行法律援助义务的律师事务所、律师,依照有关规定进行惩戒。
第五章 法律责任	**第六章 法律责任**
第二十六条 法律援助机构及其工作人员有下列情形之一的,对直接负责的主管人员以及其他直接责任人员依法给予纪律处分: (一)为不符合法律援助条件的人	**第六十一条** 法律援助机构及其工作人员有下列情形之一的,由设立该法律援助机构的司法行政部门责令限期改正;有违法所得的,责令退还或者没收违法所得;对直接负责的主管人员

续表

2003年《法律援助条例》	2021年《法律援助法》
员提供法律援助,或者拒绝为符合法律援助条件的人员提供法律援助的; (二)办理法律援助案件收取财物的; (三)从事有偿法律服务的; (四)侵占、私分、挪用法律援助经费的。 办理法律援助案件收取的财物,由司法行政部门责令退还;从事有偿法律服务的违法所得,由司法行政部门予以没收;侵占、私分、挪用法律援助经费的,由司法行政部门责令追回,情节严重,构成犯罪的,依法追究刑事责任。	和其他直接责任人员,依法给予处分: (一)拒绝为符合法律援助条件的人员提供法律援助,或者故意为不符合法律援助条件的人员提供法律援助; (二)指派不符合本法规定的人员提供法律援助; (三)收取受援人财物; (四)从事有偿法律服务; (五)侵占、私分、挪用法律援助经费; (六)泄露法律援助过程中知悉的国家秘密、商业秘密和个人隐私; (七)法律法规规定的其他情形。
第二十七条　律师事务所拒绝法律援助机构的指派,不安排本所律师办理法律援助案件的,由司法行政部门给予警告、责令改正;情节严重的,给予1个月以上3个月以下停业整顿的处罚。	**第六十二条**　律师事务所、基层法律服务所有下列情形之一的,由司法行政部门依法给予处罚: (一)无正当理由拒绝接受法律援助机构指派; (二)接受指派后,不及时安排本所律师、基层法律服务工作者办理法律援助事项或者拒绝为本所律师、基层法律服务工作者办理法律援助事项提供支持和保障; (三)纵容或者放任本所律师、基层法律服务工作者怠于履行法律援助义务或者擅自终止提供法律援助; (四)法律法规规定的其他情形。

续表

2003 年《法律援助条例》	2021 年《法律援助法》
第二十八条 律师有下列情形之一的，由司法行政部门给予警告、责令改正；情节严重的，给予 1 个月以上 3 个月以下停止执业的处罚： （一）无正当理由拒绝接受、擅自终止法律援助案件的； （二）办理法律援助案件收取财物的。 有前款第（二）项违法行为的，由司法行政部门责令退还违法所得的财物，可以并处所收财物价值 1 倍以上 3 倍以下的罚款。 **第二十九条** 律师办理法律援助案件违反职业道德和执业纪律的，按照律师法的规定予以处罚。	**第六十三条** 律师、基层法律服务工作者有下列情形之一的，由司法行政部门依法给予处罚： （一）无正当理由拒绝履行法律援助义务或者怠于履行法律援助义务； （二）擅自终止提供法律援助； （三）收取受援人财物； （四）泄露法律援助过程中知悉的国家秘密、商业秘密和个人隐私； （五）法律法规规定的其他情形。
	第六十四条 受援人以欺骗或者其他不正当手段获得法律援助的，由司法行政部门责令其支付已实施法律援助的费用，并处三千元以下罚款。
第二十八条 律师有下列情形之一的，由司法行政部门给予警告、责令改正；情节严重的，给予 1 个月以上 3 个月以下停止执业的处罚： （一）无正当理由拒绝接受、擅自终止法律援助案件的； （二）办理法律援助案件收取财物的。 有前款第（二）项违法行为的，由司法行政部门责令退还违法所得的财	**第六十五条** 违反本法规定，冒用法律援助名义提供法律服务并谋取利益的，由司法行政部门责令改正，没收违法所得，并处违法所得一倍以上三倍以下罚款。

续表

2003年《法律援助条例》	2021年《法律援助法》
物,可以并处所收财物价值1倍以上3倍以下的罚款。	
第三十条　司法行政部门工作人员在法律援助的监督管理工作中,有滥用职权、玩忽职守行为的,依法给予行政处分;情节严重,构成犯罪的,依法追究刑事责任。	**第六十六条**　国家机关及其工作人员在法律援助工作中滥用职权、玩忽职守、徇私舞弊的,对直接负责的主管人员和其他直接责任人员,依法给予处分。
	第六十七条　违反本法规定,构成犯罪的,依法追究刑事责任。
第六章　附　　则	**第七章　附　　则**
	第六十八条　工会、共产主义青年团、妇女联合会、残疾人联合会等群团组织开展法律援助工作,参照适用本法的相关规定。
	第六十九条　对外国人和无国籍人提供法律援助,我国法律有规定的,适用法律规定;我国法律没有规定的,可以根据我国缔结或者参加的国际条约,或者按照互惠原则,参照适用本法的相关规定。
	第七十条　对军人军属提供法律援助的具体办法,由国务院和中央军事委员会有关部门制定。
第三十一条　本条例自2003年9月1日起施行。	**第七十一条**　本法自2022年1月1日起施行。

后　　记

随着最后一个条文注释修改完成，我们团队成员多日的笔耕终于告一段落。这个盛暑，虽很辛苦，但收获颇丰。望着摆在案头正散发墨香的书稿，作为本书主编，感觉有必要写点文字，作为后记，与读者分享写作经过与感受。

对于学术而言，法律援助只算是其中一个小众的研究领域。但对于大众，尤其是需要国家施以援手的受援人来说，绝对算得上是群众所急所忧所盼所愁的国之大事。2021 年 8 月 20 日，《法律援助法》经十三届全国人大常委会第三十次会议表决通过，将于 2022 年 1 月 1 日起施行。这一部法律开启了中国法律援助的"国家法"时代，在中国法律援助发展史上必将写上浓墨重彩的一页。

从读研时起，我就开始关注法律援助。与大多数法律人一样，坐而论，起而行，两种方式皆有。学生时代更多的是起而行之，尝试运用专业知识给受援人提供力所能及的帮助。参加工作后，可能受到职业因素影响，有时会指导学生从事法律援助案件的咨询和办理，渐渐悟出一个道理，不仅要有人起而行之，而且有必要坐而论道。如果能够在理论层面为法律援助做些贡献，为法律援助制度的建设完善鼓与呼，其意义可能会超越个案。2010 年，我参与教育部人文社会科学研究一般项目"中国流动人口权利救济问题"，在项目开展过程中深感新型城镇化之下法律援助对于流动人口权利救济之重要。2020 年我们课题组成功申请教育部哲学社会科学研究重大课题攻关项目"全面依法治国视域下司法行政职能定位与作用发挥问题研究"。借助于重大项目的支持，我们开展一些实地的社会调查，关注《法律援助法》的立法进程，参与草案意见征求和专家论证工作，举办公共法律服务学术会议，对包括法律援助在内的司法行政展开更为扎实的研究工作。这是一种压力，亦是一种责任，让我们不能松懈！

本书是集体合作完成的，写作的具体分工如下：

杨国栋：第 1 ~ 5 条；王志：第 7 ~ 11 条、第 18 条；郭文涛：第 12 ~ 16 条；杨靖文：第 6 条、第 17 条、第 19 ~ 21 条；汝思思：第 22 ~ 23 条、第 28 条、第 31 ~ 32 条；冯文杰：第 24 ~ 27 条、第 29 ~ 30 条、第 35 条；窦峥：第 33 条、第 36 ~ 40 条、第 45 条；黄卫东：第 34 条、第 41 ~ 44 条、第 46 ~ 47 条、第 71 条；邓稀文：第 48 ~ 53 条；雷刚：第 54 ~ 60 条；岳丽：第 61 ~ 65 条；喻少如：第 66 ~ 70 条。最后，由喻少如完成全书的统修定稿工作。

立法乃"以至详之法晓天下"，内容包罗万象，因而立法者必须是一个百科全书式的人物。所谓小智治事、中智治人、大智立法，大概说的就是这个道理。中国特色的法律援助制度有着浓厚的公法属性，涉及法理学、宪法学、行政法学、诉讼法学等多学科知识，法律解释工作也需要多学科协同作战。我之所以如此不厌其烦地把写作分工记录于此，主要是想告诉读者，全书的精华部分，也就是条文释义，是在上述团队成员共同鼎力支持下完成的。在大多数人看来，法条释义之类的作品，可能并不属于严格的学术著作，较之学术价值，其社会效益可能更大。在当下学术考核评价体制下，他（她）们仍然愿意花费精力做这一件在职称评定上意义不大的事情，除了我们之间合作的友谊之外，我想更多的是在于他们对学术研究的本心，对法律援助的情怀，对守护公平正义的担当。因此，本书后记中的第一份感谢，是送给团队成员们，感谢你们无私的奉献，共同来为法律援助做点儿有意义的事，"把论文写在祖国大地上"，这实在是幸福之至！西南政法大学行政法学院硕士研究生李勇峰、孙婷、郑渠尹、游利、周聘迪、何冰、杨肖、蔡泽媛、石小玉、郭香汝、魏体晓、吴辉等同学在本书资料收集、法规检索、案例整理、图表制作以及修改定稿等方面提供了非常给力的协助！本书出版亦有他（她）们的功劳。十几位学友编著了这本书，既可以算是我们送给新法的一份礼物，同时可算是为新法实施提供的一本参考书。

西南政法大学校长付子堂教授、科研处处长周尚君教授、法律出版社原编辑王晓增律师对本书的出版非常关心，并提供了大力支持！法律出版社陶玉霞编辑、冯高琼编辑非常热情地为本书的出版尽力尽责，并做了大量工作。对于他(她)们的支持和帮助，在此一并表达衷心的感谢！

在写作过程中，尽管我与诸位学友都不敢有丝毫懈怠，反复进行了讨论和修改，但是，由于我们的水平所限，书中一定存在一些问题，甚至错误，请读者批评指正。

喻少如

2021 年 8 月 28 日